TRICOLORE

Stage Three

Sylvia Honnor and Heather Mascie-Taylor

E J Arnold

published in
association with
the Nuffield
Foundation

Tricolore Stage 3

Teacher's Book
Pupil's Book
Worksheet Masters
Tapes or Cassettes
Filmstrips

Acknowledgements

Other contributors:
Derek Utley

Photographs:
Brendan Hearne
Sylvia Honnor
Hugo Mascie-Taylor
French Railways
Documents RATP
Sécurité Routière
Fédération unie des auberges de
  jeunesse
Château de Lude SARTHE
Gîtes de France
John Baillie

Illustrations:

Lynne Breeze   Viv Quillin
Barry Turpin   Peter Smith
Tim Neate   Alan Peach
David Mostyn

Designer:
Peter Smith

We are grateful to the Nuffield Foundation
for permission to include some items based
on material published in En Avant.

First edition	1982
Second impression	1983
Third impression	1983
Fourth impression	1985
Fifth impression	1985
Sixth impression	1986
Seventh impression	1986
Eighth impression	1987
Ninth impression	1988

E. J. Arnold & Son Ltd.
Parkside Lane
Dewsbury Road
LEEDS LS11 5TD

ISBN 0-560-20581-3

Printed in Great Britain by A. Wheaton & Co. Ltd., Exeter

Contents

1

PARIS

In this unit, you will learn about or revise the following topics:

Paris
at the tourist office
travelling by *métro* and bus
the verb *devoir*
expressing opinions
using the Perfect Tense
talking about yourself, your home and family
using negatives
talking about free time

PARIS en photos

La Défense

Un quartier très moderne qui se trouve à l'ouest de Paris. On peut le voir de l'Arc de Triomphe, de la Tour Montparnasse ou de la Tour Eiffel.

Les Champs-Élysées

C'est la plus belle et la plus célèbre avenue de Paris. Sur les Champs-Élysées on trouve beaucoup de grands cafés, de cinémas et de magasins.

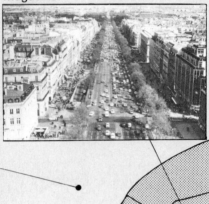

L'Arc de Triomphe

Monument célèbre, achevé en 1836 pour commémorer les victoires de Napoléon. C'est là, que vous pouvez voir le tombeau du Soldat inconnu.

La Tour Eiffel

Construite par l'ingénieur Gustave Eiffel en 1889, la Tour Eiffel fait 320 mètres de haut. C'est le plus haut monument de Paris.

Les Invalides

Aux Invalides se trouvent le tombeau de Napoléon et le Musée de l'Armée. Autrefois c'était un hôpital pour les soldats.

La Place de la Concorde

Au centre de la place se trouve l'Obélisque, le plus vieux monument de Paris. On a transporté ce grand monument d'Égypte en 1833 avec beaucoup de difficultés, parce qu'il est très lourd.

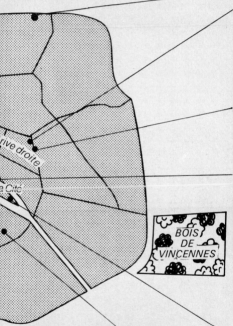

Le Louvre

Aujourd'hui, c'est un grand musée, mais autrefois c'était un palais des rois.

Le Boul' Mich

Cette rue, qui s'appelle vraiment le Boulevard St. Michel, est dans le quartier Latin sur la rive gauche. Dans ce quartier on voit beaucoup de jeunes, surtout des étudiants.

Notre-Dame de Paris

Cette belle cathédrale, située sur l'Ile de la Cité, est un des plus célèbres monuments de Paris.

Le Marché aux Puces

Il y a beaucoup de marchés à Paris et le Marché aux Puces à Clignancourt est un des plus célèbres.

Le Forum des Halles

Avec le Centre Pompidou, le Forum fait partie du nouveau quartier de Paris, Beaubourg.
Les quatre niveaux du Forum offrent au public des magasins modernes, des restaurants, des cinémas etc.

Le Centre Pompidou

Dans ce grand centre de culture il y a une bibliothèque, une cinémathèque, des expositions et le Musée National d'Art Moderne. Devant le Centre, il y a une grande cour qui s'appelle la Piazza. Là, on peut voir – sans payer – des spectacles de toutes sortes.

Did you know ...

– that Paris is named after its first known inhabitants, *ies Parisii*?

– that distances from Paris on main roads are all measured from a stone in front of Notre-Dame cathedral, called *Kilomètre Zéro*?

– that there are more than thirty bridges across the river Seine, which divides Paris into *la rive gauche* (left bank) and *la rive droite* (right bank)? Many of the older bridges used to have houses and shops on them.

– that *le pont neuf* is really the oldest bridge across the Seine and was completed in 1607?

– that you can visit *les égouts*, the sewers of Paris, by boat and that people actually lived there during the last war?

– that you can walk on the roof of Notre-Dame and inspect the gargoyles and statues close-up?

À l'office de tourisme

Il y a tant de choses à faire et à voir à Paris –
qu'est-ce que vous allez choisir? Pour vous aider,
allez dans un office de tourisme.

— Mademoiselle?
— Bonjour, Madame. C'est mon premier séjour à
Paris. Pouvez-vous me donner un plan et des
dépliants, s'il vous plaît?
— Bien sûr. Voilà un plan de Paris avec une liste des
principaux monuments et un plan du métro.
— Je voudrais faire un petit tour de la ville d'abord
pour voir les monuments principaux.
— Alors voilà des adresses pour les visites de Paris
en autocar et en vedette.
— Tout est ouvert tous les jours?
— Non, les grands magasins sont fermés le lundi et
les musées nationaux sont fermés le mardi. Mais il
y a toujours quelque chose à voir.
— Et pour les renseignements sur les spectacles, les
cinémas etc?
— Pour tout savoir sur les horaires et sur les
spectacles, achetez un magazine comme
Pariscope ou l'Officiel des Spectacles.
— Merci beaucoup, Madame.
— De rien, Mademoiselle. Et bon séjour à Paris!

Find the French

1 It's my first visit to Paris.
2 Can you give me a map and some leaflets?
3 the main sights
4 a map of the *métro*
5 tours of Paris by coach and by boat
6 There's always something to see.
7 What about information about shows and the
cinema?
8 Enjoy your stay in Paris.

À vous!

	un dépliant sur Paris une liste des hôtels une liste des restaurants un plan du métro	

Avez-vous	un horaire des trains
	un horaire
	    des autobus
	une liste
	    des campings
	une liste des
	    visites en car
		, s'il vous plaît?

Practise asking for the following:

Exemple: 1 Avez-vous un dépliant sur Paris, s'il
vous plaît?

1 a leaflet about Paris
2 a *métro* plan
3 a list of hotels
4 a list of campsites
5 a list of restaurants
6 a list of coach excursions
7 a train timetable
8 a bus timetable

À travers Paris

MONUMENTS ET VISITES

Arc de Triomphe, place de l'Etoile. 380-31-31. Montée t.l.j. de 10h à 17h (sauf mardi). Entrée : 9 F. Toutes les 10 mn projection d'un document vidéo : «Les grandes heures de l'Arc de Triomphe». Ent. suppl. 2 F. **Fermé le 1er mai.**

Conciergerie, 1, quai de l'Horloge. 354-30-06. M° Cité ou Châtelet. T.l.j. de 10h à 11h25 et de 13h30 à 17h25 (sauf mardi). Entrée : 6 F. dim : 3 F. **Tours.** M° Cité ou Châtelet. Ent. : 8 F.

Notre-Dame. T.l.j. de 10h à 17h45 (sauf mardi). 354-22-63. T.l.j. de 10h à 17h45 (sauf mardi). Ent. : 4 F. Musée vidéo avec projection d'un document de 10 mn : «Les grandes heures de Notre-Dame» (versions française et anglaise) **Fermé le 1er mai. Trésor,** 354-23-88. T.l.j. (sauf dim.), de 10h à 17h. Ent. 3 F.

Palais de la Découverte, av. Franklin-D. Roosevelt. Champs-de-Mars. M° Bir-Hakeim. 705. 44-13. Tous les jours sans exception. Montée pour les 1er, 2e et 3e étages de 10h30 à 17h30. Par ascenseur : 1er ét. : 6 F; 2e ét. : 13 F; 3e ét. : 18 F. En soirée de 18h30 à 23h. Par ascenseur, 1er étage : 10 F; 2e ét. : 14 F. Par escalier de jour seulement 1er ét. : 4 F; 2e ét. : 6 F.

Tour Eiffel.

Tour Montparnasse (visite panoramique). 58e étage : la plus haute terrasse de Paris. 56e étage : Visite terrasse abritée avec boutique et bar. Visite complète (58e et 56e) : 14,50 F (enfants 10 F). Visite réduite (56e) : 11,50 F (enfants 7 F) Tous les jours sans exception de 9h30 à 23h30. Tél. : 538-52-56.

ILLUMINATIONS

Les monuments de Paris sont illuminés t.l.j. de la tombée de la nuit à 24h, le samedi jusqu'à 1h du matin.

Spectacles **«Son et Lumière»:**
● **Aux Invalides** : «Ombres de gloire», d'André Castelot. Jusqu'au 12 octobre, t.l.s. à 22h30 : version française; à 21h30 et 23h15 : version anglaise. Prix : 18 F. Enfants jusqu'à 12 ans : 14 F.
● **Au Forum des Halles** «L'actualité 1885-1900 à Paris». En Grévin présente «L'actualité 1885 1900 à Paris». En sem. de 11h à 22h (dernière séance à 21h15), dimanches et fêtes, de 13h à 20h (dernière séance à 19h15). Tarif unique : 18 F.

CURIOSITÉS

Catacombes, place Denfert-Rochereau. Ent. : 6 F.
Cimetière des chiens d'Asnières. 4, Pont de Clichy, à Asnières. T.l.j. de 9h à 11h45 et de 14h à 17h45. Dim. et jours fériés de 14h à 17h45. Entrée : 6 F.

Egouts, pl. de la Résistance, à l'extrémité Rive Gauche du Pont de l'Alma, angle quai d'Orsay. 705-10-29. M° Alma Marceau. Lun., mer. et dernier samedi du mois de 14h à 17h (sauf veilles et lendemains de fêtes). Tarif : 6 F. Réd. : 3 F.

Les Halles de Rungis, «Le plus grand marché du monde». Autobus : 185 et 285 R Porte d'Italie.

Marché aux Puces, porte de Clignancourt M° Porte de Clignancourt. 076-14-53. Les samedis, dimanches et lundis.

Marché aux fleurs, place Louis-Lépine et quai de Corse. M° Cité. T.l.j. (sauf dim.) de 8h à 19 h.

Marché aux timbres, cours Marigny, M° Chps-Elysées-Clémenceau. Jeu., sam., dim. et fêtes. de 10h à la tombée de la nuit.

PROMENADES

Cityrama, 4, place des Pyramides (1er). 260-30-14. M° Palais-Royal. Excursions Paris, environs et Province.

Bateaux-Mouche, embarcadères pont de l'Alma, rive droite. 225-96-10. A 11h, 14h30, 16h : le matin, 15 F l'après-midi. Sam. à 21h : Prix : 10 F. **Du 1er avril au 1er mai :** Départ ttes les 1/2 h de 10h à 12h. (Tarif : 10 F) et de 14h à 18h (Tarif : 15 F.) Nocturnes 21h et 21h30.

Vedettes Pont-Neuf. Square du Vert-Galant. T.l.j. départ à 10h30. 11h15, 12h et 13h30 à 17h, toutes les 30 mn. Prix : 15 F. Enf. moins de 10 ans : 7 F.

Bateaux Parisiens—Tour Eiffel, Pont d'Iéna. et Notre-Dame, quai de Montebello. 551-33-08; T.l.j à partir de 9h30. Toutes les 30 mn. Pl. : 15 F. Enf. moins de 10 ans : 8 F. Nocturnes sam. à 21h. Tarif : 15 F.

Voir Paris d'hélicoptère, Héliport de Paris : M° Baïard. Circuit des tours de la Défense : 120 F. Du Château de Versailles : 180 F.

D'après guide L'Officiel des Spectacles

Abbreviations

t.l.j.	= tous les jours		
Ent. suppl.	= Entrée supplémentaire		
M°	= métro	dim	= dimanche
sem	= semaine	sf	= sauf
mn	= minutes	ét	= étage
Enf	= enfants	ttes	= toutes
sam	= samedi	Pl	= place

Useful expressions

sauf	except
entrée libre	free admittance
moins de ...	less than ...
une séance	a performance/show
jours de fête/jours fériés	public holidays
veilles et lendemains de fêtes	days before and after holidays
tarif	price list

Répondez à ces questions, en consultant l'extrait de l'Officiel des Spectacles.

1 C'est combien pour monter à l'Arc de Triomphe?
2 Est-ce que c'est ouvert tous les jours?
3 On peut visiter la Conciergerie à partir de quelle heure, le matin?
4 Ça ferme à quelle heure, l'après-midi?
5 Est-ce que c'est fermé à midi?
6 C'est combien pour monter à Notre-Dame?
7 Est-ce qu'on peut voir le vidéo «Les grandes heures de Notre-Dame» en anglais?
8 Est-ce que la Tour Eiffel est fermée le mardi?
9 Est-ce que c'est moins cher de monter au premier étage par ascenseur ou par escalier?
10 C'est combien pour monter au 58ème étage de la Tour Montparnasse?
11 Est-ce qu'il y a une réduction pour enfants?
12 Est-ce que les monuments de Paris sont illuminés tous les soirs, ou uniquement le samedi soir?

LE MÉTRO

À Paris presque tout le monde prend le métro! C'est très pratique et ce n'est pas cher du tout. Il y a beaucoup de trains, de cinq heures et demie du matin jusqu'à une heure du matin.

Il y a un tarif unique. Avec le même ticket, vous pouvez faire un voyage de une, de dix, ou de vingt stations. Le prix du ticket ne change pas. Un ticket coûte environ 3 francs, mais c'est moins cher d'acheter un carnet de dix tickets.

Si vous voulez voyager en première classe, vous payez un peu plus cher. La voiture de première classe se trouve toujours au milieu du train.

Pour trouver votre chemin vous devez consulter le plan du métro. Il y en a un dans toutes les stations et sur tous les quais. Quelquefois vous pouvez illuminer votre route en appuyant sur les boutons. Ça vous aide beaucoup parce qu'il y a plus de 350 stations!

Attention! Il y a une erreur

Dans chaque phrase il y a une erreur. À vous de les corriger.

1 Presque personne ne prend le métro à Paris.
2 Il y a plusieurs tarifs.
3 C'est moins cher d'acheter un carnet de cent tickets.
4 Pour voyager en première classe, vous payez un peu moins.
5 La voiture de première classe se trouve en tête du train.
6 Vous pouvez consulter un plan du métro dans toutes les boulangeries.
7 Il y a des trains de cinq heures et demie du soir jusqu'à une heure du matin.
8 Il y a plus de 750 stations.

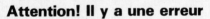

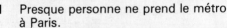

Savez-vous prendre le métro?

Chaque ligne de métro a un numéro (ligne 1, ligne 2, ligne 3, etc) et un nom. Le nom, c'est le nom de la première et de la dernière station de ligne. Regardez la ligne 1, par exemple. La première station s'appelle Pont de Neuilly, la dernière, Château de Vincennes. Le nom de la ligne, c'est donc Vincennes-Neuilly. La ligne 8 s'appelle Balard-Créteil.

Il est important de regarder le nom de la dernière station pour savoir quelle direction il faut prendre.

Par exemple, si vous êtes à Concorde ...

pour aller à Commerce, prenez la direction BALARD

pour aller à République, prenez la direction CRÉTEIL
pour aller à Charles de Gaulle-Étoile, prenez la direction NEUILLY
pour aller à Bastille, prenez la direction VINCENNES

Si vous voulez changer de ligne, vous devez chercher une station de correspondance. Ce sont les stations qui sont en même temps sur deux ou plusieurs lignes. Concorde, par exemple, est sur la ligne 1, 8 et 12 et à la station vous devez suivre le panneau CORRESPONDANCE qui a le même nom que la ligne que vous voulez prendre.

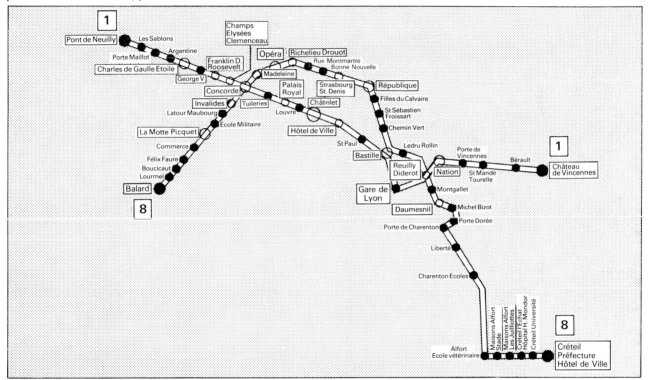

Regardez d'abord deux des lignes de métro les plus fréquentées – la ligne 1 et la ligne 8 – et décidez quelle direction vous devez prendre.

Exemple: 1 Je dois prendre la direction Pont de Neuilly.

1 Vous êtes à Franklin-D. Roosevelt et vous voulez aller à Charles de Gaulle-Étoile.
2 Vous êtes à Gare de Lyon et vous voulez aller à Hôtel de Ville.
3 Vous êtes à École Militaire et vous voulez aller à Invalides.
4 Vous êtes à Bastille et vous voulez aller à République.
5 Vous êtes à Concorde et vous voulez aller à Louvre.

Cette fois vous devez changer de ligne, mais où?

Exemple: 1 Je dois changer à Concorde.

1 Vous êtes à Invalides et vous voulez aller à Louvre.
2 Vous êtes à Gare de Lyon et vous voulez aller à République.
3 Vous êtes à Opéra et vous voulez aller à Étoile.
4 Vous êtes à Hôtel de Ville et vous voulez aller à Daumesnil.
5 Vous êtes à Nation et vous voulez aller à Montgallet.

9

METRO-QUIZ

OPÉRA

ECOLE MILITAIRE

CONCORDE

ODÉON

FRANKLIN-D. ROOSEVELT

PLACE D'ITALIE

PASTEUR

LOUVRE

LUXEMBOURG

CHARLES DE GAULLE

BASTILLE

1 Cette station a le nom d'un ancien président des États-Unis.
2 Ces deux stations ont le même nom que deux pays d'Europe.
3 Cette station a le nom d'un grand homme de science français.
4 Cette station n'est pas un cinéma, mais elle a le même nom qu'un cinéma.
5 Cette station a le nom d'un grand bâtiment où il y a toujours beaucoup de musique.
6 Cette station a le nom d'un avion franco-britannique.
7 Cette station a le nom d'un ancien président de France.
8 Cette station a pris le nom d'un très grand musée, qui est tout près.
9 Cette station a le nom d'une école pour les soldats.
10 Cette station a le nom de l'ancienne prison attaquée au commencement de la Révolution française.

C'est quelle ligne?

If you're not sure which line to take, you can always ask someone.

Exemple: 1 – Pardon, Madame. Pour aller à Rambuteau, c'est quelle ligne?
– Prenez la direction Mairie des Lilas.

Practise asking which line you need to take for these stations.

1 Gare de l'Est
2 Gare de Lyon
3 Luxembourg
4 Concorde
5 Champs-Élysées
6 Opéra
7 Cité
8 Saint-Michel

Où est-ce que je dois descendre?

You're not sure where you should get off for these places. Practise these conversations with a partner.

Exemple: 1 – Où est-ce que je dois descendre pour la Tour Eiffel?
– Pour la Tour Eiffel, c'est Bir-Hakeim.

1 la Tour Eiffel (Bir-Hakeim)
2 le Sacré-Cœur (Abbesses)
3 Notre-Dame (Cité)
4 le Centre Pompidou (Rambuteau)
5 l'Arc de Triomphe (Charles de Gaulle-Étoile)
6 le Forum (les Halles)

Christine prend le métro

Christine Laroche passe une semaine de vacances avec des amies à Paris. Aujourd'hui, elle veut visiter la Tour Eiffel. Elle va prendre le métro, mais elle n'a pas de tickets.

– Un carnet, s'il vous plaît.
– Voilà Mademoiselle.
– C'est combien?
– 20 francs.
– Voilà, Monsieur.
– Pour aller à la Tour Eiffel, c'est quelle station s'il vous plaît?
– Bir-Hakeim. Prenez la direction Pont de Sèvres, puis changez à Trocadéro et prenez la direction Nation.
– Merci, Monsieur.

Le métro arrive à Trocadéro. Il y a beaucoup de monde.

– Excusez-moi, Madame. Je descends à la prochaine.
– Moi aussi.

Christine descend à Trocadéro.

– Pardon, Monsieur. Direction Nation, c'est par où, s'il vous plaît?
– C'est par là, Mademoiselle. Là, où vous voyez «Correspondance».
– Ah oui. Merci Monsieur.

Maintenant à vous!

1

Vous voulez visiter le Sacré-Cœur à Montmartre, mais vous n'avez pas de tickets de métro.

(Buy a carnet)
– 20 francs.
(Give the money, and ask which station you need for the Sacré-Cœur)
– Abbesses. Prenez la direction Nation, puis changez à Pigalle et prenez la direction Porte de la Chapelle.
(Say thank you)

Vous arrivez à Pigalle.

(Ask how you get to the line for Porte de la Chapelle)
– C'est par là. Là, où vous voyez «Correspondance».
(Say thank you)

Vous voulez descendre à Abbesses mais il y a beaucoup de monde.

(Say you want to get out at the next station)

2

Vous êtes arrivé à la gare du Nord à Paris et vous voulez aller à la gare de Lyon pour prendre le train pour Grenoble. Inutile alors d'acheter un carnet parce que vous ne restez pas à Paris.

(Buy a ticket)
– 3 francs.
(Pay for it and ask which line you need for the gare de Lyon)
– Prenez la direction Place d'Italie, puis changez à Bastille et prenez la direction Château de Vincennes.

Vous arrivez à Bastille.

(Ask how you get to the line for Château de Vincennes)
– Suivez les panneaux «Correspondance».

Vous descendez à Gare de Lyon.

(Ask how you get to the railway station – la gare SNCF)
– Continuez tout droit.

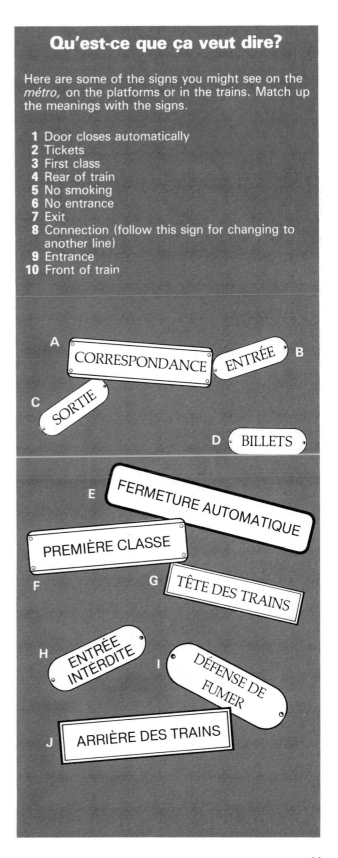

Qu'est-ce que ça veut dire?

Here are some of the signs you might see on the *métro*, on the platforms or in the trains. Match up the meanings with the signs.

1 Door closes automatically
2 Tickets
3 First class
4 Rear of train
5 No smoking
6 No entrance
7 Exit
8 Connection (follow this sign for changing to another line)
9 Entrance
10 Front of train

A CORRESPONDANCE
B ENTRÉE
C SORTIE
D BILLETS
E FERMETURE AUTOMATIQUE
F PREMIÈRE CLASSE
G TÊTE DES TRAINS
H ENTRÉE INTERDITE
I DÉFENSE DE FUMER
J ARRIÈRE DES TRAINS

Devant le lycée

Voilà deux jeunes lycéens à Paris. Ils doivent attendre devant leur lycée parce que ce n'est pas encore l'heure du cours. Comme il n'y a pas de place à l'intérieur, tout le monde doit laisser son vélo dans la rue.
Un copain arrive.
– Salut Julien, Salut Dominique! Dites-donc. On va prendre un verre ensemble après les cours? C'est mon anniversaire aujourd'hui.
– D'accord. Mais moi, je dois rentrer avant six heures. Je joue dans le match de football ce soir.
– Et toi Dominique? Tu dois rentrer tôt aussi?
– Ah non, pas trop! Mais j'ai beaucoup de devoirs de physique à faire. Nous devons finir tout ça avant demain.

Vous êtes employé à l'office de tourisme

Quelle est la bonne réponse pour chaque touriste?

1 Pour voir le Musée de l'Armée, où est-ce que je dois aller?
2 Où devons-nous aller pour voir le tombeau du Soldat inconnu?
3 Mes amis s'intéressent à la peinture moderne. Où doivent-ils aller pour voir le Musée National d'Art Moderne?
4 Moi, je voudrais voir Paris d'en haut.
5 Mes deux filles veulent voir des boutiques et des magasins très à la mode. Où est-ce qu'elles doivent aller?
6 Pour entrer dans le Louvre le dimanche, qu'est-ce qu'on doit payer?

a) Ils doivent aller au Centre Pompidou.
b) Elles doivent aller au Forum.
c) On ne doit rien payer; le dimanche c'est gratuit.
d) Vous devez aller aux Invalides.
e) Alors tu dois aller à la Tour Eiffel ou à la Tour Montparnasse.
f) Vous devez aller à l'Arc de Triomphe.

Pour bien profiter d'un séjour à Paris

Voilà six choses qu'on doit faire – à vous de les mettre par ordre d'importance.

a) Je dois avoir un plan du métro.
b) Nous devons avoir beaucoup d'argent.
c) Vous devez mettre des chaussures très confortables.
d) Tous les touristes étrangers doivent parler français.
e) Tu dois acheter un guide et une carte de Paris.
f) On doit laisser sa voiture et faire le tour de Paris à pied.

Saying what you have to or must do

You have been using the verb *devoir*. Here it is in full:

devoir = to have to (*I must* etc)

je	**dois**	= I must/ have to	nous **devons**	= we must/ have to
tu	**dois**	= you must/ have to	vous **devez**	= you must/ have to
il	**doit**	= he must/ has to	ils **doivent**	= they must/ have to
elle	**doit**	= she must/ has to	elles **doivent**	= they must/ have to
on	**doit**	= one must/ has to		

Look back at the sentences and notice that the verb which follows *devoir* is always an **infinitive**.

Où devez-vous descendre?

Most guide books list the nearest *métro* station to the main sights. Use this information to reply to the questions.

Notre-Dame	*métro*	Cité
Louvre	*métro*	Louvre Palais-Royal
Sacré-Cœur	*métro*	Abbesses
Tour Eiffel	*métro*	Bir-Hakeim
Palais de la Découverte	*métro*	Franklin-D. Roosevelt
Centre Pompidou	*métro*	Rambuteau
Jardin du Luxembourg	*métro*	Luxembourg
Arc de Triomphe	*métro*	Charles de Gaulle-Étoile
Place de la Concorde	*métro*	Concorde

1 Jean veut visiter le Sacré-Cœur. *Où doit-il descendre?*
2 Deux enfants veulent voir une exposition sur le Canada au Palais de la Découverte. *Où doivent-ils descendre?*
3 «Nous voulons monter en haut de la Tour Eiffel. *Où devons-nous descendre?»*
4 «Je voudrais voir le tombeau du Soldat inconnu. *Où est-ce que je dois descendre?»* (Use *tu*)
5 Elle veut monter sur le toit d'une cathédrale célèbre pour voir les gargouilles. *Où doit-elle descendre?*
6 Deux touristes veulent voir le Centre Pompidou. *Où doivent-ils descendre?*
7 Luc veut se promener dans le Jardin du Luxembourg. *Où doit-il descendre?*
8 Mme Carné et Mme Lavenant veulent visiter le Louvre. *Où doivent-elles descendre?*

PALAIS DE LA DÉCOUVERTE
AVENUE FRANKLIN-ROOSEVELT, 75008 PARIS — 359.16.65 — MÉTRO FRANKLIN-ROOSEVELT
quelques activités du mois de décembre

EXPOSITIONS

Images (salle 13 jusqu'au 5 janvier)

Einstein, sa vie, son œuvre (salle 12)

Le quartz et le monde des minéraux, (salle 50, à partir du 13 décembre)

PLANÉTARIUM «ASTRONAUTIQUE»

le mardi, mercredi, jeudi, vendredi et samedi à 11 h, 14 h, 15 h 15, 16 h 30.

le dimanche à 12 h 45, 14 h, 15 h 15, 16 h 30.

séances supplémentaires à 17 h 45 le mercredi, samedi et dimanche.

CONFÉRENCES D'INITIATION À LA SCIENCE MODERNE

Salle 13a

PHYSIQUE, le samedi à 18 h

le **6:** L'émission stimulée, l'effet LASER

le **13:** La liaison chimique

le **20:** Le magnétisme

ASTRONOMIE, le mardi à 21 h

le **2:** Construction d'un instrument

le **9:** La prise de vue astronomique

SCIENCES DE LA TERRE, le mardi à 18 h

le **2:** Minéraux et minérais

le **16:** Un minéral particulier: l'eau

CONFÉRENCES DU SAMEDI

à 15 heures, salle 13a

le **6:** Adaptations de la vie à l'eau et à l'air

le **13:** La piézo électricité, sa découverte et ses applications

CINÉ-CLUB

le samedi à 21 heures

Igloolik, 1 h 55. **Le territoire des Inuits, au nord du Canada.** Traditions et mode de vie. Des images superbes, un autre monde, un autre art de vivre.

entrée gratuite au ciné-club

Si vous vous intéressez aux sciences vous devez absolument aller au Palais de la Découverte pendant votre séjour à Paris.

Lisez d'abord l'affiche, puis complétez les phrases:

1 Pour avoir des renseignements sur le musée vous ... téléphoner à ... ...
2 Les visiteurs à l'exposition «Images» ... aller à la salle...
3 Si vous prenez le métro vous ... descendre à ... ...
4 Pour visiter le ciné-club, on ... aller au Palais de la Découverte le ...
5 Tu t'intéresses à la science moderne? Alors, tu ... aller au ... ... !

Le Centre Pompidou dans le quartier de Beaubourg est un des monuments les plus modernes à Paris. C'était l'idée d'un ancien président de la République française, Georges Pompidou.

Dans un seul bâtiment il y a une très grande bibliothèque, une cinémathèque, une discothèque pour écouter des disques, un laboratoire de langues, un atelier et une bibliothèque pour enfants, des expositions temporaires et permanentes et le Musée National d'Art Moderne.

L'entrée au Centre est gratuite, mais il faut payer pour certaines activités.

AU CENTRE POMPIDOU

Qu'est-ce que vous pensez du Centre Pompidou?

Il y a toujours beaucoup de monde à Beaubourg. Le quartier est très animé. Mais tout le monde n'est pas d'accord au sujet du Centre Pompidou.

Le journaliste: Ça vous plaît, le Centre Pompidou, Madame?
Une dame: Ah, oui. Je le trouve formidable.
Le journaliste: Vous aimez l'architecture?
La dame: Oui, je l'aime bien. C'est très moderne et un peu différent.

Le journaliste: Et vous, Monsieur. Que pensez-vous du bâtiment?
Un homme: Je le trouve affreux. C'est comme une raffinerie.
Le journaliste: Et pourquoi venez-vous ici?
L'homme: Je viens pour la bibliothèque. Je veux consulter les livres sur l'histoire de Paris.

Le journaliste: Et vous, Mesdemoiselles. Qu'est-ce que vous pensez du Centre Pompidou?
1ère jeune fille: Je l'aime beaucoup. Il y a toujours quelque chose à faire ou à voir.
2ème jeune fille: À la Piazza, c'est bien aussi. Il y a souvent des acrobates, des musiciens etc. C'est très amusant.
Le journaliste: Venez-vous souvent ici?
1ère jeune fille: Oui, tous les samedis. S'il fait beau, nous restons sur la Piazza mais s'il pleut, nous allons écouter des disques à la discothèque.

Le journaliste: Et vous, Madame. Comment trouvez-vous le Centre? Vous l'aimez?
Une dame: Non, pas tellement. Je le trouve bizarre.
Le journaliste: Et pourquoi venez-vous ici?
La dame: Je viens avec mes enfants. Ils vont à l'atelier des enfants. C'est très bien organisé. Il y a toutes sortes d'activités: de la peinture, de la musique etcetera.

Le journaliste: Et que faites-vous quand ils sont là?
La dame: Je vais un peu partout. Quelquefois je monte au cinquième étage pour prendre un café. J'aime surtout monter les escaliers. On a une vue magnifique sur tout Paris.

Here are some useful expressions from the interviews. Match them up with their meanings.

1 Ça vous plaît ... ?
2 Je le trouve formidable.
3 Je l'aime bien.
4 Que pensez-vous de ... ?
5 Je le trouve affreux.
6 C'est très amusant.
7 J'aime surtout ...
8 Pas tellement.

a) I think it's terrific.
b) Not much.
c) I think it's dreadful.
d) I especially like ...
e) What do you think of ... ?
f) Do you like ... ?
g) It's very entertaining.
h) I really do like it.

Qu'en penses-tu?

Imagine that you're staying in Paris. Your penfriend wants to know what you think of everything. Make up your replies from the boxes.

	je l'aime beaucoup j'adore ça	
Oui,	je (le/la) trouve c'est	fantastique formidable magnifique très bien sympa splendide chouette (très) amusant(e) (très) intéressant(e)
Non,	pas tellement je ne l'aime pas du tout je déteste ça	
	je (le/la) trouve c'est	affreux(-euse) bizarre abominable

1 Tu aimes Paris?
2 Ça te plaît, Notre-Dame?
3 Tu aimes le Marché aux Puces?
4 Que penses-tu du Centre Pompidou?
5 C'est une belle vue, n'est-ce pas?
6 Ça te plaît, la Tour Eiffel?
7 Tu aimes le Forum?
8 Que penses-tu de la Défense?
9 Le Musée de l'Armée est intéressant, n'est-ce pas?
10 Comment trouves-tu l'Arc de Triomphe?

Ça vous plaît?

Now imagine that you are interviewing people about their views on France and Paris. Make up *six* questions from this table.

Ça vous plaît, Que pensez-vous de Aimez-vous Comment trouvez-vous	l'Ile de la Cité la vie en France la Défense la cuisine française l'Arc de Triomphe la Place de la Concorde Montmartre Notre-Dame	?

Comment voyager en autobus

Vous savez déjà comment prendre le métro à Paris. Le métro, c'est rapide, c'est facile et ça ne coûte pas cher – seulement on ne voit pas Paris! Alors si vous préférez voyager et voir Paris en même temps, il faut prendre l'autobus.

Les tickets sont les mêmes que pour le métro mais les voyages sont divisés en sections. Pour une ou deux sections vous devez présenter un ticket au receveur. Pour trois sections et plus il faut donner deux tickets. On peut acheter ces tickets dans toutes les stations de métro, dans l'autobus ou dans la plupart des bureaux de tabac. Il faut valider le ticket en montant dans le bus.

Les arrêts d'autobus à Paris sont jaune et rouge. Sur le panneau, on peut lire les numéros des autobus qui s'arrêtent là, et le nom des principaux arrêts.

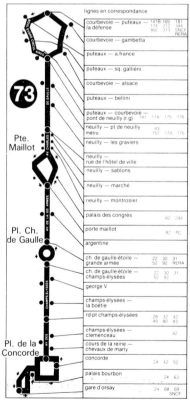

	lignes en correspondance			
	courbevoie — puteaux la défense	141B 169 181 174 272 344 160 373 SNCF RERA
	courbevoie — gambetta	
	puteaux — a.france	
	puteaux — sq. galliéni	
	courbevoie — alsace	
73	puteaux — bellini	
	puteaux — courbevoie — pont de neuilly (r.g)	141 174 175 176
Pte. Maillot	neuilly — pt de neuilly métro	43 157 174 176
	neuilly — les graviers	
	neuilly — rue de l'hôtel de ville	
	neuilly — sablons	
	neuilly — marché	
	neuilly — montrosier	
	palais des congrès	82 244
	porte maillot	82 PC
Pl. Ch. de Gaulle	argentine	
	ch. de gaulle-étoile — grande armée	22 30 31 52 92 RERA
	ch. de gaulle-étoile — champs-élysées	22 30 31 52 92
	george V	
	champs-élysées — la boétie	
	rd-pt champs-élysées	28 32 42 49 80 83
	champs-élysées — clemenceau	42
	cours de la reine — chevaux de marly	
Pl. de la Concorde	concorde	24 42 52
	palais bourbon	24 63
	gare d'orsay	24 68 69 SNCF

Il y a des arrêts obligatoires où l'autobus doit s'arrêter et des arrêts facultatifs où l'autobus s'arrêtera seulement si quelqu'un veut monter ou descendre. Dans ce cas, il faut faire signe au machiniste ou si vous voulez

descendre, il faut appuyer sur le bouton.

En France, on entre par l'avant du bus et on descend par la porte du milieu ou par l'arrière.

Il y a 55 lignes d'autobus à Paris – c'est beaucoup! Mais à l'office de tourisme on vous donnera un plan des lignes «touristiques».

Avez-vous bien compris?

1 What colour are Paris bus stops?
2 Can you use *métro* tickets on the buses?
3 Can you travel as far as you like on one ticket?
4 Do you have to punch your ticket when you get on the bus?
5 Do you need to signal to the bus driver, or will he stop automatically?
6 Do you get on the bus at the back of the vehicle?

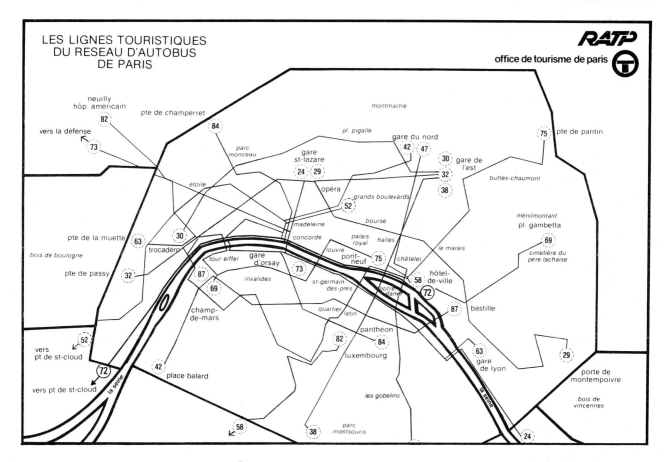

LES LIGNES TOURISTIQUES
DU RESEAU D'AUTOBUS
DE PARIS

RATP
office de tourisme de paris

On prend le bus?

1 – Pardon, Monsieur. Quel
autobus dois-je prendre pour
aller à la gare Saint-Lazare, s'il
vous plaît?
– Le numéro 24, Mademoiselle.
Attendez ici. Il y a un autobus
toutes les dix minutes.
– Merci bien, Monsieur.

2 – Pardon, Monsieur. Est-ce que
l'autobus pour la Concorde
s'arrête ici?
– Oui, mais c'est un arrêt
facultatif. Alors il faut faire
signe au machiniste.

3 – C'est bien l'autobus pour la
Concorde, Monsieur?
– Oui, oui, montez vite!
– C'est un ticket ou deux,
Monsieur?
– Un ticket seulement,
Mademoiselle.

4 – Excusez-moi, Madame. Je
voudrais descendre au
prochain arrêt.
– Il faut appuyer sur le bouton,
Monsieur. C'est un arrêt
facultatif.

Êtes-vous capable de voyager dans Paris?

Pour le savoir, essayez de répondre à ces questions:

**1 Pour prendre l'autobus à
Paris, qu'est-ce qu'on fait?**
a) On va à une agence de
voyages.
b) On attend à une station de
métro.
c) On va à la gare Saint-Lazare.
d) On attend à un arrêt.

**2 Comment sont les arrêts
d'autobus?**
a) Ils sont jaune et rouge.
b) Ils sont vert et blanc.
c) Ils sont bleu, blanc, rouge.
d) Ils ont une plate-forme
ouverte.

**3 Est-ce que l'autobus coûte
plus cher que le métro?**
a) Oui, l'autobus coûte toujours
plus cher que le métro.
b) Non, le métro coûte toujours
plus cher que l'autobus.
c) Oui, l'autobus coûte souvent
plus cher que le métro.
d) Non, l'autobus ne coûte
jamais plus cher que le métro.

4 Le métro, qu'est-ce que c'est?
a) C'est un chemin de fer qui
roule sous terre.
b) C'est un théâtre à Paris.
c) C'est cent centimètres.
d) C'est une station de la SNCF.

**5 Pour changer de train dans le
métro, suivez les panneaux
marqués**
a) RENSEIGNEMENTS
b) TÊTE DES TRAINS
c) CORRESPONDANCE
d) SORTIE

**6 Qu'est-ce qu'on doit faire,
quand on arrive dans le
métro?**
a) On doit prendre la direction
Vincennes.
b) On doit présenter son ticket
à l'entrée.
c) On doit monter en première
classe.
d) On doit faire signe au
machiniste.

Cartes postales de Paris

Hier, Christine a beaucoup marché dans Paris.
Elle a visité beaucoup de choses. Elle a tellement
marché qu'aujourd'hui, elle se repose et elle
écrit des cartes postales.

Voici les cartes postales de Christine:

A

Chère Michèle,
        Hier matin, j'ai fait
l'ascension de la Tour Eiffel. C'était
fantastique! Sais-tu que cette tour a 320
mètres de haut et qu'elle contient
2 500 000 rivets et 12 000 pièces de métal?
Je t'ai acheté une Tour Eiffel – mais
plus petite, bien sûr!
                        À bientôt,
                        Christine

D

Chère Annette,
        Hier matin, on a visité la Tour
Eiffel, sur la rive gauche. C'est le bâtiment
le plus haut de Paris. Là-haut, j'ai
acheté une carte postale pour mes parents,
pour l'envoyer du sommet de la tour.
Mais pour toi, voilà le Palais de Chaillot
qu'on peut voir à côté de la Tour Eiffel.
C'est une salle d'exposition et il y a aussi
des musées et un théâtre.
                        Bises,
                        Christine

B

Cher Paul,
        Hier, on a visité la Tour Eiffel.
C'était formidable. Du sommet, nous avons
pu voir tout Paris, même la Défense, le
nouveau centre très moderne. Après on a
fait un pique-nique sur les quais. Nous
n'avons pas mangé au restaurant parce
que ça coûte assez cher. Le soir, nous
sommes allés au cinéma.   Amitiés
                              Christine

C

E

Chère Pascale,
        Hier après-midi on est monté
à Montmartre. On a visité cette église
toute blanche, le Sacré-Cœur. Je ne
l'aime pas tellement, il est beaucoup
plus moderne que Notre-Dame (construit
de 1876 à 1910) mais il n'est pas si joli.
Je le trouve un peu laid, en effet.
                Je t'embrasse,
                Christine

Cher Jean-Pierre,
        Tu as toujours voulu un
portrait de ta sœur. Eh bien, je
t'en envoie un. Hier, on est allé à
Montmartre. On a visité le Sacré-Cœur et
après on est allé à la Place du Tertre.
Un artiste a fait mon portrait en silhouette.
Ce n'est pas mal, non? Bien affectueusement,
                        Ta sœur Christine

Répondez:

1 Christine, où passe-t-elle ses vacances?
2 Pourquoi est-ce qu'elle se repose aujourd'hui?
3 Qu'est-ce qu'elle écrit?
4 Christine, qu'est-ce qu'elle a fait hier matin?
5 Qu'est-ce qu'elle a acheté?
6 Qu'est-ce qu'elle a pu voir du sommet?
7 Est-ce qu'elle a mangé au restaurant à midi?
8 Qu'est-ce qu'elle a visité l'après-midi?

La journée de Christine

Can you complete her day's activities with the correct Past Participle from the box?

1 Le matin elle a . . . la Tour Eiffel.
2 Pour son amie Michèle, elle a . . . une petite Tour Eiffel.
3 Elle a . . . la Tour Eiffel fantastique!
4 Au sommet elle a . . . une carte postale pour ses parents.
5 Du sommet de la Tour Eiffel elle a . . . la Défense.

6 Pour son déjeuner elle a . . . un pique-nique; elle n'a pas . . . au restaurant.
7 L'après-midi elle a . . . le Sacré-Cœur, à Montmartre.
8 À la Place du Tertre un artiste a . . . son portrait en silhouette.

vu	fait	écrit	acheté	fait
mangé	visité		trouvé	visité

The Perfect Tense
(verbs which take *avoir*)

The Perfect Tense – some reminders

1 The Perfect Tense describes what happened in the **past** e.g. yesterday, last week, last year
2 It is made up of *two* parts – the *Present Tense of an auxiliary verb* + *a Past Participle*
3 The auxiliary verbs are *avoir* or *être* (*avoir* is the commonest)
4 The Past Participles of regular verbs are formed like this:

Past Participle	-er verbs	-re verbs	-ir verbs
	mange*r* – **mangé**	vend*re* – **vendu**	choisi*r* – **choisi**

Perfect Tense	j'ai mangé	il a vendu	nous avons choisi

5 Some verbs have *irregular* Past Participles. Here are some common ones which use *avoir* for their auxiliary verb.

être – **été**	*avoir* – **eu**	*faire* – **fait**	*voir* – **vu**
j'ai été	tu as eu	il a fait	elle a vu

prendre – **pris**	*mettre* – **mis**	*pouvoir* – **pu**	*recevoir* – **reçu**
nous avons pris	vous avez mis	ils ont pu	elles ont reçu

La journée de Michel

Using the Perfect Tense of these verbs, describe what Michel and Gisèle did yesterday.

voir   recevoir   regarder
prendre   téléphoner

Hier, Michel . . . . . . 50 francs de son père.
Il . . . . . . le programme du cinéma.
Il . . . . . . à Gisèle.
Au café, ils . . . . . . une glace.
Ensuite, ils . . . . . . un bon film au cinéma.

Now make up yesterday's activities for your own 'stick' person and describe them in French – make them do at least *six* things.

Jeu des définitions

1 C'est un monument très célèbre. Il (**êtes/est/sont**) en fer. Il (**est/sont/es**) très haut. Il (**es/êtes/est**) situé près de la Seine. Qu'est-ce que c'est?

2 C'est une cathédrale très célèbre. Elle (**es/sommes/est**) située dans une île, l'Ile de la Cité, au milieu de la Seine. Qu'est-ce que c'est?

3 Vous (**est/êtes/es**) sur une très grande place, à Paris. Les Champs-Élysées (**sont/suis/sommes**) à votre droite. L'Obélisque (**êtes/suis/est**) juste en face de vous. Où (**est/êtes/es**)-vous?

4 Deux femmes (**suis/sommes/sont**) sur un monument à Paris. Le monument n'(**êtes/est/es**) pas très haut, mais il (**êtes/es/est**) très célèbre. De ce monument, les deux femmes peuvent voir toute l'avenue des Champs-Élysées. Où (**sommes/êtes/sont**)-elles?

5 Je (**sont/sommes/suis**) devant un très grand musée à Paris. Les tableaux qui (**sont/sommes/suis**) dans ce musée (**sommes/sont/êtes**) connus de tout le monde. Ce musée, c'était autrefois le palais des rois de France. Je ne (**sont/suis/sommes**) pas très loin d'une très grande place, la Place de la Concorde. Où (**suis/sommes/sont**)-je?

Jacques Malchance travaille dans un bureau à Paris. Il doit arriver au bureau à huit heures, mais c'est un jeune homme qui n'a pas de chance! Écoutons son histoire.

Lundi, dernier, Jacques Malchance est allé au bureau à pied, pour la première fois. Il est parti de chez lui à sept heures et demie. Il est arrivé à huit heures dix.

Mardi, il est allé au bureau en vélo. Il … … de chez lui à sept heures et quart, mais il a crevé. Il est arrivé au bureau à huit heures et quart.

Mercredi, il … … au bureau en autobus. Il … … de chez lui à sept heures. Mais l'autobus est tombé en panne et Jacques Malchance … … au bureau à huit heures vingt.

Jeudi, il … … au bureau en métro. Il … … de chez lui à six heures et demie. Mais il n'est pas descendu à la bonne station et il … … au bureau à huit heures vingt-cinq.

Vendredi, Jacques … … au bureau en taxi. Pour être sûr d'arriver à l'heure, il … … chez lui à six heures. Le taxi est arrivé au bureau à six heures dix. Jacques est descendu du taxi. Mais il a glissé sur une peau de banane, et il est tombé sur la tête.

Ce jour-là, Jacques Malchance n'est pas allé à son bureau: il … … à l'hôpital. Pauvre Jacques Malchance!

Aujourd'hui, c'est dimanche. Marie Malchance est venue voir son frère à l'hôpital. Jacques raconte son histoire à sa sœur: «Lundi dernier, je suis allé au bureau…» etc.

The Perfect Tense

(verbs which take *être*)

The Perfect Tense with être — some reminders

1 13 common verbs use *être* instead of *avoir* for their auxiliary verb. They are:

aller	venir	descendre	monter	retourner
arriver	partir	rester	tomber	
entrer	sortir	mourir	naître	

2 If the verb takes *être* the Past Participle must agree with the person doing the action — add *e* for feminine, add *s* for plural like this:

je suis allé(**e**)	nous sommes allé(**e**)**s**
tu es allé(**e**)	vous êtes allé(**e**)(**s**)
il est allé	ils sont allé**s**
elle est allé**e**	elles sont allé**es**

Samedi matin

Complete the captions using the Perfect Tense of one of these verbs:

partir	entrer	aller	monter	monter
descendre	tomber	sortir	descendre	arriver

Jacques ... ... de la maison à dix heures pour aller à l'hôpital.

Il ... ... dans une station de métro.

Il a acheté son billet et il ... ... dans le train.

Il ... ... à République et il a suivi la direction Balard.

Malheureusement, quand il ... ... du train à République son billet ... ... sur le quai.

Un contrôleur de la RATP ... ... dans le train!

Quand le train ... ... à Strasbourg-Saint-Denis, Jacques ... ... du métro —

— et il ... ... au commissariat de police!

M. Martin travaille pour la ville de Paris. Il nettoie les rues.

Mme Ferrière et sa fille Sophie habitent près des Invalides. Mme Ferrière est artiste. Tous les jours elle se promène avec Sophie. Souvent elles vont au jardin du Musée Rodin tout près des Invalides.

M. Lemansard est chauffeur de taxi. Il travaille toute la journée, mais surtout, le soir. Beaucoup de Parisiens prennent un taxi le soir pour aller au théâtre, au restaurant ou au cinéma.

Mme Lacoste est concierge d'un grand immeuble à Paris. Elle distribue le courrier, elle nettoie l'escalier et l'entrée et le soir elle ferme la porte à clef.

Les parisiens — vrai ou faux?

1 **M. Martin** est né à Paris.
2 Il doit se lever de bonne heure, le matin.
3 Il n'aime pas aller au cinéma.
4 Il se couche très tard d'habitude.
5 **M. Lemansard** n'est pas né à Paris, il est né en Bretagne.
6 Il est venu à Paris à l'âge de vingt-cinq ans.
7 Il se couche de bonne heure.
8 Il aime surtout le mois d'août.

9 **Mme Ferrière** est née à Paris.
10 Elle est venue à Paris à l'âge de six ans.
11 Elle aime se promener avec sa fille.
12 Elle aime conduire pendant les heures d'affluence.
13 **Mme Lacoste** n'est pas née à Paris.
14 Elle se lève de bonne heure d'habitude.
15 Elle se promène quelquefois avec son amie.
16 Quelquefois elle doit se lever la nuit.

Qu'est-ce qu'ils ont fait hier?

	M. Martin	M. Lemansard	Mme Ferrière	Mme Lacoste
s'est levé(e)	6h	10h	7h30	6h30
s'est promené(e) dans Paris	de 11h30 à 12h	de 12h à 13h	de 11h à 12h	de 11h à 11h30
s'est arrêté(e) pour déjeuner	12h15	13h30	12h30	13h
est rentré(e) à la maison	19h	23h30	17h	17h30
s'est couché(e)	21h30	23h55	22h	22h30

Votre journée à Paris

Imaginez que vous avez passé une journée à Paris hier. Racontez tout ce que vous avez fait.

Exemple: Hier, je suis arrivé(e) à Paris à ... heures.
Le matin, je suis allé(e) voir ...
J'ai pris le métro à ... et je suis descendu(e) à ... etc

Attaque du matin

Hier matin, vers six heures, un homme masqué a attaqué un facteur près de la bouche de métro à Passy. Il a volé le sac du facteur et s'est échappé dans le métro. «C'est sans doute le mystérieux 'voleur du métro',» a dit l'inspecteur de police du quartier.

Un voleur qui aime les fleurs?

Hier matin, vers neuf heures, une femme qui vend des fleurs près de la bouche de métro à Étoile, a été victime d'une attaque un peu extraordinaire. Un homme lui a acheté un gros bouquet de roses rouges, puis, tout à coup, il a saisi son argent et a disparu dans le métro – avec les roses! On soupçonne de nouveau le «voleur du métro».

C'est encore le «voleur du métro»??

À midi hier, tout près d'une bouche de métro à Châtelet, un homme a volé de l'argent à une vendeuse de journaux. L'homme s'est approché du kiosque, a acheté France-Soir en demandant la monnaie d'un billet de 100 francs à la vendeuse et puis il lui a volé la caisse qui était sur le comptoir. Comme il s'est échappé dans le métro on croit que ce doit encore être le «voleur du métro».

Le «voleur du métro» va gagner à la loterie???

Hier après-midi, vers trois heures et demie, un monsieur inconnu s'est présenté devant le kiosque de M. Daumier, vendeur de billets de la loterie nationale, place de la République. Il a acheté deux billets entiers, puis, soudain, a saisi au moins cent billets de loterie et des billets de 100 francs. Comme il est entré tout de suite dans le métro, on croit qu'il s'agit à nouveau du «voleur du métro».

La parole aux jeunes

Faites la connaissance de ces jeunes Parisiens.

1

Je me présente: je m'appelle Hélène et j'ai quinze ans. J'ai deux sœurs. Elles s'appellent Martine et Françoise. Martine a treize ans, Françoise a cinq ans. Mon père travaille dans une banque et ma mère est infirmière. Nous avons un chien. Il est noir et blanc. Il est très mignon et il s'appelle Médoc. Je suis née à Paris. Je suis donc parisienne, et je suis très contente de vivre ici.

2

Salut! Moi, je m'appelle Vincent. Je viens d'avoir quatorze ans. En effet, le 11 septembre c'est mon anniversaire. Je n'ai pas de frères ni sœurs, je suis fils unique. Nous habitons à Paris même, près de la place de la Bastille. Mon père est employé chez Kodak et ma mère est institutrice. Je ne suis pas vraiment parisien. Je suis né à Quimper en Bretagne. Ça fait seulement deux ans qu'on habite ici, mais ça me plaît beaucoup. Il y a beaucoup de distractions et on trouve toujours quelque chose d'intéressant à faire.

3

Bonjour! Je m'appelle Anne-Marie et j'ai quatorze ans. Mon anniversaire est le 9 juillet. J'habite avec ma mère, mon frère et ma petite sœur dans un appartement à la Défense. Mes parents sont divorcés. Ma mère travaille dans un bureau près de l'Opéra. Elle part de bonne heure le matin. Le soir, elle est souvent fatiguée, quand elle rentre. Mon frère Yves et moi, nous devons aider à la maison. D'habitude nous devons faire le ménage, jouer avec Hélène, notre petite sœur, ou aider maman à préparer le repas.

4

Bonjour! Je m'appelle Paul et j'ai treize ans. J'ai un frère, hélâs. Il s'appelle Nicolas et il a neuf ans. Il n'est pas très sage. Nous habitons avec mon père dans la banlieue de Paris. Ma mère est morte, il y a trois ans. Nous avons une petite maison avec un jardin. Il y a trois chambres, une grande salle de séjour, une cuisine et une salle de bains, bien sûr. J'aime bien être dans ma chambre. Je l'ai décorée moi-même et j'ai mis beaucoup d'affiches aux murs. J'ai beaucoup de disques et un électrophone et j'aime bien m'asseoir par terre et écouter de la musique.

Répondez pour Hélène:

1 Quel âge as-tu?
2 Est-ce que tu as des frères ou des sœurs?
3 Ton père, qu'est-ce qu'il fait dans la vie?
4 Et ta mère, qu'est-ce qu'elle fait?
5 Avez-vous un animal à la maison?
6 Est-ce que tu es née à Paris?

Posez des questions à Vincent. Voici ses réponses:

1 Je m'appelle Vincent.
2 Mon anniversaire est le 11 septembre.
3 Non, je suis fils unique
4 Non, nous n'avons pas d'animal à la maison.
5 J'habite à Paris, près de la Bastille.
6 Mon père travaille chez Kodak.

Posez des questions à Anne-Marie. Voici ses réponses:

1 J'ai quatorze ans.
2 J'ai un frère et une sœur.
3 Nous habitons dans un appartement à la Défense.
4 Ma mère est employée de bureau.
5 Je ne sais pas. Mon père n'habite plus avec nous. Mes parents sont divorcés.
6 Oui, nous devons aider à la maison.

Répondez pour Paul:

1 Comment t'appelles-tu?
2 Est-ce que tu as des frères ou des sœurs?
3 Ton frère, quel âge a-t-il?
4 Comment s'appelle-t-il?
5 Où habitez-vous?
6 Est-ce que vous habitez dans une maison ou un appartement?

Mots et phrases utiles

Je viens d'avoir quatorze ans.
I am just fourteen.
Je suis fils(fille) unique.
I'm an only child.
Mon père est employé chez ...
My father works for ...
Ça fait deux ans qu'on habite ici.
We've lived here for two years.
... il y a trois ans.
... three years ago.

C'est à vous!

1 Comment vous appelez-vous?
2 Quel âge avez-vous?
3 C'est quand, votre anniversaire?
4 Avez-vous des frères ou des sœurs?
5 Votre père, qu'est-ce qu'il fait dans la vie?
6 Et votre mère, qu'est-ce qu'elle fait?
7 Avez-vous des animaux à la maison?

8 Où habitez-vous?
9 Habitez-vous dans une maison ou un appartement?
10 Elle est comment, votre chambre?
11 Où êtes-vous né(e)?
12 Devez-vous aider à la maison, de temps en temps?

Écrivez une lettre à votre correspondant(e)

Birmingham, le 29 septembre

Cher Pierre,

Je voudrais bien avoir un correspondant français et mon professeur de français m'a donné votre adresse.

Je me présente: je m'appelle David Garratt et j'ai quatorze ans. Mon anniversaire est le 13 juillet. Et vous, quel âge avez-vous?

J'ai une sœur et un frère. Ma sœur s'appelle Susan et elle a sept ans. Mon frère, Peter, est plus âgé que moi. Il a seize ans. Est-ce que vous avez des frères ou des sœurs aussi?

Mon père ne travaille pas en ce moment. Il est en chômage. Ma mère travaille dans un bureau.

Nous habitons à Birmingham. C'est une grande ville industrielle au centre de l'Angleterre.

Dans l'attente de vos nouvelles,

Votre ami,

David

Practise writing an introductory letter to a penfriend. Include some of the following:

1 Information about yourself: your name, age, birthday
2 Information about your family

> J'ai ... frère(s) et ... sœur(s)
> Je n'ai pas de frères (sœurs) mais j'ai ... sœurs (frères)
>
> Je suis fils (fille) unique
> Mon père est ...
> Mon père est en chômage
> Ma mère reste à la maison
> Ma mère est ...

3 Information about where you live

C'est	une (petite, grande) ville	dans le nord	de l'Angleterre
	un village	le sud	de l'Écosse
	près de ...	l'est	de l'Irlande
		l'ouest	de la Grande
		au centre	Bretagne

4 Don't forget to ask your new penfriend a few questions as well.

Conversations

1 – Avez-vous vu le film sur Napoléon, hier soir?
– Non, nous ne l'avons pas vu.

2 – Avez-vous acheté beaucoup de choses à Paris?
– Non, je n'ai rien acheté.

3 – Je voudrais des croissants, s'il vous plaît.
– Je regrette, je n'en ai plus.

4 – Voulez-vous encore de la viande, Suzanne?
– Merci, je n'en veux plus.

5 – Connaissez-vous Rome?
– Non, je ne suis jamais allé en Italie.

6 – Ta fille va toujours au Collège Missy?
– Non, elle ne va plus à l'école.

7 – Les enfants, ont-ils bien travaillé ce matin?
– Non, ils n'ont rien fait.

8 – Est-ce que tu reviens en France cette année?
– Je ne crois pas, mais on ne sait jamais . . .

More about the negative

(saying something is not, never, no longer happening etc.)

Remember that to make a sentence negative in French you have to use *two* words which go round the verb:

Je **ne** prends **pas** le métro.
Je **n'**aime **pas** ça.

The *ne* (or *n'*) goes before the verb and the *pas* after it.

If the verb is in the Perfect Tense, the *ne* (or *n'*) and *pas* go round the auxiliary verb:

Je **ne** suis **pas** allé à Notre-Dame.
Je **n'**ai **pas** visité le Louvre non plus.

If there are two verbs used together, the *ne* and *pas* usually go round the first verb:

Je **ne** veux **pas** faire ça.
Nous **n'**aimons **pas** manger ici.

If there is an extra pronoun before the verb, like *en* or *se*, the *ne* goes before that:

Je **n'**en ai **pas**
Ils **ne** se lèvent **pas**

Remember to use *de* after the negative, instead of *du, de la, de l', des, un* or *une*:

– Avez-vous *des* cartes postales?
– Non. Je ne vends pas *de* cartes postales.

Here are some other negative expressions which work in the same way as ne . . . *pas*:

ne . . . plus	no more, no longer, none left
ne . . . rien	nothing, not anything
ne . . . jamais	never

Practise using them in the following exercises.

Ce n'est pas vrai

À vous de corriger ces phrases.

Exemple: 1
Le Centre Pompidou n'est pas le plus haut bâtiment de Paris.

1 Le Centre Pompidou est le plus haut bâtiment de Paris.
2 Il faut payer pour entrer au Centre Pompidou.
3 Notre-Dame se trouve à Montmartre.
4 Paris est situé sur la Loire.
5 La Rochelle est la capitale de la France.
6 Le métro à Paris est très cher.
7 Le Louvre est une cathédrale.
8 On peut monter à pied au troisième étage de la Tour Eiffel.

Ce n'est plus un bébé, tu sais!

Je ne suis plus jeune

Vous avez quatre-vingt-huit ans et vous êtes à la retraite. Comment répondez-vous à ces questions?

Exemple: 1 Non, je ne travaille plus.

1 Est-ce que vous travaillez?
2 Jouez-vous au tennis?
3 Allez-vous à la piscine?
4 Faites-vous du ski?
5 Achetez-vous des vêtements de mode?
6 Allez-vous dans les discothèques?

Plus de fruits

L'épicier a beaucoup de légumes, mais il n'a plus de fruits. Répondez pour lui.

Exemple: 1 Oui, j'ai des pommes de terre.
2 Je regrette, je n'ai plus d'oranges.

1 Avez-vous des pommes de terre?
2 Avez-vous des oranges?
3 Avez-vous des carottes?
4 Avez-vous des bananes?
5 Avez-vous des pêches?
6 Avez-vous des haricots?
7 Avez-vous des champignons?
8 Avez-vous des fraises?

«Rien de plus facile», a-t-il dit!

Rien de plus facile

Répondez à ces questions.

Exemple: 1 Non, je n'ai rien visité aujourd'hui.

1 Vous avez visité beaucoup de choses aujourd'hui?
2 Vous avez acheté beaucoup de souvenirs?
3 Vous avez écrit beaucoup de lettres?
4 Vous avez pris beaucoup de photos?
5 Vous avez bien mangé à midi, au moins?
6 Vous avez bu quelque chose?
7 Vous avez vu un bon film?
8 Alors, qu'est-ce que vous avez fait?

Je n'ai jamais dit ça!

Toutes ces phrases sont fausses. Pouvez-vous les corriger?

Exemple: 1 Je n'ai jamais visité Paris.

1 J'ai visité Paris.
2 J'ai pris l'avion à l'aéroport Charles de Gaulle.
3 J'ai pris le métro.
4 Je suis monté à la Tour Eiffel.
5 Je suis allé à l'Opéra.
6 J'ai mangé chez Maxim.
7 J'ai visité le Centre Pompidou.
8 J'ai vu le Musée National d'Art Moderne.

Différent ou pas?

Look at these sentences. Some pairs mean more or less the same thing. Others are completely different in meaning. Decide which pairs are completely different.

1 Je n'aime pas le sport.
Je déteste le sport.

2 Elle a quatre-vingt-dix ans.
Elle n'est plus jeune.

3 Je suis né(e) à Paris.
Je ne suis jamais allé(e) en France.

4 Il n'y a rien dans le verre.
Le verre est vide.

5 Je ne regarde jamais la télévision.
J'adore les films à la télé.

6 Je n'ai rien mangé.
J'ai faim.

7 Elle n'est plus à la maison.
Elle est dans la salle à manger.

8 Ils sont arrivés ce matin.
Ils ne sont jamais venus ici.

9 Nous n'avons jamais visité Paris.
Nous sommes allés deux fois au Centre Pompidou.

10 J'ai assez mangé.
Je ne veux plus manger.

Au bureau de renseignements

– Oui, Madame.
– Je voudrais un billet de train, mais il n'y a *personne* au guichet.
– Bon. Qu'est-ce que vous voulez?
– Un aller simple, pour Versailles.
– 35 francs.
– Je *n'ai que* ce billet de 100 francs. Ça va?
– Oui. Voilà votre monnaie.

Here are two more useful expressions:

ne . . . **personne**	nobody, not anybody
ne . . . **que**	only

In the Present Tense, these are used in much the same way as *ne . . . pas*.

BUT in the Perfect Tense, the second part (*personne* or *que*) usually goes *after* the Past Participle:

Je **n'**ai passé **qu'**un après-midi à Paris, alors je **n'**ai visité **que** le Centre Pompidou.

Nous **n'**avons vu **personne** en ville.

C'est drôle. Il n'y a personne!

Répondez pour l'épicier

Sabine is shopping for a picnic for herself and seven friends. Unfortunately the grocer has nearly run out of everything she wants. See how many things he can offer her each time.

Exemple: 1 – Je voudrais huit pommes, s'il vous plaît.
— Je regrette. Je n'ai que six pommes.

1 Je voudrais huit bananes, s'il vous plaît.
2 Donnez-moi huit oranges, s'il vous plaît.
3 Alors je prendrai huit pêches.
4 Eh bien, donnez-moi huit poires, s'il vous plaît.
5 Enfin je prendrai deux melons.
6 Donnez-moi, au moins, huit paquets de chips.
7 Alors huit petits paquets de biscuits.
8 Eh bien, je voudrais huit tablettes de chocolat, s'il vous plaît.

L'épicier: . . . mais j'ai cette grande boîte de chocolats, mademoiselle, qui coûte 60 francs.
Sabine: Je regrette, Monsieur, mais moi, je n'ai que 45 francs!

A very negative shop owner

Now you are shopping for a picnic. This time, not only is the shop badly stocked but it has a very awkward proprietor.

Vous – Je voudrais du jambon, s'il vous plaît.
L'épicier–*He says he hasn't any ham.*
Vous–Alors, donnez-moi 200 grammes de pâté, s'il vous plaît.
L'épicier–*He says he doesn't sell pâté any more.* (Je vends = *I sell*)
Vous–Eh bien, qu'est-ce que vous avez comme viande froide?
L'épicier–*He says he has nothing.*
Vous–Avez-vous du pâté en boîte?
L'épicier–*He says he never sells tinned pâté.*
Vous–Enfin donnez-moi quatre paquets de chips, s'il vous plaît.
L'épicier–*He says he has only three packets left.*
Vous – Est-ce qu'il y a un autre vendeur dans cette épicerie?
L'épicier – *He says no, there isn't any one.*
Vous–Eh bien, maintenant, il n'y a pas de client, non plus!

Choisissez la réponse correcte

1 Est-ce que tu as un timbre?
a) Oui, mais je n'ai qu'un seul timbre.
b) Je n'aime pas la musique
c) Non, je n'ai plus treize ans.

2 Est-ce qu'il y a quelqu'un dans le bureau?
a) Non, il n'y a personne.
b) Non, il n'y a rien.
c) Non, il n'est pas au bureau.

3 Est-ce que vous avez fait beaucoup de choses, aujourd'hui?
a) Non, nous n'avons jamais vu ça.
b) Non, nous n'avons pas fait de ski.
c) Non, nous n'avons rien fait.

4 Connaissez-vous bien Paris?
a) Non, nous ne sommes pas partis.
b) Non, nous ne sommes jamais allés à Paris.
c) Non, nous ne connaissons personne.

5 Avez-vous vu le film à la télé, hier soir?
a) Non, nous ne l'avons pas vu.
b) Non, nous n'avons vu personne.
c) Non, nous n'avons plus de temps.

6 Qu'est-ce que tu as acheté aux magasins?
a) Non, je n'ai pas acheté de timbres.
b) Je n'ai acheté qu'un cadeau pour ma mère.
c) Je ne l'ai pas acheté.

Useful expressions

Je ne comprends pas.	*I don't understand.*
Pas du tout.	*Not at all.*
Ne vous en faites pas.	*Don't worry.*
Je n'en ai plus.	*I haven't any more.*
Je n'en veux plus.	*I don't want any more.*
Ça ne fait rien.	*It doesn't matter.*
Il n'y a rien à la télé.	*There's nothing on TV.*
On ne sait jamais.	*You never know.*
Il n'y a personne.	*There's no-one there.*
Il/Elle n'aime que ça.	*That's all he/she likes.*
Il ne reste que ça.	*That's all there is left.*

Le « voleur du métro » arrêté —dans le métro!

C'est un contrôleur de la R A T P qui a arrêté, ce matin, l'homme mystérieux que tout le monde appelle le «voleur du métro».

Vers huit heures du matin, un homme a acheté 250 grammes de bonbons pralinés au petit étalage tout près de l'aérogare des Invalides. Puis, tout à coup, il a pris la caisse qui était sur le comptoir et il a disparu dans le métro. Deux agents l'ont suivi mais, ils n'ont pas pu le retrouver. Mais, cette fois-ci, ce voleur célèbre a fait une erreur. Il est entré dans le métro sans ticket!

Il paraît qu'il avait oublié d'acheter un nouveau carnet ce matin-là! Il est monté dans un train mais, un contrôleur de la R A T P est arrivé tout de suite après. Il l'a arrêté parce qu'il voyageait sans ticket, et ce n'était que plus tard qu'on a découvert la caisse du marchand de bonbons sur lui! Quelle surprise pour le contrôleur — et pour le voleur aussi, bien sûr!

DERNIÈRES NOUVELLES

MOTS CROISÉS

15 «Tu habites dans un village, n'est-ce pas? C'est bien?» «Non. Il n'y a _____ à faire». (4)

18 Pendant la semaine je ne vois _____, mais le week-end, je viens à Paris. (8)

Verticalement

2 Tout le monde est parti. Il n'y a personne _____. (3)

3 «Qui est là?» «Je te dis qu'il n'y a _____. Ils sont peut-être en vacances». (8)

4 __ on allait au cinéma? Il n'y a rien à la télé ce soir. (2)

5 «Tu aimes les Westerns?» «Ah non! Je n'aime __ ça!».(3)

8 Mon frère ne va jamais au cinéma. Il est trop petit. Il n'a que trois _____. (3)

10 Alors, si __ allait au Rex? Il n'y a rien à l'Odéon. (2)

12 Zut alors! Il n'y a _____ à l'Odéon et on ne peut pas aller au Rex! (4)

13 Je __ veux plus aller au cinéma, on va aller dans un club de jeunes. (2)

14 Quel club? Il n'y a _____ deux ou trois clubs que j'aime. (3)

16 Moi aussi. Il n'y a _____ les clubs du quartier Latin que j'aime. (3)

17 Tu __ de l'argent? Moi je n'en ai plus beaucoup. (2)

Horizontalement

1 «Es-tu déjà allé à Montmartre?» «Non, je n'y suis _____ allé». (6)

3 J'ai deux frères, mais je n'ai _____ de sœurs. Et toi? (3)

6 J'ai un frère, mais n'ai pas __ sœurs non plus. (2)

7 Je ne sors _____ avec mon frère. Je préfère sortir avec mes amis. (6)

9 Elle est plus sympathique que _____ amie. (3)

11 Je ne sors _____ avec Annette. Maintenant je sors avec Michèle. (4)

13 «Tu habites ce quartier de Paris?» «Mais _____. J'habite près de la Tour Eiffel». (3)

La parole aux jeunes

Qu'est-ce qu'il y a à Paris pour les jeunes?

Nos quatre jeunes Parisiens nous racontent comment ils passent leur temps libre à Paris.

1

— Anne-Marie, qu'est-ce que vous faites d'habitude, le samedi?

— Moi, j'adore aller dans les magasins. Quelquefois je vais dans les grands magasins, près de l'Opéra.

— Et vous achetez beaucoup de choses?

— Non, je n'achète pas grand'chose, mais j'aime faire du lèche-vitrine.

— Allez-vous au Forum aussi?

— Oui, quelquefois, mais le samedi, il y a beaucoup de monde au Forum. On a l'impression que tout Paris est là. J'aime aussi aller au quartier Latin. Je descends le Boulevard St. Michel et je regarde les vitrines des petites boutiques.

— Allez-vous quelquefois aux marchés?

— Oui. Ici à Paris, il y a beaucoup de marchés — le marché aux fleurs, le marché aux timbres et le Marché aux Puces. Moi, j'aime surtout le Marché aux Puces à Clignancourt. Là, il y a vraiment un peu de tout.

2

— Vincent, qu'est-ce que vous aimez faire quand vous avez un moment de libre?

— J'aime beaucoup aller au théâtre et au cinéma. Ici à Paris, il y a toujours quelque chose d'intéressant à voir. Je vais souvent au cinéma, le dimanche après-midi.

— Quels sont vos films préférés?

— J'aime surtout les films policiers; les films comiques aussi.

— Est-ce qu'il y a des films que vous n'aimez pas?

— Oui, les films d'amour! Je déteste ça.

— Où allez-vous au cinéma?

— Je vais souvent dans les cinémas de quartier. C'est moins cher que dans les grands cinémas au centre de Paris.

3

— Hélène, est-ce que vous sortez beaucoup le soir?

— En semaine, non. Mes parents ne veulent pas. Mais le week-end, j'aime sortir le samedi soir.

— Où allez-vous?

— J'aime beaucoup danser, alors je vais souvent dans des discothèques et dans des boîtes.

— Est-ce que ça coûte cher?

— Oui. Dans les grandes boîtes à Paris, comme le Palace, les Bains-Douches et le Golf Drouot, c'est plutôt cher. Mais on organise aussi des boums et des discothèques dans les maisons des jeunes et ça, c'est moins cher.

— Et quel genre de musique préférez-vous?

— J'aime beaucoup la musique pop, bien sûr, mais j'aime aussi la musique classique.

4

— Paul, qu'est-ce que vous faites à Paris, le samedi?

— D'habitude je ne me lève pas trop tôt, le samedi, et je ne fais pas grand'chose le matin. L'après-midi, j'aime sortir avec mes copains. Quelquefois on va au café ou bien on fait une partie de boules ou de foot dans le parc.

— Est-ce que vous sortez le soir, aussi?

— Oui, de temps en temps, quand il y a quelque chose d'intéressant à faire. Samedi dernier, par exemple, je suis allé au grand concert de rock à l'Olympia.

— C'était bien?

— Oui, c'était formidable.

Répondez pour Anne-Marie:
1. Aimez-vous aller aux magasins?
2. Allez-vous quelquefois au quartier Latin?
3. Est-ce qu'il y a des marchés à Paris?
4. Quel est votre marché préféré?

Posez des questions à Vincent. Voici ses réponses:
1. Oui, j'aime beaucoup le cinéma.
2. D'habitude, je vais au cinéma le dimanche après-midi.
3. Ah non! Je déteste les films d'amour.

Posez des questions à Hélène. Voici ses réponses:
1. Oui, d'habitude je sors tous les samedis.
2. Non, je ne vais pas souvent au théâtre. Ça ne m'intéresse pas.
3. Oui, j'adore danser.
4. Je préfère la musique pop.

Répondez pour Paul:
1. Est-ce que vous vous levez tôt le samedi?
2. Qu'est-ce que vous faites le samedi après-midi?
3. Est-ce que vous sortez quelquefois le soir?
4. Qu'est-ce que vous avez fait samedi dernier?

Mots et phrases utiles

d'habitude *usually*
en semaine *in the week*
le week-end *at the weekend*
un moment de libre *a free moment*
beaucoup de monde *a lot of people*
Ça vous intéresse? *Does that interest you?*
un film policier *a detective film*
un film d'amour *a love story (film)*
un copain *friend, 'mate'*
pas grand'chose *not much, nothing special*
faire du lèche-vitrine *go window-shopping*
les cinémas de quartier *the local cinemas*
une boîte (de nuit) *a nightclub*
une partie de boules *a game of bowls*

C'est à vous!

1 Qu'est-ce que vous faites d'habitude le samedi?
2 Aimez-vous aller aux magasins?
3 Préférez-vous aller au cinéma ou au théâtre?
4 Où allez-vous?
5 Quels sont vos films préférés?
6 Quel est le dernier film que vous avez vu?
7 C'était bien?
8 Est-ce qu'il y a des films que vous n'aimez pas?
9 Est-ce que vous sortez le soir, en semaine?
10 Êtes-vous allé(e) dans une discothèque?
11 Quel genre de musique préférez-vous?
12 Qu'est-ce que vous avez fait samedi dernier?

Vous sortez souvent?

tous les jours	every day
tous les soirs	every evening
tous les samedis	every Saturday
une fois par semaine	once a week
souvent	often
quelquefois	sometimes
de temps en temps	now and again
rarement	rarely
jamais	never

1 Est-ce que vous allez souvent au cinéma?
2 Est-ce que vous allez souvent à la piscine?
3 Est-ce que vous jouez au football tous les jours?
4 Est-ce que vous allez en ville tous les samedis?
5 Est-ce que vous regardez la télé tous les soirs?
6 Est-ce que vous allez souvent à une boum?
7 Est-ce que vous sortez de temps en temps, en semaine?
8 Est-ce que vous allez au café avec des amis?
9 Est-ce que vous entrez quelquefois dans un musée?
10 Est-ce que vous allez aux magasins de temps en temps?

22 MARS - 2 AVRIL
PARIS - PORTE DE VERSAILLES - 12ʰ/21ʰ

LE RENDEZ-VOUS DE TOUS LES JEUNES

● Pour faire de la moto, du rugby, de l'escrime, du patin à roulettes, du karaté, du tir, du ping-pong, de la boxe, du trampoline, de la perche …
● Pour rencontrer de grands champions, des explorateurs, pour voir des films de sport et d'aventure …
● Pour faire du modélisme, de la musique, de la philatélie, de la photo, de la vidéo …
● Pour rencontrer les grands de la bande dessinée, jouer aux échecs, au bridge, s'initier à l'artisanat …
● Pour rêver l'an 2000 avec les micro-ordinateurs, les robots, les énergies nouvelles, l'aquaculture, l'espace …
● Pour s'informer sur les études, les carrières, les emplois …
● Pour participer à de nombreux concours, et tous les soirs à 19h.30, au concours de danse d'Europe 1 …

22 MARS - 2 AVRIL
PARIS - PORTE DE VERSAILLES - 12ʰ/21ʰ

CARTE D'INVITATION VALABLE POUR DEUX ENTRÉES GRATUITES

1 When is the *Semaine de la Jeunesse* being held?
2 At what time is it open each day?
3 Could you have a go at motorcycling or roller-skating there?
4 Give two other sporting activities which you could try.
5 Could you find out information about future careers?
6 Give three reasons for going there.

Le guide, c'est vous!

Plan a day in Paris for these tourists — say where they go in the morning and in the afternoon and evening and which *métro* they must take.

Exemple:

Monsieur Kyoto arrive à Paris à . . . . .
Le matin il visite . . . . .

Il prend le métro à . . . . .
  et descend à . . . .
L'après-midi il . . . . . .
Il prend le métro à . . . . .
  et descend à . . . .
Il achète . . . .
Il quitte Paris à . . . .

Monsieur Kyoto

n'aime pas les musées
n'entre jamais dans un magasin, si possible
aime les bâtiments modernes
aime le panorama de Paris vu des toits
collectionne les timbres
C'est dimanche. Il arrive à Paris à 9h et il doit partir à 8h du soir.

Ingrid Borg

adore les magasins, mais pas les marchés
s'intéresse à l'histoire de Paris
veut surtout voir la Place des Vosges
n'aime que les vieux bâtiments
n'aime pas du tout les bâtiments modernes
C'est mardi. Elle arrive à Paris à 9h30 et doit partir à 22h.

John Dexter

aime les promenades en bateau
veut voir les Champs-Elysées et l'Arc de Triomphe
ne veut rien acheter dans les magasins
désire acheter des fleurs pour son hôtesse
C'est samedi et il est en vacances chez des amis parisiens.

Maria Jordan

s'intéresse à la peinture des Impressionnistes
n'aime pas l'art moderne, mais elle aime l'architecture moderne
adore le panorama de Paris vu des toits mais n'aime pas beaucoup le plein air
C'est vendredi et il pleut à Paris.

Vous aimez le panorama?

Visitez:

La Tour Eiffel *métro Bir-Hakeim*
ouvert t.l.j. de 10.30 à 17h.

La cathédrale de Notre-Dame *métro Cité*
ouvert t.l.j. sauf mardi de 10h à 17h45

Le Sacré-Cœur de Montmartre *métro Anvers*
ouvert t.l.j.

Le Centre Pompidou *métro Rambuteau*
ouvert t.l.j. sauf mardi de 12h à 22h

La Tour Montparnasse *métro Montparnasse*
ouvert t.l.j. de 10h à 22h.

L'Arc de Triomphe *métro Ètoile*
ouvert t.l.j. sauf
mardi et fêtes
de 10h à 17h

Vous voulez faire des achats?

Visitez les marchés:

Le Marché aux Puces à St. Ouen
métro Clignancourt
lundi, samedi, dimanche

Le Marché aux Fleurs *métro Cité*
t.l.j. sauf dimanche

Le Marché aux Timbres
métro Champs-Élysées-Clémenceau
ouvert dimanche et fêtes

. . . les grands magasins:

**La Samaritaine
Aux Trois Quartiers
Les Galeries Lafayette
Au Printemps
Bazar de l'Hôtel de Ville**

...et le Forum

Vous aimez les musées?

Visitez:
Le Musée du Louvre *métro Louvre*
peinture et antiquités
ouvert t.l.j. de 9h45 à 17h15
gratuit le dimanche

Le Musée Carnavalet *métro Saint-Paul*
histoire de Paris
t.l.j. sauf lundi de 10h à 17h40

Le Musée du Jeu de Paume
(Peinture impressioniste) *métro Concorde*
t.l.j. sauf mardi et jours fériés de 9h45 à 17h15

Le Musée National d'Art Moderne (Centre
Pompidou) *métro Rambuteau*
ouvert t.l.j. sauf mardi 10h à 22h

Vous préférez le plein air?

Visitez les jardins publics:
Le Jardin du Luxembourg
métro Luxembourg (RER)

Le Jardin des Plantes *métro gare d'Austerlitz*

Le Jardin des Tuileries *métro Tuileries*

Le Bois de Boulogne *métro Pont de Neuilly*

Le Bois de Vincennes *métro Porte Dorée*

Parc des Buttes-Chaumont *métro Buttes-Chaumont*

. . . ou les places:

La Place des Vosges *métro Chemin-Vert*
La Place de la Concorde *métro Concorde*
La Place du Palais Royal *métro Palais Royal*
La Place du Tertre *métro Anvers*

Connaissez-vous bien PARIS?

1 Qu'est-ce que Gustave Eiffel a construit, en 1889?
a) Il a construit le Sacré-Cœur.
b) Il a construit le Louvre.
c) Il a construit la Tour Eiffel.
d) Il a construit Notre-Dame.

2 Comment s'appelle la célèbre cathédrale de Paris?
a) Le Sacré-Cœur.
b) Le Louvre.
c) Les Invalides.
d) Notre-Dame.

3 Le Louvre, qu'est-ce que c'est?
a) C'est une grande église.
b) C'est un grand musée.
c) C'est une colline.
d) C'est un bâtiment moderne.

4 Le Louvre, qu'est-ce que c'était, autrefois?
a) C'était le premier cinéma du monde.
b) C'était le palais de Napoléon.
c) C'était le palais des rois de France.
d) C'était un grand jardin public.

5 Qu'est-ce qu'il y a aux Invalides?
a) Il y a un vieux théâtre.
b) Il y a un grand hôpital.
c) Il y a le Musée de l'Homme.
d) Il y a le tombeau de Napoléon.

6 Qu'est-ce qu'il y a Place de la Concorde?
a) Un avion à réaction.
b) L'Obélisque.
c) L'Arc de Triomphe.
d) L'Opéra.

7 Où se trouve le Sacré-Cœur?
a) Sur une haute colline.
b) Dans une île, au milieu de la Seine.
c) Près de la Maison de la Radio.
d) À l'intérieur des Invalides.

8 Les Champs-Élysées, qu'est-ce que c'est?
a) Un jardin public.
b) Une grande avenue.
c) Une cathédrale célèbre.
d) Une grande place.

9 Où se trouve Notre-Dame?
a) Dans l'Ile de la Cité.
b) Dans la basilique du Sacré-Cœur.
c) Devant le tombeau de Napoléon.
d) Sous l'Arc de Triomphe.

10 Le fleuve qui passe à Paris s'appelle
a) le Rhône.
b) la Seine.
c) la Garonne.
d) la Loire.

Combien de points avez-vous?
9–10 Excellent. Vous connaissez très bien Paris!
7–8 Bien. Vous savez beaucoup de choses sur Paris.
5–6 Pas mal. Mais faites quelques efforts.
1–4 Travaillez. Vous avez beaucoup de choses à apprendre!

SOMMAIRE

Now you can:

ask for things at the tourist office:

Je voudrais Avez-vous	un dépliant sur … une liste des hôtels une liste des restaurants un plan du métro un horaire des autobus un plan de la ville des renseignements sur …	, s'il vous plaît(?)

understand information and abbreviations in tourist brochures:

ouvert	*open*
fermé	*closed*
une séance	*performance*
entrée libre	*admission free*
entrée gratuite (grat.)	*admission free*
sauf (sf)	*except*
tarif réduit	*reduced price*
un spectacle «Son et Lumière»	*'Son et Lumière' performance*
tous les jours (t.l.j.)	*every day*
tous les soirs (t.l.s.)	*every evening*
jours de fête	*holidays*
jours fériés	*public holidays*
une place	*place, seat*

talk about sightseeing in Paris:

un marché	*market*
un monument	*monument*
un musée	*museum*
un quartier	*area*
une visite de la ville	*city tour*

la rive gauche	*left bank*
la rive droite	*right bank*
se trouver	*to be situated*
célèbre	*famous*

travel by metro . . .

un carnet	*book of tickets*
un ticket	*ticket*
un tarif unique	*flat-rate fare*
une station de métro	*métro station*

C'est quelle ligne/direction?
Prenez la direction . . .
Pour aller à . . . c'est quelle station, s'il vous plaît?
Est-ce que je dois changer?
Où est-ce que je dois descendre?
Je descends à la prochaine.

CORRESPONDANCE	*Interchange,*
	connection
SORTIE	*Exit*
ENTRÉE (INTERDITE)	*(No) Entrance*
PREMIÈRE CLASSE	*First Class*

. . . or by bus:

un autobus	*bus*
un voyage	*journey*
un voyageur	*passenger*
un ticket	*ticket*
s'arrêter	*to stop*
un arrêt obligatoire/	*compulsory/request*
facultatif	*stop*
valider	*to punch, cancel*
faire signe à	*to signal to*
appuyer sur le bouton	*to press the button*
le machiniste	*driver*
l'avant	*front*
le milieu	*middle*
l'arrière	*rear*

ask for and give opinions about different things:

Qu'en penses-tu?
Qu'est-ce que vous pensez de . . .?
Ça vous plaît?
Comment trouvez-vous . . .?
Ça vous intéresse?
C'était bien?
Oui, ça me plaît.
Je le (la, les) trouve . . .
C'est . . .

amusant	*fun*
intéressant	*interesting*
splendide	*splendid*
fantastique	*fantastic*
formidable	*great*
magnifique	*magnificent*
chouette	*nice*
très bien	*really good*
sympa	*nice*
affreux	*awful*
abominable	*dreadful*

bizarre	*odd*
laid	*ugly*

Je l'aime bien.
Je ne l'aime pas du tout.

describe what you did etc. using the Perfect Tense:

with *avoir*	J'ai vu . . ., je n'ai pas visité . . .
with *être*	Je suis allé(e) à . . .
with *reflexive verbs*	Je me suis levé(e)/couché(e) à . . .

say what you must or must not do:

devoir		
je dois		
tu dois		nous devons
il doit		vous devez
elle doit		ils doivent
on doit		elles doivent

On *ne doit pas* fumer dans le métro.
Si vous aimez les bâtiments modernes, vous *devez* absolument aller au Centre Pompidou.

talk about yourself and your family:

Je m'appelle . . .
J'ai . . . ans.
Je viens d'avoir . . . ans.
J'habite à . . ./dans la banlieue de . . ./près de . . .
Ça fait . . . ans, qu'on habite ici.
J'ai . . . frères/ . . . sœurs . . . etc.
Je suis fils/fille unique.
Mon père/ma mère est mort(e).
Mes parents sont divorcés.
Mon père/ma mère est employé(e) chez . . .

talk about free time and going out:

d'habitude	*usually*
en semaine	*during the week*
le week-end	*at the week-end*
tous les samedis	*every Saturday*
une fois par semaine	*once a week*
souvent	*often*
quelquefois	*sometimes*
de temps en temps	*now and again*
jamais	*never*
sortir	*to go out*
un copain	*friend*
les loisirs	*free time*
faire une partie de . . .	*to have a game of . . .*
un film policier/d'amour	*a thriller/romance (film)*

use six different forms of the negative:

(*not*)	Je **ne** comprends **pas**.
(*no more*)	Il **n'**y en a **plus**.
(*no longer*)	Je **ne** vais **plus** à l'école.
(*never*)	On **ne** sait **jamais**.
(*nothing*)	Il **n'**y a **rien**.
(*nobody*)	Je **n'**ai vu **personne**.
(*only*)	Il **ne** reste **que** ça.

2

Visitez l'Alsace

Venez à Strasbourg – au carrefour de l'Europe.

Allez voir Riquewihr – «la perle de l'Alsace».

L'ALSACE

In this unit, you will learn about or revise the following topics:

the region of Alsace
talking about holiday
    plans
the Future Tense
travelling by train
staying in a youth hostel
talking about school life
talking about careers
reading newspaper
    articles
understanding the
    weather forecast

Visitez le
château du
Haut-Kœnigsbourg.

Allez voir les cigognes.

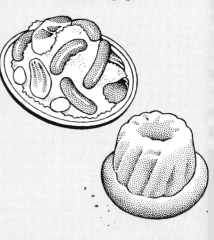

Mangez de la choucroute et du *kougelhopf*.

Allez voir une fête traditionnelle.

Bonjour! Je m'appelle Valérie Schieber et je travaille à l'office régional du tourisme à Strasbourg. Chaque année, nous avons beaucoup de touristes qui viennent visiter notre région.

En Alsace, vous trouverez des villes intéressantes, comme Strasbourg, Colmar et Mulhouse et vous trouverez aussi de jolis petits villages comme Obernai et Riquewihr.

En été et en automne, vous pouvez faire de belles promenades dans les Vosges. En hiver, vous pouvez faire du ski.

On mange et on boit très bien en Alsace. Vous connaissez peut-être déjà notre plat régional, la choucroute, faite avec du chou, des saucisses, du jambon et des pommes de terre. Mais il y a aussi d'autres spécialités de la région, comme le «kougelhopf» – une sorte de gâteau qu'on mange souvent le dimanche au petit déjeuner.

Les vins d'Alsace sont très bons. Si vous venez en voiture, vous pouvez suivre la célèbre «route du vin» et vous découvrirez beaucoup de villages typiques entourés de grands vignobles.

L'Alsace est célèbre aussi pour ses cigognes. À Molsheim et à Kintzheim vous pouvez visiter des parcs de cigognes et voir des cigognes en liberté.

Il y a beaucoup de choses à découvrir en Alsace. Il y a les châteaux forts et il y a les fêtes traditionnelles de village. En plus, c'est une région où les habitants sont très accueillants. Venez en Alsace cette année! Vous passerez de merveilleuses vacances.

Vrai ou faux?

Pouvez-vous trouver les six phrases correctes?

1 Strasbourg et Mulhouse sont de jolis petits villages.
2 En hiver, vous pouvez faire du ski dans les Vosges.
3 La choucroute est un plat typique d'Alsace.
4 On fait du champagne en Alsace.
5 À Molsheim et à Kintzheim, on peut voir des tigres en liberté.
6 On peut voir des cigognes en Alsace.
7 Le *kougelhopf* est une danse régionale.
8 Obernai et Riquewihr sont des villages alsaciens.
9 En Alsace, il y a beaucoup de châteaux forts.
10 Pour faire de la choucroute, il faut du chou, des saucisses, du jambon et des pommes de terre.

Répondez aux questions

1 Comment s'appellent les villes principales d'Alsace?
2 Les Vosges, qu'est-ce que c'est?
3 Comment s'appelle le plat alsacien, fait avec du chou, des saucisses, du jambon et des pommes de terre?
4 Est-ce qu'on fait du vin en Alsace?
5 Quels sont les oiseaux qu'on associe à cette région?
6 Qu'est-ce qu'on peut visiter à Haut-Kœnigsbourg?

L'ALSACE

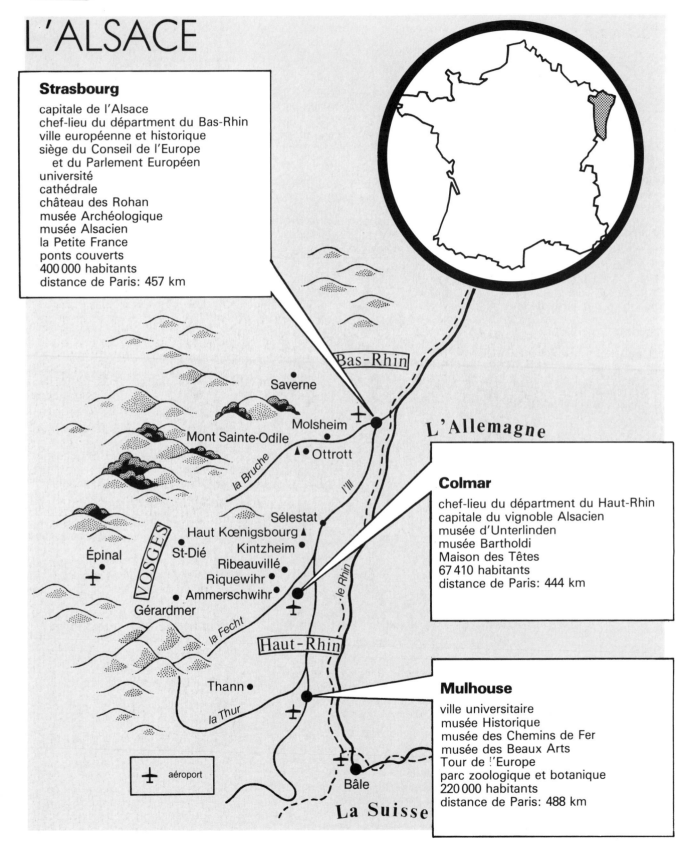

Strasbourg

capitale de l'Alsace
chef-lieu du départment du Bas-Rhin
ville européenne et historique
siège du Conseil de l'Europe
   et du Parlement Européen
université
cathédrale
château des Rohan
musée Archéologique
musée Alsacien
la Petite France
ponts couverts
400 000 habitants
distance de Paris: 457 km

Bas-Rhin

L'Allemagne

Saverne

Molsheim

Mont Sainte-Odile

▲ Ottrott

la Bruche

l'Ill

Sélestat

Colmar

chef-lieu du départment du Haut-Rhin
capitale du vignoble Alsacien
musée d'Unterlinden
musée Bartholdi
Maison des Têtes
67 410 habitants
distance de Paris: 444 km

Haut Kœnigsbourg ▲

VOSGES

Épinal   St-Dié   Kintzheim

Ribeauvillé

Riquewihr

Ammerschwihr

Gérardmer

la Fecht

le Rhin

Haut-Rhin

Thann ●

la Thur

Mulhouse

ville universitaire
musée Historique
musée des Chemins de Fer
musée des Beaux Arts
Tour de l'Europe
parc zoologique et botanique
220 000 habitants
distance de Paris: 488 km

✈ aéroport

Bâle

La Suisse

Que savez-vous sur l'Alsace?

1 Comment s'appelle la capitale de l'Alsace?
2 Combien d'habitants y a-t-il?
3 Est-ce que c'est la plus grande ville d'Alsace?
4 Qu'est-ce que vous pouvez visiter dans cette ville?
5 Est-ce qu'il y a un aéroport?
6 Comment s'appelle le chef-lieu du département du Haut-Rhin?
7 Est-ce que cette ville se trouve à l'est ou à l'ouest de Paris?
8 C'est à combien de kilomètres de Paris?
9 Comment s'appelle la ville qui se trouve près de Bâle?
10 Est-ce que c'est une ville universitaire?
11 Est-ce que c'est une ville plus grande que Colmar?
12 Où devez-vous aller pour visiter le musée Bartholdi? (On doit . . .)
13 Où devez-vous aller pour visiter le musée Alsacien?
14 Où devez-vous aller pour visiter le musée des Chemins de Fer?
15 Comment s'appellent les montagnes qui se trouvent à l'ouest de l'Alsace?
16 Comment s'appelle le fleuve qui sépare l'Alsace de l'Allemagne?

Les Alsaciens vous parlent

1 Luc Ferey, où habite-t-il?
2 C'est près de quelle frontière?
3 Qu'est-ce qu'on peut voir à Saverne?·
4 Où se trouve Épinal?
5 Est-ce que Gérardmer est une grande ville?
6 Qu'est-ce qu'on peut faire, comme sports, dans la région?
7 Qu'est-ce qu'on peut voir à Mulhouse?
8 On cultive la vigne dans la région d'Ammerschwihr. Quand est-ce qu'on fait les vendanges?

Alsace — French or German?

Alsace is now part of France, but for nearly fifty years before the First World War the whole of this area and part of neighbouring Lorraine belonged to Germany. During the First World War, the area was the scene of intense fighting (particularly around Verdun). At the end of the war, the area was returned to France.

Then, during the Second World War, the area was re-occupied by Germany. Streets were re-named, names of places on signs and letterboxes and shopsigns were translated into German. The use of the French language was even forbidden for a time, but at the end of the war the area was again returned to France.

Today, much of Alsace and Lorraine is bi-lingual. Newspapers and radio and television programmes are available in both French and German. A German and French dialect, *Alsacien*, is frequently used in Alsace by older people. Some elderly people born before 1918 speak only Alsacien and German and need help from friends in order to fill in official forms in French.

If you visit the area, you will notice that houses and villages, names of places (like Kintzheim and Haut-Kœnigsbourg) and families (like Schieber, Fritsch and Schweitzer) show a strong German influence.

Visitez
MOLSHEIM
en Alsace

- Ville historique et touristique sur la route du vin
- Altitude 176 à 350 mètres
- Piscine de plein air préchauffée – 3 bassins
- Terrain de camping avec salle de séjour
- Caveau de dégustation des vins du cru
- Ses monuments historiques
- Ses spécialités du pays
- AU CENTRE DE LOISIRS ET DE PLEIN AIR
Piscine couverte – Courts de tennis couverts et de plein air – Terrain de rugby

Besichtigt
MOLSHEIM
im Elsass

Most tourist leaflets and brochures about Alsace are written in French and German. Why do you think this is? When you have looked at this leaflet, see if you can answer these questions.

1 Could you camp at Molsheim?
2 Which of these sports facilities are available?

swimming pool	golf course
ice rink	rugby pitch
tennis courts	stadium

3 Why would you expect to see old buildings in the town?
4 Why do you think wine is made nearby?

Bonnes vacances!

1 Voici Pierre Dupont. Il a quinze ans et il habite à Paris. Cet été il passera ses vacances à Saverne en Alsace.

2 Voici Chantal Legrand. Elle a dix-sept ans et elle habite à Dijon. Cet été, elle passera ses vacances comme monitrice dans une colonie de vacances près de Saint-Dié dans les Vosges.

3 M. et Mme Denis et leurs deux enfants habitent à Rennes en Bretagne. Cet été, ils passeront un mois dans un camping dans les Vosges.

—Pierre, qu'est-ce que tu vas faire pendant les vacances d'été?

—Au mois d'août, je partirai en Alsace. De Paris, je prendrai le train pour Saverne. Saverne est une petite ville qui se trouve près de Strasbourg. Mon frère et sa famille habitent là-bas et je resterai chez eux.

—Quand est-ce que tu rentreras à Paris?

—Je passerai trois semaines à Saverne puis je rentrerai à Paris.

—Chantal, qu'est-ce que tu vas faire pendant les vacances?

—Au mois de juillet, je partirai en colonie de vacances à la montagne. Je passerai trois semaines dans les Vosges.

—Tu prendras le train?

—Non. Je partirai en autocar avec les enfants.

—Et après, tu rentreras à Dijon?

—Non. Après la colonie, je passerai quelques jours à Colmar. Puis je rentrerai à Dijon par le train.

—M. et Mme Denis, qu'est-ce que vous allez faire cet été?

—Cet été, nous partirons dans les Vosges. Nous passerons un mois dans un grand camping à Gérardmer. À Gérardmer, il y a un grand lac et on peut faire des sports nautiques. Les enfants aiment bien ça.

—Vous prendrez le train?

—Ah, non. Nous prendrons la voiture. C'est plus pratique. Et avec la voiture, nous pourrons visiter la région.

Choisissez les phrases correctes

A 1 a) Pierre partira en Alsace au mois de juin.
b) Pierre partira en Alsace au mois de juillet.
c) Pierre partira en Alsace au mois d'août.

2 a) Il prendra le train.
b) Il prendra l'avion.
c) Il prendra l'autocar.

3 a) Il passera trois semaines dans un hôtel.
b) Il passera trois semaines chez son frère.
c) Il passera trois semaines dans un camping.

B 1 a) Chantal partira en colonie à la montagne.
b) Chantal partira en colonie au bord de la mer.
c) Chantal partira en colonie à la campagne.

2 a) Après la colonie, elle passera quelques jours à Strasbourg.
b) Après la colonie, elle passera quelques jours à Colmar.
c) Après la colonie, elle passera quelques jours à Mulhouse.

3 a) Elle rentrera à Dijon en autocar.
b) Elle rentrera à Dijon par le train.
c) Elle rentrera à Dijon en voiture.

C 1 a) M. et Mme Denis et leurs enfants partiront dans les Alpes.
b) M. et Mme Denis et leurs enfants partiront dans les Vosges.
c) M. et Mme Denis et leurs enfants partiront dans les Pyrénées.

2 a) Ils passeront un mois dans un appartement.
b) Ils passeront un mois dans un grand camping.
c) Ils passeront un mois chez des amis.

3 a) Ils prendront le train.
b) Ils prendront la voiture.
c) Ils prendront l'autocar.

How to talk about the future

You have already learnt one way to talk about what you're going to do in the future. You can use the Present Tense of *aller* + the infinitive:

La semaine prochaine, je **vais** partir en Italie.
Dans trois jours, il **va** prendre l'avion pour Munich.
Qu'est-ce que vous **allez** faire cet été?

Another way is to use the **Future Tense**. French people use this a lot and it is more common in written or printed French. Here are some examples:

Cet été, je passer**ai** trois semaines à Saverne.
Quand est-ce que tu partir**as** en Alsace?
Il rentrer**a** à Paris par le train.
Cet été, nous rester**ons** en France.
Est-ce que vous prendr**ez** le train?
Ils visiter**ont** la région.

Look at the endings in bold type. They are the same endings as you use for *avoir*. All verbs in the Future Tense have these endings. To form the Future Tense of regular *-er* and *-ir* verbs, you just add these endings to the infinitive of the verb:

travailler
je travailler**ai**   nous travailler**ons**
tu travailler**as**   vous travailler**ez**
il travailler**a**   ils travailler**ont**
elle travailler**a**   elles travailler**ont**

To form the Future Tense of regular *-re* verbs, you take the final *-e* off the infinitive and add the endings:

prendre   Je prendr**ai** la voiture.
attendre   Ils attendr**ont** à la gare.

Some common verbs, such as *aller, faire, être, avoir,* don't add the endings to the infinitive. Instead, they add them to a special *future stem*. However, they still have the same endings. You'll learn about the Future Tense of these verbs later in this unit.

Quand arriverez-vous?

Paris-Est	8h53	11h00	12h45	16h28	17h18	19h51
Nancy	12h15	13h40	15h36	19h38	20h00	22h47
Saverne	13h36	—	16h40	—	—	23h45
Strasbourg	14h03	14h52	17h05	21h05	21h13	00h12

Regardez l'horaire pour répondre à ces questions.

Exemple: 1 J'arriverai à 14h03.

1   Vous allez de Paris à Strasbourg. Vous prenez le train de 8h53. Quand arriverez-vous?
2   Vous allez de Paris à Nancy. Vous prenez le train de 11h. Quand arriverez-vous?
3   Vous allez de Paris à Saverne. Vous prenez le train de 12h45. Quand arriverez-vous?
4   Vous allez de Paris à Strasbourg. Vous prenez le train de 16h28. Quand arriverez-vous?
5   Vous allez de Paris à Nancy. Vous prenez le train de 17h18. Quand arriverez-vous?
6   Vous allez de Paris à Saverne. Vous prenez le train de 19h51. Quand arriverez-vous?

Qu'est-ce que vous prendrez?

Vous partirez en vacances la semaine prochaine. Vous passerez une semaine dans un terrain de camping. Vous prendrez seulement des vêtements décontractés (jeans, T-shirts, pulls, anorak, etc). Vous ne prendrez pas de vêtements chics (veste, cravate, robe, etc).

Répondez aux questions de votre ami(e).

1   Est-ce que tu prendras un anorak?

2   Est-ce que tu prendras un jean?

3   a) (Pour les garçons)
Est-ce que tu prendras une cravate?

b) (Pour les filles)
Est-ce que tu prendras une robe?

4   Est-ce que tu prendras un gros pull?

5   Est-ce que tu prendras des T-shirts?

6   Est-ce que tu prendras une veste?

L'année prochaine

Copy out and complete the captions.

— L'année prochaine, je prendr... l'avion.

L'année prochaine, elle passer... ses vacances à la campagne.

— L'année prochaine, nous réserver... à l'avance.

L'année prochaine, il loger... à l'hôtel.

L'année prochaine, ils ne retourner... pas en Afrique.

Conversations au téléphone

Écoutez les conversations au téléphone, puis répondez aux questions.

1 a) Où Luc arrivera-t-il à Paris?
 b) Est-ce qu'il arrivera à la gare du nord?
 c) À quelle heure est-ce qu'il arrivera?

2 a) Qui arrivera à Colmar, lundi?
 b) À quelle heure est-ce qu'elle arrivera?

3 a) Est-ce que Nicole arrivera à Strasbourg, lundi?
 b) Quel train prendra-t-elle?
 c) À quelle heure est-ce qu'elle arrivera?
 d) Où est-ce que Paul l'attendra?

4 a) Où Jean-Pierre ira-t-il, dimanche?
 b) À quelle heure est-ce qu'il arrivera?
 c) Où est-ce que Chantal l'attendra?

5 a) Quand est-ce que Françoise rentrera?
 b) Comment est-ce qu'elle rentrera?

6 a) Qui prendra l'avion pour Nice?
 b) Quand est-ce qu'il arrivera?
 c) Qu'est-ce qu'il portera?

Répondez pour M. et Mme Denis

1 Où passerez-vous vos vacances, cet été?
2 Combien de temps resterez-vous?
3 Partirez-vous avec les enfants?
4 Prendrez-vous la voiture?
5 Quand rentrerez-vous?

> **a)** Oui, nous prendrons la voiture.
> **b)** Nous passerons nos vacances en Alsace.
> **c)** Nous rentrerons le 28 août.
> **d)** Nous resterons un mois.
> **e)** Oui, nous partirons avec nos enfants.

À vous de poser les questions

1 a) ... ... à l'étranger, cet été? (partir)
 b) Non, cette année nous resterons en France.
2 a) Où ... ... vos vacances? (passer)
 b) Nous retournerons en Alsace.
3 a) ... ... à l'hôtel? (loger)
 b) Oui, nous logerons à l'hôtel Dolmetsch à Strasbourg.
4 a) ... ... le train? (prendre)
 b) Non, nous prendrons la voiture. C'est plus pratique pour visiter la région.
5 a) ... ... Strasbourg? (visiter)
 b) Oui. Nous avons l'intention de visiter Strasbourg pendant notre séjour.
6 a) Quand ... ... à Paris? (rentrer)
 b) Nous rentrerons le 28 août.

Où arriveront-ils?

Ces voyageurs partiront tous de Paris aujourd'hui.
Où arriveront-ils, et à quelle heure?
Suivez les lignes pour le savoir.

Exemple: 1 M. et Mme Schieber arriveront à Cologne à 14h30.

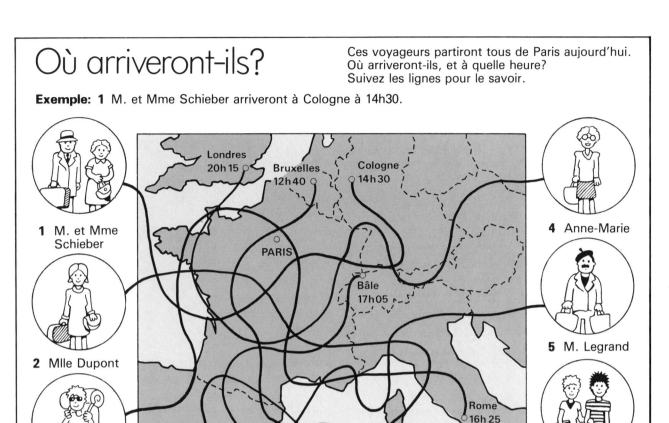

1 M. et Mme Schieber

2 Mlle Dupont

3 Jean-Pierre

4 Anne-Marie

5 M. Legrand

6 Suzanne et Christophe

Londres 20h15 — Bruxelles 12h40 — Cologne 14h30 — PARIS — Bâle 17h05 — Rome 16h25 — Madrid 18h55

De Paris à Mulhouse

Voici des voyageurs qui partiront à Mulhouse le lundi 5 juillet (une distance de 500 kilomètres environ). Quand arriveront-ils?

Exemple: 1 M. Legrand arrivera à Mulhouse à midi et demi.

  1 M. Legrand prendra l'avion de Paris à Mulhouse. Il quittera Paris à onze heures et demie. Le voyage durera une heure.

  2 Mme Chapelle prendra le train de neuf heures vingt. Le voyage durera quatre heures.

  3 Nicole et Pascale Dublanc partiront en car. Le car quittera Paris à huit heures et demie et le voyage durera six heures.

  4 Jean-Pierre et Luc Chapelle voyageront en moto. Ils quitteront Paris à sept heures du matin et le voyage durera cinq heures et demie.

  5 La famille Gilbert prendra la voiture. Ils rouleront à 100 kilomètres à l'heure de moyenne. Ils partiront à huit heures du matin et ils s'arrêteront une fois en route (pour une heure).

Visitez l'Alsace cette année!

Que faire à Strasbourg

... dans la journée?

VISITE DU VIEUX STRASBOURG EN MINI-TRAIN
Le mini-train est en service le jour, de Mai à Octobre. Les départs ont lieu place de la Cathédrale (à droite de la façade). Prix : 4 F.

VISITE DE LA VILLE EN CAR
Départ à 10 h, tous les jours, Place de la Gare – Prix : 6 F – Location au Syndicat d'Initiative.

VISITE GUIDEE DE LA VILLE A PIED
Sous la conduite d'un guide conférencier, du 1er JUILLET au 31 AOUT, tous les jours à 10 h (sauf 14 juillet), durée de la visite 2 h environ.

VISITES DIVERSES
La Maison de la Radio-FRANCE REGION
Visite commentée, sur demande, de la Maison de la Radio, les jeudis et samedis (les groupes seuls sont acceptés).
Marché aux Puces – mercredis et samedis – place du Vieil Hôpital.
La Cathédrale
Montée sur la PLATE-FORME Horloge Astronomique (Cloître de la Cathédrale, portail sud) : tous les jours à 12 h 30 – billet à la caisse à partir de 11 h 30.
Maison de l'Europe : est ouverte aux visiteurs tous les jours (sauf sessions) pour des visites libres ou guidées.
Visite libre – Siège au Parlement Européen installé dans un cadre de verdure.

... le soir?

VISITE NOCTURNE DE LA VILLE EN VEDETTE
Un service de flânerie nocturne sur l'Ill illuminée avec passage à travers le quartier de la Petite-France.
Tous les soirs: durée 1 h 30 environ.

OUVERTURE NOCTURNE DES MUSEES
Les salles d'exposition illuminées pourront être visitées du 1er juin au 15 septembre, sous la conduite d'un guide qualifié, à partir de 20 h 30. Durée des visites : 1 h 30.

SPECTACLE «SON ET LUMIERE» à la CATHEDRALE
de Mai à Septembre.

SPECTACLES FOLKLORIQUES
DANS LA COUR DU CHATEAU DES ROHAN
Des spectacles seront donnés par des Groupes folkloriques étrangers à partir de 20 h 30.

Volerie des Aigles

ALSACE (B.R)

Montagne des Singes

KINTZHEIM
près de Sélestat

VILLE DES ANIMAUX LIBRES

Les Cigognes

VOLERIE DES AIGLES
Aigles - Vautours - Faucons dresses, volent en complete liberté dans le cadre moyenâgeux du Château de Kintzheim.
Ouvert de 14 à 17 ou 18 h

MONTAGNE DES SINGES
300 singes libres dans 20 ha des plus belles forêts vosgiennes.
Un contact fantastique avec l'animal libre (Buvette - Pique-Nique).
Ouvert de 10 à 12 h et de 14 à 18 ou 19 h

Centre de réintroduction des
CIGOGNES en Alsace (Parc gratuit)
Plus de 100 cigognes en liberté et en cours d'adaptation. Informations (Grill - Buvette - Pique-Nique).
Ouvert de 10 à 18 ou 19 h

KINTZHEIM - 67600 SELESTAT - Tel 92.11.09

OTTROTT à ROSHEIM

Train Folklorique

Traction
machine à vapeur Borsig 1906 – voie 1,43 m.
Trajet
Ottrott – St Léonard – Boersch – Rosheim 16 km aller – retour. 1 heure de parcours
Circule
En juillet et en Août tous les dimanches et jours fériés
Horaires
au départ d'Ottrott : 14h30 – 16h30
au départ de Rosheim : 15h30 – 17h30

---

1 How much does it cost to visit the old part of Strasbourg by mini-train?
2 Where exactly does it leave from?
3 How often are there coach tours of the city?
4 How long does a guided walk round the city take?
5 When is it possible to visit the *Maison de la Radio*?
6 How can you tour the city in the evening and how long does it take?
7 What takes place in the evening in the courtyard of the *château des Rohan?*
8 What other birds and animals could you see at Kintzheim, apart from eagles, vultures and falcons?
9 What sort of train can you see at Ottrott?
10 How long does the train journey take, and how far does it go?

Si on allait en Alsace?

Claude et Françoise Deladier habitent à Paris. Ils sont frère et sœur. Au mois d'août, ils ont travaillé à Paris pour gagner un peu d'argent. Maintenant ils veulent partir en vacances.

Françoise: Si on allait passer quelques jours en Alsace?
Claude: En Alsace? Qu'est-ce qu'on peut faire là-bas?
Françoise: Tu n'as pas écouté l'émission à la radio hier soir? Il paraît que c'est une région très intéressante.
Claude: Ah bon. Qu'est-ce qu'il y a à faire?
Françoise: On peut visiter des châteaux, on peut suivre la route du vin, on peut voir des cigognes et des singes en liberté. Il y a des villes intéressantes, comme par exemple Strasbourg et Colmar.
Claude: Je veux bien aller à Strasbourg.
Françoise: Et il paraît qu'aux mois de septembre et d'octobre, c'est très beau.
Claude: Ah oui. L'époque des vendanges. Eh bien, d'accord. Allons en Alsace! On prendra le train pour Strasbourg, n'est-ce pas?
Françoise: Oui, c'est ça. Nous passerons deux jours à Strasbourg. Il y a beaucoup de choses à faire. Il y a la cathédrale avec l'horloge astronomique, il y a le musée Alsacien, il y a la Petite France …
Claude: Qu'est-ce que c'est?
Françoise: C'est le vieux quartier. C'est très joli. Regarde!
Claude: D'accord. Et on pourra faire une promenade en vedette.

Françoise: Oui, on peut visiter le port de Strasbourg.
Claude: On logera à l'auberge de jeunesse?
Françoise: Oui. Ensuite on louera des vélos à la gare de Strasbourg.
Claude: Bonne idée. Et on suivra la «route du vin».
Françoise: D'accord. Moi, je veux bien aller à Kintzheim pour voir les cigognes et les singes en liberté.
Claude: Oui. Alors, Kintzheim est près de Séléstat, n'est-ce pas?
Françoise: Oui. On peut aller au terrain de camping à Séléstat.
Claude: Ensuite on continuera à Ribeauvillé.
Françoise: D'accord. Alors, quatrième nuit à Ribeauvillé.
Claude: Oui. Puis, continuons par Riquewihr et Kaysersberg jusqu'à Colmar. Qu'est-ce qu'il y a à faire à Colmar?
Françoise: C'est une très jolie ville avec de vieilles maisons et des musées.
Claude: Est-ce qu'il y a une auberge de jeunesse à Colmar?
Françoise: Oui. On restera deux nuits à Colmar. Comme ça, nous pourrons faire une excursion dans les Vosges.
Claude: D'accord. Et puis on continuera sur Mulhouse.
Françoise: Oui. À Mulhouse, nous rendrons les vélos à la gare.
Claude: À Mulhouse, il y a beaucoup de musées et il y a le parc zoologique.
Françoise: Il y a une auberge de jeunesse aussi. Donc dernière nuit à Mulhouse. Puis on reprendra le train pour Paris.

L'itinéraire de Claude et Françoise

7 sept 1er jour	départ en train pour Strasbourg
8 sept 2e jour	Strasbourg - visite de la ville, cathédrale, musée Alsacien
9 sept 3e jour	Strasbourg - Petite France, promenade en bateau, visite du port
10 sept 4e jour	départ en vélo pour Sélestat
11 sept 5e jour	visite de Kintzheim, puis en route pour Ribeauvillé
12 sept 6e jour	Riquewihr, Kaysersberg, Colmar
13 sept 7e jour	Colmar - visite de la ville, excursion dans les Vosges
14 sept 8e jour	en route pour Mulhouse
15 sept 9e jour	Mulhouse
16 sept 10e jour	retour à Paris

1 Quand est-ce qu'ils quitteront Paris?
2 Est-ce qu'ils prendront la voiture?
3 Qu'est-ce qu'ils feront le premier jour à Strasbourg?
4 Où resteront-ils?
5 Où est-ce qu'ils loueront des vélos?
6 Où iront-ils le quatrième jour?
7 Qu'est-ce qu'ils visiteront à Kintzheim?
8 Quand iront-ils à Colmar?
9 Qu'est-ce qu'ils feront à Colmar?
10 Où iront-ils après?
11 Où rendront-ils les vélos?
12 Quand rentreront-ils à Paris?

Dix jours de vacances

Vous avez dix jours de vacances en Alsace. Vous partirez de Paris.
Comment voyagerez-vous?
Où irez-vous?
Qu'est-ce que vous visiterez?

Écrivez cinq phrases pour décrire vos projets de vacances.

Je partirai Je voyagerai	par le train en voiture en vélo
Je visiterai	les musées les villages
Je logerai	dans des auberges de jeunesse à l'hôtel
Je ferai	une excursion dans les Vosges une promenade en vedette
Je passerai	un jour à Colmar deux jours à Strasbourg

Le jour du départ

1. Où sont Claude et Françoise?
2. Qu'est-ce que Françoise achète au guichet?
3. Combien doit-elle payer?

1. Claude, qu'est-ce qu'il regarde?
2. À quelle heure part le train pour Strasbourg?
3. C'est quel quai?

1. Où va Françoise?
2. Qu'est-ce qu'elle achète?

1. Où va Claude?
2. Qu'est-ce qu'il achète?

1. Est-ce que Claude et Françoise compostent leur billet?
2. Où vont-ils ensuite?
3. Est-ce que le train est en gare?

1. Est-ce que Claude et Françoise montent dans un compartiment «fumeurs»?
2. Est-ce qu'il y a beaucoup de monde?
3. Est-ce qu'ils trouvent des places libres?

Les auberges de jeunesse en dix questions

1 Les auberges de jeunesse – qu'est-ce que c'est?

Ce sont des centres où peuvent loger des jeunes de tous les pays. Dans une auberge de jeunesse, on trouvera:
- une ou plusieurs salles de séjour – avec des livres, des magazines et parfois la télévision.
- des dortoirs ou des chambres à quatre ou six lits pour garçons et pour filles.
- des blocs sanitaires (douches, lavabos, w.c.)
- des possibilités de cuisine individuelle ou collective.

2 Est-ce que ça coûte cher?

Non. Les tarifs varient selon la catégorie de l'auberge. Voici les prix pour 1981:
Une nuit: 20,00 F
Petit déjeuner complet: 6,50 F
Déjeuner ou dîner: 18,00 F à 21,00 F
Location de draps: 7,80 F maximum

3 Qui peut aller dans les auberges de jeunesse?

Tous les jeunes de quatorze à trente ans, garçons et filles, qui ont la carte d'adhérent à la Fédération Unie des Auberges de Jeunesse.

4 Comment obtenir la carte d'adhérent?

Il faut s'adresser en personne ou par correspondance à l'association de votre pays.
En Grande-Bretagne, il faut s'adresser au Youth Hostels Association.
En France, il faut s'adresser à la Fédération Unie des Auberges de Jeunesse.
La carte est valable pour une année (janvier à décembre)

5 Les enfants, sont-ils reçus dans les auberges de jeunesse?

En règle générale, seuls les enfants d'âge scolaire (six à quatorze ans) accompagnés de leurs parents sont admis dans les auberges de jeunesse.

6 Est-ce qu'il faut réserver à l'avance?

Pendant les vacances scolaires, on est recommandé de réserver sa place à l'avance.

7 Est-ce qu'on peut prendre des repas dans les auberges de jeunesse?

On peut toujours prendre le petit déjeuner et on peut quelquefois prendre d'autres repas (dîner ou déjeuner) selon les auberges.

8 Est-ce qu'il faut aider à faire la cuisine etc?

Quelquefois il faut donner «un petit coup de main», par exemple, pour mettre la table ou faire la vaisselle.

9 Dans quels pays est-ce qu'on trouve des auberges de jeunesse?

Dans plus de cinquante pays, par exemple: l'Australie, la Belgique, le Canada, l'Espagne, la Grèce, l'Inde, la Norvège, la Suède, la Suisse, la Yougoslavie etc.

10 Est-ce qu'on organise des stages d'activités ou des voyages à l'étranger en auberges de jeunesse?

Oui. La F.U.A.J. organise de nombreux stages d'activités sportives et culturelles en auberges de jeunesse, des voyages à l'étranger et des transports à tarif réduit (en train, avion) etc. La carte de la F.U.A.J. est un véritable «passeport pour les jeunes».

C'est vous l'interprète

A young American couple want to go youth hostelling in France this summer. Can you answer their questions?

1 Can you do your own cooking in a youth hostel?
2 Can you also buy meals?
3 How much approximately would breakfast cost?
4 Is it expensive to stay in a youth hostel?
5 What are the age limits?
6 How do you get a membership card?
7 For how long is it valid?
8 Is it advisable to book in advance in July and August?

Les auberges de jeunesse en Alsace

Auberge de Jeunesse «Europe»
Colmar

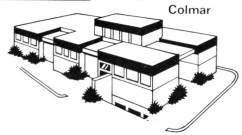

Vous voulez aller dans les auberges de jeunesse en Alsace. Un de vos amis vous pose ces questions:

1 Quelle est l'adresse de l'auberge de jeunesse de Strasbourg?
2 Est-ce que c'est loin de la gare?
3 Quel numéro d'autobus faut-il prendre?
4 À quelle heure est-ce que l'auberge ferme la nuit en été?
5 Est-ce qu'il y a une auberge de jeunesse à Colmar?
6 Où se trouve-t-elle?
7 Est-ce qu'il y a un autobus qui va de la gare à l'auberge?
8 Combien de lits y a-t-il?
9 Est-ce qu'on peut prendre des repas à l'auberge?
10 Est-ce que Lautenbach se trouve à la montagne, à ton avis?
11 Est-ce qu'on peut aller à l'auberge de jeunesse en autobus?
12 Combien de lits y a-t-il?

Auberge de Jeunesse	Adresse	Gare SNCF (distance)	Ligne de bus (No et arrêt)	Périodes d'ouverture	Nombre de lits	Repas préparés	Autres informations
Colmar	7, rue Saint-Niklaas 68000 Colmar	1 km	1 – 2 Pasteur	2.1 – 24.12	106	✓	Ouverture jusqu'à 23h en hiver Ouverture jusqu'à 24h en été
Grandfontaine	Les Minières 67130 Grandfontaine	Schirmeck 7 km	–	1.1 – 31.12	42	–	–
Klingenthal	9 rte de Grendelbruch Klingenthal 67530 OTTROTT	8 km	–	1.1 – 31.12	80	–	Repas préparés du 5.9 au 20.7
Lautenbach	Dynamo – La Schellimatt	Lautenbach 6 km	–		30		Altitude de 1,100 m Inaccessible à tous véhicules Ouverture: 8.2 – 28.2 7.4 – 23.4 1.7 – 31.8
Mulhouse	37 rue de l'Illberg 68200 Mulhouse	2 km	4 – 6 «Salle des sports»	1.1 – 31.12	102	✓	Fermeture 23h en été
Rothau	67570 Rothau			1.10 – 31.8	80	✓	
Saverne	Château des Rohan 67700 Saverne			1.1 – 31.12	73	–	
Strasbourg	9 rue de l'Auberge de Jeunesse 67200 Strasbourg Montagne verte	2 km	3 – 13 – 23 Auberge de Jeunesse	1.1 – 31.12	200	✓	Ouverture jusqu'à 23h en hiver, 24h en été

À Strasbourg

Claude et Françoise sont arrivés à la gare de Strasbourg.

Claude: On va directement à l'auberge de jeunesse, n'est-ce pas?
Françoise: D'accord. Est-ce qu'il y a un autobus?
Claude: Oui, on peut prendre le 3, le 13 ou le 23.
Françoise: Voilà le 13 qui arrive.

L'autobus arrive. Claude et Françoise montent.

Françoise: Deux tickets, pour l'auberge de jeunesse, s'il vous plaît.
Le conducteur: 6 francs.
Françoise: Merci.

Claude et Françoise arrivent à l'auberge de jeunesse.

Claude: Bonjour, Madame. Avez-vous de la place, s'il vous plaît?
La mère aubergiste: C'est pour combien de nuits?
Claude: Trois nuits. C'est pour un garçon et une fille.
La mère aubergiste: Oui, il y a de la place. Vous voulez louer des draps?
Claude: Non.

La mère aubergiste: Bon. Je mets la fille au dortoir 4. Et vous au dortoir 6. Les dortoirs sont au premier étage.
Claude: Merci. Est-ce qu'on peut prendre des repas?
La mère aubergiste: Oui, le dîner est à huit heures et le petit déjeuner entre sept heures et demie et huit heures et demie.

Vrai ou faux?

1 Claude et Françoise sont arrivés à Colmar.
2 Ils veulent prendre un taxi pour aller à l'auberge de jeunesse.
3 L'autobus numéro 3 va à l'auberge de jeunesse.
4 Ça coûte 3 francs par personne.
5 Claude et Françoise veulent rester une nuit.
6 L'auberge est complète.
7 Ils ne veulent pas louer de draps.
8 Les dortoirs sont au rez-de-chaussée.
9 On peut prendre des repas à l'auberge.
10 Le petit déjeuner est entre 7h et 9h.

Maintenant à vous!

1 Pour aller à l'auberge de jeunesse?

Vous êtes arrivé(e) à la gare de Mulhouse et vous voulez aller à l'auberge de jeunesse.

(Ask how you get to the youth hostel)
— L'auberge de jeunesse, c'est assez loin, c'est à 2 kilomètres d'ici.
(Ask if there's a bus)
— Oui, vous pouvez prendre le 4 ou le 6 et vous devez descendre à la «Salle des sports».
(The bus arrives, buy a ticket)
— 3 francs.
(Say thank you)

2 À l'auberge de jeunesse

(Ask if there's any room)
— C'est pour combien de nuits?
(You want to stay two nights)
— Vous êtes seul(e)?
(You're travelling alone)
— Oui, il y a de la place. Vous voulez louer des draps?
(You don't need sheets)
— Vous êtes au dortoir numéro 3. Les dortoirs sont au deuxième étage.

(Ask if you can take meals at the hostel)
— Oui, le dîner est à sept heures et demie et le petit déjeuner entre sept heures et huit heures.

3 Vous êtes l'interprète à l'auberge de jeunesse

Vous aidez des Américains. Ils sont deux, un garçon et une fille. Ils veulent rester une nuit seulement et ils veulent louer des draps (deux paires). Ils veulent prendre le petit déjeuner. Répondez aux questions du père aubergiste.

— C'est pour combien de personnes?
— C'est pour combien de nuits?
— Ils veulent louer des draps?
— Est-ce qu'ils veulent prendre le petit déjeuner?

Now ask these questions for them:

(Where are the dormitories?)
— Les dortoirs sont au premier étage.
(Where is the living room?)
— La salle de séjour est au rez-de-chaussée.
(What time is breakfast?)
— Le petit déjeuner est entre sept heures et neuf heures.

En vacances avec la Fédération Unie des Auberges de Jeunesse

The F.U.A.J. also organise special activity holidays, where you can stay in youth hostels and follow a course (*un stage*) in pottery, photography, music etc or sporting activities. Here are some details of different holidays organised in France. See if you can find the places where the courses are to be held on a map of France. The *département* is given in brackets.

PAIMPOL (Côtes-du-Nord)
Poterie (Initiation au tournage)
DATES : du 22 juillet au 1er août, du 23 août au 2 septembre, du 2 au 12 septembre
PRIX : 700 F
Poterie (Initiation au travail de la terre)
DATES : stages de 11 jours débutant les 1er, 12 et 22 juillet, les 1er, 12 et 23 août
PRIX : 650 F

LA ROCHELLE (Charente-Maritime)
Voile
DATES : stages de 7 jours débutant les 1er, 8, 15, 22 et 29 juillet et les 5, 12 et 19 août
PRIX : 750 F
Planche à voile
DATES : stages de 7 jours débutant les 1er, 8, 15, 22 et 29 juillet et les 5, 12 et 19 août
PRIX : 800 F

LE MONT-DORE (Puy-de-Dôme)
Tour des volcans d'Auvergne
(Randonnée pédestre)
DATES : du 5 au 10 août
PRIX : 550 F
Tour des lacs d'Auvergne
(Randonnée pédestre)
DATES : chaque semaine en juillet et en août
PRIX : 550 F

POITIERS (Vienne)
Natation
DATES : toute l'année du dimanche au dimanche
PRIX : 600 F

ROYAN (Charente-Maritime)
Rencontres musicales
(musique acoustique et électrique)
DATES : du 8 au 14 et du 22 au 28 juillet, du 5 au 11 et du 19 au 25 août.
PRIX : 555 F

BEAUGENCY (Loiret)
Cyclotourisme en Val-de-Loire
DATES : du 1er au 15 août et du 15 au 29 juillet, du 29 juillet au 12 août, du 12 au 26 août et du 26 août au 9 septembre.
PRIX : 1050 F (Une semaine 560 F)

AIX-EN-PROVENCE (Bouches-du-Rhône)
Equitation en Provence
DATES : stages de 7 jours en juillet et en août
PRIX : 820 F

DINAN (Côtes-du-Nord)
Initiation à la photo en noir et blanc
DATES : stages d'une semaine du 5/8 au 9/9
PRIX : 600 F

Où iront-ils?
Decide where each of these French people will be spending their holiday this year.

Moi, j'adore les chevaux. Cet été, je ferai de l'équitation.

1 Où ira Nicole?
Exemple: 1 Nicole ira à Aix-en-Provence.

Moi, j'aime beaucoup la musique. Je joue de la guitare et cet été, je participerai à un stage musical.

2 Où ira Jean-Pierre?

Pour mon anniversaire, on m'a offert un nouvel appareil-photo. Faire des photos, ça me passionne. Cet été je ferai un stage photo.

3 Où ira Chantal?

Moi, j'aime beaucoup la nature. Chaque week-end, je fais des randonnées à pied. Cet été, j'irai dans une région où il y a d'anciens volcans.

4 Où ira Marc?

Moi, j'aime la natation. Je vais à la piscine trois fois par semaine. J'aime faire de la natation pendant les vacances.

5 Où ira Pascale?

J'aime beaucoup faire du vélo. Quelquefois, je fais un tour à vélo à la campagne avec mes copains. Nous partons pour le week-end et nous faisons du camping.

6 Où ira Vincent?

Cette année, j'ai commencé à faire de la poterie à la maison des jeunes. Ça me plaît beaucoup et cet été, je ferai un stage de poterie.

7 Où ira Anne-Marie?

Moi, j'adore faire de la voile. Malheureusement, je n'habite pas au bord de la mer, mais cet été, je partirai en vacances au bord de la mer.

8 Où ira Luc?

Miss A. Roberts,
630 Scott Hall Road,
Leeds 17,
ANGLETERRE

Leeds, le 26 juin
L'Auberge de Jeunesse,
9, rue de l'auberge de jeunesse,
67200 - Strasbourg,
Montagne-Verte
France

Monsieur,

Je voudrais réserver trois places à l'auberge pour les
nuits du 4 au 6 août. C'est pour un garçon et deux filles.

Je vous prie d'agréer, Monsieur, l'expression de mes
sentiments distingués.

Angela Roberts

Angela Roberts

AUBERGE DE JEUNESSE DE STRASBOURG
9, rue de l'auberge de jeunesse
67200 - STRASBOURG MONTAGNE-VERTE
=============================
Tel.: (88) 30 - 26 - 46

Cher(e) Ami(e)

Strasbourg,
le 3 juillet

En réponse à votre demande d'hébergement, en date du 26 juin
j'ai le plaisir de vous faire savoir que nous pouvons vous héberger
aux dates demandées, soit :
du 4 août   au 6 août   pour 1   garçon(s)
                           pour 2   fille(s)
Je vous remercie d'avoir pensé à nous prévenir de votre séjour à
STRASBOURG, et vous assure que nous serons heureux de vous recevoir.
Je vous rappelle cependant que la carte d'Auberge de Jeunesse
(fédération de votre pays) est indispensable pour être hébergé.
Veuillez trouver ci-joint une fiche de renseignements concernant
l'Auberge de Jeunesse.
Je vous confirme donc que votre place sera retenue jusqu'à 19
heures le soir de votre arrivée.
Dans l'attente de vous recevoir, je vous prie d'agréer, Cher(e)
Ami(e), l'expression de mes sentiments dévoués.

Le Directeur,

Jean-Jo HELSTROFFER

N.B. : Si votre passage à STRASBOURG devait être annulé, je vous
serais reconnaissant de nous le faire savoir.

Une lettre à l'auberge de jeunesse

Écrivez une lettre vous-même

1   Vous voulez réserver une place pour trois
    nuits, (du 27 au 30 juillet) à l'auberge de
    jeunesse à Mulhouse. *Voir à la page 48 pour
    l'adresse.*
2   Vous voulez réserver trois places pour deux
    nuits (du 3 au 5 septembre) à l'auberge de
    jeunesse à Saverne. C'est pour trois
    garçons.
3   Vous voulez réserver deux places pour une
    nuit (le 10 août) à l'auberge de jeunesse à
    Rothau. C'est pour un garçon et une fille.
4   Vous voulez réserver quatre places pour
    deux nuits (du 19 au 21 octobre) à l'auberge
    de jeunesse à Strasbourg. C'est pour deux
    garçons et deux filles.

Une lettre de l'auberge de jeunesse

Read the letter from the Strasbourg youth hostel
and find out the following:

1   whether Angela and her friends can stay at
    the youth hostel
2   what they need to have in order to stay at
    the youth hostel
3   what is being enclosed with the letter
4   until what time their places will be reserved
    on the evening of their arrival
5   what they are asked to do if they have to
    cancel their trip to Strasbourg

La parole aux jeunes

Cette semaine, nous sommes en Alsace et nous allons faire la connaissance de quatre jeunes Alsaciens qui vont à l'école dans la région.

1

Bonjour! Je m'appelle Marie Dupont. J'ai quatorze ans. Je vais au collège à Mulhouse. C'est un collège mixte pour les élèves de onze à quinze ans. Je suis en troisième. Dans ma classe il y a trente-deux élèves. Comme matières, je fais: maths, physique, chimie, biologie, histoire-géo, français, anglais, allemand, travaux manuels et éducation physique. Ma matière préférée est la chimie.

2

Bonjour! Je m'appelle Luc Ferey. J'ai quinze ans. Je vais au collège à Strasbourg. Au collège, il y a environ 2000 élèves. Je suis demi-pensionnaire, c'est-à-dire que je déjeune au collège tous les jours. On mange assez bien en général. Au collège, les cours commencent à huit heures du matin et finissent vers cinq heures. Le mercredi et le samedi je n'ai pas cours. C'est bien, ça!
Moi, je n'aime pas beaucoup l'école. Je préfère les vacances. On a environ seize semaines de vacances en tout. On a neuf

semaines de vacances en été. Ce sont les grandes vacances. On a quinze jours de vacances à Noël et à Paques et environ une semaine pour la Toussant, les vacances de février et la Pentecôte.

3

Bonjour! Je m'appelle Chantal Schieber. J'ai quinze ans. J'habite à la campagne, mais je vais au collège à Colmar. Je suis interne. J'habite au collège pendant la semaine et je rentre chez moi tous les week-ends. Il y a environ cinquante internes au collège. Je suis en troisième. J'ai beaucoup de travail à faire le soir. On fait aussi du sport au collège. J'aime bien ça. On joue au volley et on fait de la gymnastique et de la natation.

4

Bonjour! Je m'appelle Pierre Chappelle. J'ai quatorze ans. Je vais au collège à Saverne. Je me lève tous les jours à sept heures. Je prends mon petit déjeuner et je quitte la maison à huit heures moins le quart. Je vais au collège en vélomoteur. J'arrive au collège à huit heures moins cinq. Je gare mon vélomoteur et je vais dans la cour. Il y a déjà beaucoup d'élèves qui sont là. Ils se promènent ou ils discutent. On ouvre la porte à huit heures et les cours commencent à huit heures cinq.

Répondez pour Marie:
1 Comment t'appelles-tu?
2 Quel âge as-tu?
3 Vas-tu au collège?
4 En quelle classe es-tu?
5 Quelle est ta matière préférée?

**Posez des questions à Luc.
Voici ses réponses:**
1 Je m'appelle Luc Ferey
2 Au collège il y a environ deux mille élèves.
3 Je ne suis pas interne, mais je suis demi-pensionnaire.
4 Non, je n'aime pas beaucoup l'école.
5 Nous avons environ neuf semaines de vacances en été.

**Posez des questions à Chantal.
Voici ses réponses:**
1 J'ai quinze ans.
2 J'habite à la campagne.
3 Oui, je suis interne.
4 Je suis en troisième.
5 J'aime beaucoup le sport.

Répondez pour Pierre:
1 Où habites-tu?
2 Quand est-ce que tu te lèves?
3 Quand est-ce que tu quittes la maison?
4 Comment vas-tu au collège?
5 Quand est-ce que les cours commencent?

Mots et phrases utiles

Comme matières, je fais . . .
The school subjects I do are . . .
Ma matière préférée est . . .
My favourite subject is . . .
Je suis interne. *I'm a boarder.*
Je suis demi-pensionnaire.
I'm a day boarder. (I have lunch at school every day)
Les cours commencent à . . . et finissent à . . .
Lessons begin at . . . and finish at . . .
Je peux en laisser tomber d'autres.
I can give up others.
Je ne suis pas très fort(e) en . . .
I'm not very good at . . .
Je ne ferai plus ni histoire ni allemand.
I won't be doing history or German any longer.

C'est à vous!

1 Où allez-vous à l'école?
2 Comment s'appelle votre collège?
3 Est-ce que c'est un collège mixte?
4 C'est pour les élèves de quel âge?
5 Combien d'élèves y a-t-il environ à votre collège?
6 Comment allez-vous au collège?
7 Quand arrivez-vous au collège?
8 En quelle classe êtes-vous?
9 Est-ce que vous êtes demi-pensionnaire?
10 Combien d'élèves y a-t-il dans votre classe?
11 Quand est-ce que les cours commencent?
12 Quand est-ce que les cours finissent?
13 Qu'est-ce que vous faites comme matières?
14 Quelle est votre matière préférée?
15 Est-ce que vous avez du travail à faire le soir?
16 Quel jour de la semaine préférez-vous?
17 Qu'est-ce que vous faites comme sport au collège?
18 Est-ce qu'il y a des clubs à votre collège?
19 Racontez une journée typique au collège.
20 Décrivez votre collège.

Londres, le 12 novembre

Chère Martine,

Merci beaucoup pour ta lettre et les photos de ta famille. Est-ce que ton frère va à la même école que toi? Mon frère ira à la même école que moi, l'année prochaine, quand il aura onze ans.

C'est une école mixte pour les élèves de onze à dix-huit ans. Moi, je suis en troisième année.

Je t'envoie mon emploi du temps. Comme tu vois, les cours commencent à neuf heures dix et finissent à quatre heures. Nous avons une heure vingt pour déjeuner. Je suis demi-pensionnaire.

Comme matières, je fais maths, anglais, science, géographie, histoire, allemand, français, musique, travaux manuels et éducation physique.

L'année prochaine, je choisirai seulement certaines matières et je peux en laisser tomber d'autres. Comme je n'aime pas du tout l'histoire et que je ne suis pas très forte en allemand, je ne ferai plus ni histoire ni allemand.

Qu'est-ce que tu aimes comme matières? Dans ta prochaine lettre, parle-moi un peu de ta vie à l'école, et, si possible, envoie-moi ton emploi du temps.

A bientôt,

Jane

Écrivez une lettre à votre correspondant(e)

Practise writing a letter to your penfriend about your school life.
Include some of the following:

1 Information about your school

C'est une école	mixte pour filles pour garçons	de ... à ... ans

2 Information about the school day

Les cours commencent à ... et finissent à ...	
D'habitude, je	mange à l'école rentre à la maison pour déjeuner

3 Information about the subjects you study, and which you like

Comme matières, je fais: allemand, anglais, biologie, chimie, dessin, éducation physique, espagnol, français, géographie, histoire, instruction civique, instruction religieuse, maths, musique, physique, sciences, travaux manuels

J'aime beaucoup ... Je n'aime pas du tout ... Ma matière préférée est ... Je ne suis pas fort(e) en ... Je suis assez fort(e) en ...

4 Information about school sports or clubs

Comme sports,	on fait	de la gymnastique de l'athlétisme de la natation
	on joue	au tennis au netball au hockey au football au cricket
Il y a	un club-photo un club de français un ciné-club	

ZOO VOLANT

Based on an original story written by the Nuffield Foundation French Section and published as part of En Avant Stage 4B.

Deux camarades de classe, Jacqueline et Denise, écoutent des disques chez Jacqueline.
— Oh chic! dit Denise. Les «Zoo Volant»! J'aime bien les «Zoo Volant». Et ce disque-là est formidable.
— Les «Zoo Volant»? Ma pauvre Denise, ce ne sont pas les «Zoo Volant». Les «Zoo Volant», c'est fini maintenant! C'est un disque d'un nouveau groupe, les «Explosif Blues». Ils sont plus forts, tu ne trouves pas?
— Oh, c'est vrai, il est excellent, ce disque. C'est dommage, je n'ai pas d'argent pour acheter un disque comme ça.
— Tu veux de l'argent? Pourquoi est-ce que tu ne travailles pas un peu? C'est aussi simple que ça!

Denise ne dit rien, mais elle n'est pas contente. Elle pense: «Quel toupet elle a, cette Jacqueline! Son père est riche. Elle peut acheter presque tous les nouveaux disques avec son argent de poche. Mais moi, mon père est ouvrier, je n'ai pas d'argent pour acheter un seul disque, et elle me dit: «Travaille». Quel Toupet!»

Denise rentre chez elle. Mais, dans l'escalier qui monte à l'appartement, elle rencontre Madame Bertrand et son fils Gérard.
— Bonjour, Madame, dit Denise. Bonjour, Gérard.
— Bonjour, Denise, dit Madame Bertrand.
— Bonjour, Denise, dit Gérard.
— Dis donc, Denise, dit Madame Bertrand, je cherche une «baby-sitter» pour garder Gérard, samedi après-midi. Est-ce que . . .
— On vous donnera 25 francs, dit Gérard. C'est beaucoup, n'est-ce pas?
— Tais-toi, Gérard! dit Madame Bertrand. Alors, Denise, ça t'intéresse?
— Oh oui, Madame, dit Denise. Ça m'intéresse. Merci.
Denise pense: «Si je travaille deux samedis, je gagnerai 50 francs, assez d'argent pour acheter un disque des «Explosif Blues».
— Bon, dit Madame Bertrand, alors à samedi, à deux heures.
— Au revoir, Madame, à samedi, dit Denise.
Elle rentre chez elle, et elle pense: «Hum! Je ne l'aime pas beaucoup, ce petit Gérard!»

Le samedi à deux heures, Denise sonne à l'appartement des Bertrand. Madame Bertrand ouvre la porte.
— Ah, Denise, entre, dit-elle. Je suis prête à partir. Au revoir, Denise. Je rentrerai vers cinq heures et demie, pas plus tard. Au revoir, Gérard.
Madame Bertrand sort. Denise reste seule avec Gérard dans l'appartement.
— On fait la vaisselle? dit Gérard.
— Oui, bonne idée, dit Denise.
— Bon. Je lave, dit Gérard. Et vous, vous essuyez. Voilà le torchon.
Gérard prend une soucoupe et la lave. Puis . . . il la lance à Denise.
— Regardez, crie-t-il, une soucoupe volante! Attrapez-la!
Mais Denise ne peut pas attraper la soucoupe qui tombe et se casse.
— Oh! Vous avez cassé notre plus

belle soucoupe, crie Gérard. Je vais le dire à maman!
— Ah, ça alors! dit Denise. C'est toi, qui as lancé la soucoupe, c'est donc toi, qui as cassé la soucoupe.
— Non, c'est de votre faute, dit Gérard. Mais je ne veux plus faire la vaisselle. Donnez-moi quelque chose à manger: j'ai faim!
— Qu'est-ce que tu veux? demande Denise.
— Du pain avec du beurre et de la confiture, dit Gérard.
Denise prépare une tartine.
Gérard prend la tartine, mais il ne la mange pas. Il la lance sur les rideaux. Puis, il rit aux éclats. Pauvre Denise! Elle ne rit pas. Elle essuie le beurre et la confiture qui sont sur les rideaux. Elle pense: «Je suis idiote. Tout ça, pour un disque!»

Quelques minutes plus tard, Gérard dit:
— Maintenant, je vais m'habiller en cow-boy.
— Bon, vas-y. Moi, je vais écouter quelques disques de tes parents.
Denise regarde les disques.
— Ça alors, ils ont des disques du hit-parade!
Elle s'assied dans un fauteuil et écoute un disque. Puis elle écoute un deuxième disque, puis un troisième, puis un quatrième. Soudain, elle pense: «Où est Gérard, qu'est-ce qu'il fait?»
Elle va vite à la chambre de Monsieur et Madame Bertrand, et horreur! Qu'est-ce qu'elle voit? Gérard qui lance les vêtements, les costumes, les vestes, les jupes, les chemises, les pantalons, partout dans la chambre.
— Gérard, qu'est-ce que tu fais?
— Mon costume de cow-boy, crie Gérard, je cherche mon costume de cow-boy!
— Pourquoi est-ce que tu le cherches ici? dit Denise. Il doit être dans ta chambre. Viens!
Denise va à la chambre de Gérard et, en effet, elle trouve le costume tout de suite. Puis elle commence à ranger les vêtements dans l'armoire.

Pendant ce temps, Gérard s'habille en cow-boy. Il a un gros revolver qui fait un bruit affreux. Pan! Pan! Pan! . . .

– Oh, ne fais pas ça! crie Denise.
– On va au parc? dit Gérard.
– Oui, d'accord, dit Denise. Mais tu vas être sage maintenant, n'est-ce pas?

Quelques minutes plus tard, Denise et Gérard sont dans le parc près de l'appartement.
– On joue au cheval? dit Gérard. Vous êtes mon cheval. Je vais monter sur votre dos.
Gérard monte sur le dos de Denise.
– Allez, courez! dit-il. Plus vite que ça! Tagada, tagada, tagada . . .
– Aïe! Ne me tire pas les cheveux, s'il te plaît, dit Denise.
Denise et Gérard sont maintenant devant un monsieur qui dort sur un banc.
– Voilà un bandit, dit Gérard. Haut les mains!
Le monsieur se réveille.

Gérard met son revolver sous le nez du monsieur. Pan! Pan! Pan!
– Gérard! dit Denise.
– Alors, Mademoiselle, vous ne pouvez pas laisser les gens tranquilles? dit le monsieur.
– Pan! Pan! Le bandit est mort, crie Gérard.
La pauvre Denise est toute rouge.
– Excusez-le, Monsieur, dit-elle. Allons, descends, Gérard, viens!
– Maintenant, on va jouer à cache-cache, dit Gérard. Allez vous cacher.
Denise va se cacher dans un buisson. Elle attend plusieurs minutes. Mais Gérard ne vient pas. Denise se lève au milieu du buisson. Juste à ce moment, Gérard arrive en courant, un ballon sous le bras.

– J'ai trouvé ce ballon, dit-il. Attrapez-le! Il lance le ballon à Denise et part très vite.
– Gérard, Gérard, reste ici! crie Denise.
Mais soudain, quatre grands garçons arrivent en courant.
– Dites donc, ce ballon, il est à nous, dit un des garçons.
– Vous avez volé notre ballon, dit un autre.
– Ce n'est pas vrai, dit Denise.
– Si, c'est vrai! dit le garçon. Petite voleuse!
Et il prend le ballon des mains de Denise.
Les garçons recommencent à jouer au football. Denise sort du buisson et voit Gérard qui vient vers elle. Mais il marche lentement.
– Aïe, mon pied! dit Gérard. Je ne peux plus marcher.
– Ah, tais-toi, ça suffit, dit Denise. Ce n'est pas grave. Allez viens, nous rentrons. Il est presque cinq heures.
Et elle prend Gérard par la main et le tire avec force. Gérard est plus tranquille maintenant. Il ne dit rien. Ils arrivent à l'appartement. Madame Bertrand ouvre la porte. Quand Gérard voit sa mère, il recommence à crier:
– Oh, mon pied, j'ai mal au pied! Ouh! Ouh! . . .
Mais Monsieur Bertrand est là, dans le salon. Il dit à Gérard:
– Arrête, Gérard, et va tout de suite dans ta chambre.
– Mais papa! . . . J'ai mal au pied. Ouh!
– Tais-toi et va dans ta chambre!
Gérard sort du salon. Monsieur Bertrand regarde Denise et dit:
– Vous êtes fatiguée?
– Oui, un peu, dit Denise.
– Oh, je sais, dit Monsieur Bertrand. Il est insupportable. C'est pourquoi nous ne pouvons pas trouver de babysitters. Je vais vous payer maintenant. Denise . . . c'est 25 francs, n'est-ce pas?
– Oui, monsieur.
– 25 francs pour un après-midi avec Gérard, dit Monsieur Bertrand, ce n'est pas beaucoup. Tenez, voilà 30 francs. Qu'est-ce que vous allez faire avec cet argent?
– Je vais le garder, dit Denise. Quand j'aurai 50 francs, j'achèterai un disque des «Explosif Blues».

Monsieur Bertrand rit.
– Les «Explosif Blues»? dit-il. Mais non, ma petite Denise, les «Explosif Blues», c'est fini maintenant! Achetez un disque des «Accident de lune». Mais, tenez, je viens d'acheter leur dernier disque. Je vous le donne. Allez écouter ça chez vous, c'est formidable.
– Oh, merci, Monsieur Bertrand. Au revoir.
– Au revoir, Denise.

Le soir, Denise va chez sa camarade Jacqueline avec le disque.
– Oh chic! dit Jacqueline, tu as apporté un disque des «Explosif Blues». Formidable! Écoutons-le.
– Non, dit Denise, c'est bien meilleur qu'un disque des «Explosif Blues», c'est un disque des «Accident de lune». Ma pauvre Jacqueline, les «Explosif Blues», c'est fini maintenant!

Avez-vous bien compris?

1 Est-ce que Denise a beaucoup de disques?
2 Combien est-ce qu'elle gagnera si elle garde Gérard samedi après-midi?
3 À quelle heure est-ce qu'elle doit aller chez les Bertrand?
4 Est-ce que Gérard est un gentil petit garçon?
5 Qu'est-ce qu'il casse quand il fait la vaisselle?
6 Qu'est-ce qu'il fait avec la tartine?
7 Qu'est-ce qu'il cherche dans l'armoire de ses parents?
8 Où vont-ils après, Denise et Gérard?
9 Est-ce que Denise est fatiguée quand elle rentre avec Gérard?
10 Qu'est-ce que M. Bertrand donne à Denise?

Projets d'avenir

Marie, Luc, Chantal et Pierre sont en troisième. C'est leur dernière année au collège. L'année prochaine ils quitteront le collège. Que feront-ils?

Marie: L'année prochaine, je quitterai le collège et j'irai dans un lycée. Je continuerai à faire mes études. Plus tard, quand je quitterai le lycée, je voudrais travailler comme technicienne dans un laboratoire.

Luc: L'année prochaine, j'aurai seize ans et je quitterai l'école. J'irai travailler dans un restaurant à Strasbourg. Je voudrais être cuisinier. Plus tard, je voudrais quitter la région et travailler dans un grand restaurant à Paris.

Chantal: L'année prochaine, j'irai dans un lycée d'éducation professionnelle. Je suivrai des cours commerciaux, de dactylo, de sténographie etc. J'aime beaucoup voyager et quand je quitterai l'école, je voudrais travailler dans une agence de voyages.

Pierre: L'année prochaine, j'irai au lycée à Saverne. Je continuerai à faire mes études. J'aime beaucoup les langues. Je fais de l'anglais et de l'allemand et l'année prochaine, j'apprendrai l'espagnol. Plus tard, je voudrais étudier les langues à l'université et devenir professeur d'anglais.

Qui est-ce?

1 Plus tard, il étudiera les langues et il deviendra professeur d'anglais.
2 Plus tard, elle sera technicienne et elle travaillera dans un laboratoire.
3 Plus tard, il sera cuisinier et il travaillera peut-être à Paris.
4 Plus tard, elle travaillera dans une agence de voyages.

Que feront-ils plus tard dans la vie?

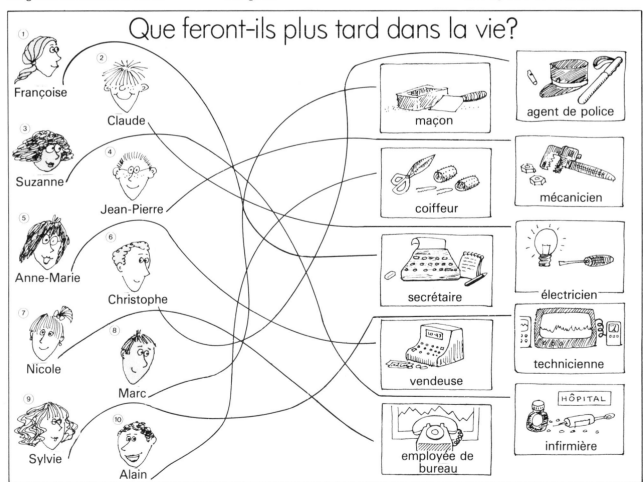

① Françoise
② Claude
③ Suzanne
④ Jean-Pierre
⑤ Anne-Marie
⑥ Christophe
⑦ Nicole
⑧ Marc
⑨ Sylvie
⑩ Alain

maçon
agent de police
coiffeur
mécanicien
secrétaire
électricien
vendeuse
technicienne
employée de bureau
HÔPITAL
infirmière

Quand vous travaillerez...

Serez-vous, plus tard, un bon employé? Votre patron, sera-t-il content de vous? Pour le savoir, faites ce jeu-test:

1 Quand vous quitterez l'école, que ferez-vous?
  a) Je commencerai à travailler dans un bureau ou dans une usine.
  b) Je prendrai un mois de vacances, puis je chercherai du travail tout de suite après mes vacances.
  c) Je prendrai trois mois de vacances, puis j'achèterai les journaux pour essayer de trouver du travail.
  d) Je ne ferai rien. Je n'aime pas travailler.

2 Quand vous travaillerez, vous ferez combien d'heures par semaine?
  a) Je ferai au moins quarante-cinq heures par semaine.
  b) Je ferai entre trente et quarante-cinq heures par semaine.
  c) Je ferai moins de trente heures par semaine.
  d) Je ne travaillerai jamais.

3 Si, un jour, votre patron vous demande si vous pouvez faire du travail supplémentaire, le samedi, par exemple, que ferez-vous?
  a) Je dirai à mon patron «Ça ne va pas? Vous êtes fou, ou quoi?»
  b) Je dirai oui, même si je dois sortir avec des amis.
  c) Si je peux, je ferai le travail. Mais si ce n'est pas possible, je le dirai à mon patron.
  d) Je dirai oui à mon patron. Mais je ne ferai pas le travail. Je dirai ensuite que j'étais malade.

4 Si un jour votre patron tombe malade, que ferez-vous?
  a) Je ferai mon travail comme tous les autres jours.
  b) Je ferai deux fois plus de travail que d'habitude.
  c) J'irai voir des copains, ou j'irai faire mes courses, pendant les heures de travail.
  d) Je rentrerai chez moi.

5 Si, un jour, dans votre ville, le métro et les autobus ne marchent pas, que ferez-vous?
  a) J'irai au cinéma, s'il y a un cinéma pas trop loin de chez moi.
  b) Je partirai de chez moi deux heures plus tôt que d'habitude, et je prendrai un taxi, pour être sûr d'arriver à l'heure.
  c) Je partirai à la même heure que d'habitude et j'irai à mon travail à pied ou en auto-stop.

  d) Je téléphonerai au bureau ou à l'usine, et je demanderai à mon patron, s'il a besoin de moi. S'il n'a pas besoin de moi ce jour-là, je n'irai pas à mon travail. J'essayerai de travailler chez moi, si c'est possible.

6 Plus tard, quelle sorte de métier choisirez-vous?
  a) Je choisirai avant tout un métier où on gagne beaucoup d'argent.
  b) Je choisirai avant tout un métier où on est bien tranquille.
  c) Je choisirai avant tout un métier intéressant, même si je ne gagne pas beaucoup d'argent.
  d) Je laisserai mes parents choisir un métier pour moi.

Solution

Faites maintenant le total de vos points.

Première question. Si vous avez répondu:
a) 4 points **b)** 3 points **c)** 2 points **d)** 0 point
Deuxième question. Si vous avez répondu:
a) 4 points **b)** 3 points **c)** 2 points **d)** 0 point
Troisième question. Si vous avez répondu:
a) 1 point **b)** 4 points **c)** 3 points **d)** 0 point
Quatrième question. Si vous avez répondu:
a) 3 points **b)** 4 points **c)** 1 point **d)** 0 point
Cinquième question. Si vous avez répondu:
a) 0 point **b)** 4 points **c)** 2 points **d)** 3 points
Sixième question. Si vous avez répondu:
a) 4 points **b)** 2 points **c)** 3 points **d)** 1 point

Vous avez de **20** à **24** points. Vraiment, vous travaillez trop dur! Vous êtes trop sérieux! Faites attention à votre santé.
Vous avez de **12** à **19** points. Très bien. Vous serez sans doute un très bon employé. Vos patrons seront sans doute, plus tard, très contents de vous.
Vous avez de **4** à **11** points. Hum! Ce n'est pas formidable! Faites un effort pour changer, ou vous aurez sans doute, plus tard, des problèmes avec vos patrons.
Vous avez **moins de 4** points. Vous ne voulez pas travailler, et vous avez raison: en effet la plupart des patrons vous mettront à la porte après quelques jours de travail!

UNIT 2

More about the Future Tense

Some common verbs are irregular in the way they form the Future Tense. With these verbs you add the same *future* endings (**-ai, -as, -a, -ons, -ez, -ont**) to a special *future stem* which is different from the infinitive.

Read the following passage and see if you can spot some examples of irregular verbs in the Future Tense.

Je ferai ça demain

Aujourd'hui, il pleut et je dois acheter des provisions. Tant pis! J'irai en ville, demain, et j'achèterai des provisions. Et il y a le ménage à faire. Je ferai ça demain. Et il y a la lessive à faire! Inutile de faire ça quand il pleut, alors je ferai ça demain aussi. Hmm, j'aurai beaucoup de travail à faire, demain. Je serai très occupé et mes parents viendront déjeuner à midi.

Here is a list of some of the most common irregular verbs:

acheter	j'**achèter**ai
aller	j'**ir**ai
avoir	j'**aur**ai
envoyer	j'**enverr**ai
être	je **ser**ai
faire	je **fer**ai
pouvoir	je **pourr**ai
venir	je **viendr**ai
voir	je **verr**ai

Here are some useful expressions in the Future Tense:

Present Tense	Future Tense
c'est	ce sera
il y a	il y aura
il fait beau	il fera beau
il faut partir	il faudra partir
tout de suite	avant minuit

When you're talking about the future, you may want to say *when* you're referring to:

ce soir	*tonight*
demain	*tomorrow*
samedi prochain	*next Saturday*
cet été	*this summer*
l'année prochaine	*next year*
dans dix ans	*in ten years*
quand je quitterai l'école	*when I leave school*
plus tard	*later*
demain après-midi	*tomorrow afternoon*
après-demain	*the day after tomorrow*
la semaine prochaine	*next week*

Dans quel pays iront-ils?

Exemple: 1 Luc ira en Autriche.

Cet été, j'irai à Innsbruck.
1 Où ira Luc?

L'année prochaine, j'irai à Montréal.
2 Où ira Marie?

Au mois de mars, j'irai à Edimbourg.
3 Où ira Pierre?

Ce soir, je partirai pour New York.
4 Où ira Chantal?

Après-demain, j'irai à Rome.
5 Où ira Claude?

La semaine prochaine, j'irai à Bonn.
6 Où ira Françoise?

Plus tard, j'irai à Madrid.
7 Où ira M. Denis?

Quand j'aurai vingt ans, j'irai à Genève.
8 Où ira Monique?

a) au Canada
e) aux États-Unis
b) en Écosse
f) en Espagne
c) en Suisse
g) en Italie
d) en Allemagne
h) en Autriche

Quel âge auront-ils l'année prochaine?

1 Nicole a cinq ans.
2 Pierre a sept ans.
3 Suzanne a neuf ans.
4 Jean a douze ans.
5 Louise a treize ans.
6 Marc a quatorze ans.
7 Françoise a quinze ans.
8 Quel âge aurez-vous l'année prochaine?

La vie d'un journaliste

Alain Rondin est journaliste. En ce moment, il fait pour le journal «L'Alsacien» un grand article sur «les passe-temps des jeunes à Strasbourg». Pour faire cet article, il voit beaucoup de jeunes. Il travaille beaucoup, et il n'est presque jamais au journal. Regardez son carnet.

VENDREDI

Matin – 10h: Aller voir M. Legrand, directeur de la Maison des Jeunes à Strasbourg. Il a des renseignements pour moi. Resterai probablement avec lui jusqu'à midi.

13h: Déjeuner à "La petite Alsace" avec un journaliste de "Dernières Nouvelles d'Alsace". Il a des photos intéressantes pour moi.

Après-midi – 15h: Si je finis de déjeuner assez tôt, j'irai peut-être voir Philippe à la Maison de la Radio. Il a fait, l'autre jour, des enregistrements de jeunes intéressants. Très important: Téléphoner à Henri Lefrousc,

au Palais de la musique à 15h30; prendre un rendez-vous pour le soir. Comme Léo Ferré chante au Palais de la musique, il y aura sans doute beaucoup de monde. Téléphoner ensuite à Alexis. J'espère qu'il viendra faire des photos.

16h: Rendez-vous avec Monique, à la piscine à Schiltigheim. Je dois rencontrer Mosconi, le champion de natation... Il va essayer de battre le record d'Europe du 400m.

18h: Rendez-vous avec Sylvie Deladier à la Maison des sports. Je dois la voir pour un article sur le sport et les jeunes.

Soir – 20h: Je mangerai sans doute au restaurant "Maison Kammerzell" avec Sylvie.

21h: Palais de la musique: interviews de jeunes et de vedettes.

Alain Rondin, comme vous le voyez, est très occupé. Imaginez maintenant que vous êtes sa secrétaire. Quelqu'un téléphone pour prendre rendez-vous, vendredi, avec Alain Rondin. Vous dites qu'il est très occupé, mais la personne insiste. Répondez à ses questions sur la journée d'Alain Rondin.

1 Où sera Monsieur Rondin, vendredi matin à dix heures?
2 Où sera-t-il à onze heures?
3 Où sera-t-il à midi?
4 Où sera-t-il à treize heures?
5 Où sera-t-il à quatorze heures?
6 Où sera-t-il à quinze heures?
7 Où sera-t-il à seize heures?
8 Où sera-t-il à dix-sept heures?
9 Où sera-t-il à dix-huit heures?
10 Où sera-t-il à dix-neuf heures?
11 Où sera-t-il à vingt heures?
12 Où sera-t-il à vingt et une heures?

À quelle heure finira-t-il donc de travailler, vendredi soir?
— Ah, dit la secrétaire, là, je ne peux pas vous aider: je ne sais pas à quelle heure il finira de travailler.

La Presse en France

En France, il y a environ quatre-vingt-quinze quotidiens (journaux qui paraissent tous les jours). Il y a des quotidiens nationaux qui paraissent à Paris, comme Le Figaro, Le Matin, L'Aurore, l'Humanité, France-Soir et Le Monde, et il y a des quotidiens régionaux. Beaucoup de Français ne lisent que leur journal régional. En Alsace, le principal journal régional est Les Dernières Nouvelles d'Alsace. Dans ce journal, on trouve des informations politiques, des informations régionales, des informations sportives et culturelles ainsi que des petites annonces, des mots croisés, des bandes dessinées etc.

Find the French

1 daily papers
2 national dailies
3 local dailies
4 sports news
5 small ads.
6 cartoons

Faits Divers

Hold-up à la poste

MULHOUSE: Deux jeunes gens ont commis un hold-up samedi vers neuf heures et demie dans le bureau de poste de Habsheim. Ils sont entrés à visage découvert dans le bureau. L'un d'eux, armé d'un fusil de chasse, a menacé les deux employés et l'unique client. Pendant ce temps, le second a pris le contenu de la caisse, environ 3000 F. Ils se sont échappés dans une Simca 1100 de couleur orange. Celle-ci, immatriculée dans le Bas-Rhin, a été retrouvée à dix heures à Rixheim. La même voiture avait été vue dans la région de Colmar. Les individus ont essayé de cambrioler une maison, mais un voisin a été alerté par le bruit. La gendarmerie de Rixheim et la brigade de recherches de Mulhouse poursuivent leur enquête.

L'opération «chien d'aveugle»

La jeune chambre économique de Saint-Louis a lancé une opération «chien d'aveugle» aujourd'hui. L'opération consiste en une vente de badges, qui servira à acquérir un chien-guide destiné à un aveugle de notre région.

On trouvera des badges chez les commerçants de la région ou en vente directe auprès des membres de la jeune chambre économique. Tous les badges portent un numéro et il y aura un grand tirage au sort au mois de mars. Le premier prix est un voyage aller-retour offert par Air-Inter sur Paris-Mulhouse, et le second prix, un voyage Colmar-Paris offert par Air Alsace.

Excursion du Club Vosgien

La prochaine excursion du Club Vosgien de Thann aura lieu le dimanche 21 septembre dans le massif du Haut-Jura. Le départ est fixé à 6h. à la gare routière de Thann. Randonnée pédestre: Cascades du Hérisson, Pic de l'Aigle, Belvédère des 4 lacs. Durée de la marche: 5 à 6h. Il s'agit d'un circuit dans un site remarquable (cascades, beaux panoramas, lacs pittoresques).
Guides: MM J.J. Gross et B. Schlosser.
Les inscriptions sont à déposer au bureau des «Dernières Nouvelles d'Alsace» à Thann, le plus rapidement possible et jusqu'au samedi 20 septembre, 11h, dernier délai.

Michelbach-le-Haut

Dimanche – la fête au village

Le «Dorffascht», la grande fête du village, aura lieu le dimanche 14 septembre. La fête commencera à dix heures par la grand-messe. Vers onze heures, il y aura un apéritif-concert sur la place de l'église. Puis, à midi, tout le village et tous les visiteurs participeront au déjeuner. On servira de la choucroute garnie à l'alsacienne, des pizzas, des tartes aux fruits, des pâtisseries maison et des côtelettes grillées.

En début d'après-midi, il y aura un grand défilé avec un groupe d'accordéonistes et un groupe folklorique. De 14 à 24h., on trouvera de multiples attractions dans le village.

Sur la place principale, il y aura un marché aux puces, des expositions et des jeux.

La fête se prolongera le soir avec musique et danse, et les bars resteront ouverts pour tous les amis du village de Michelbach-le-Haut.

SORTIE DANS LE VIGNOBLE ALSACIEN

Dimanche 5 octobre

Prix par personne 150 F – comprenant
- le transport aller-retour en autocar, départ de Strasbourg
- la visite de Kaysersberg
- le déjeuner à Riquewihr
- l'accès à la fête des vendanges à BARR

Offres d'emploi

LE TEMPS

Here are some of the symbols which might be used:

You will usually find details about weather conditions (*le temps, la météo, les prévisions météorologiques*) in French newspapers. In most cases, there's a chart and a short description.

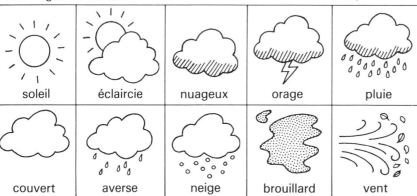

soleil	éclaircie	nuageux	orage	pluie
couvert	averse	neige	brouillard	vent

Vocabulaire

averse *shower*
couvert *overcast*
brouillard *fog*
éclaircie *sunny period*
nuages, nuageux *cloudy*
orage, orageux *stormy weather*
vents forts de sud-ouest *strong south-westerly winds*
variable *changeable*
brumes matinales *early morning mist*
pluies, pluvieux *rainy, showery*
ensoleillé *sunny*
frais, fraîche *cool*

MÉTÉO

Région Parisienne Temps nuageux le matin, avec éclaircies l'après-midi.
Bretagne Brouillard le matin, puis temps couvert. Vents assez forts de sud-ouest.
Normandie Couvert. Risques d'orages le soir. Vents forts.

Nord Pluies et temps couvert.
Nord-est Temps nuageux et frais.
Alpes-Jura Temps assez froid, mais ensoleillé.
Massif Central Temps variable devenant nuageux le soir.
Région Méditerranéenne Beau temps.

Sud-ouest Brumes matinales, puis beau temps. Risques d'orages le soir.
Pays de la Loire Temps variable. Averses l'après-midi.

Températures Prévues

Bordeaux	14
Brest	13
Clermont-Ferrand	9
La Rochelle	12
Lille	8
Limoges	9
Lyon	10
Marseille	16
Nice	18
Paris	9
Rouen	7
Strasbourg	8
Toulouse	11

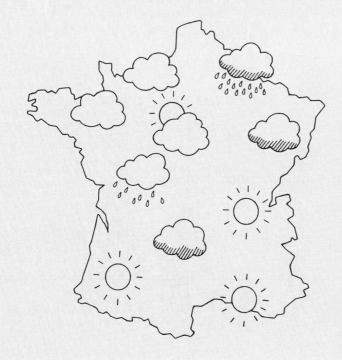

1 Will the weather be better in the north or south or France?
2 What is the weather forecast for the Paris area?
3 What will the weather be like in Brittany?
4 Which region has the best forecast?
5 Which region will be cold but sunny?
6 Which town is likely to be the warmest?

Quel temps fera-t-il demain?

Il y aura	de l'orage du beau temps du soleil du brouillard du mauvais temps des chutes de neige des averses de la pluie du vent (fort, assez fort)
Le temps sera	nuageux couvert pluvieux ensoleillé variable

Exemple: 1 À Bordeaux, il y aura du soleil.

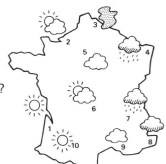

1 À Bordeaux?
2 À Rouen?
3 À Lille?
4 À Strasbourg?
5 À Paris?
6 À Clermont-Ferrand?
7 À Grenoble?
8 À Nice?
9 À Marseille?
10 À Toulouse?

Que ferez-vous demain?

Exemple: 1 S'il fait beau, je travaillerai dans le jardin.

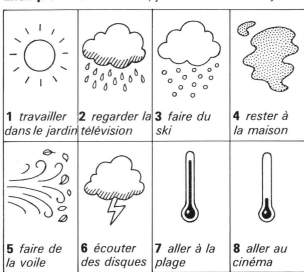

1 travailler dans le jardin	2 regarder la télévision	3 faire du ski	4 rester à la maison
5 faire de la voile	6 écouter des disques	7 aller à la plage	8 aller au cinéma

Le climat en Alsace

L'Alsace est située dans le nord-est de la France et le climat est semi-continental. En été, il fait chaud, mais en hiver, il fait très froid. À l'ouest de l'Alsace se trouvent les Vosges. Ce sont ces montagnes qui abritent la plaine d'Alsace. Dans la plaine, il ne pleut pas beaucoup.

Ces conditions climatiques favorisent l'agriculture. Dans la plaine d'Alsace, on cultive des céréales, du tabac et du houblon (pour faire de la bière). Sur les collines au pied des Vosges, on cultive la vigne. Les vins d'Alsace sont très connus. On fait surtout du vin blanc, mais on fait aussi un vin rosé qui est excellent. Les vendanges ont lieu le plus tard possible, généralement à la mi-octobre. À cette époque, il y a beaucoup de fêtes des vendanges et du raisin.

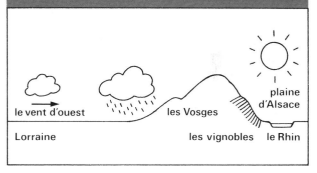

Here's an extract from a local newspaper giving details about weather conditions in Alsace:

Demain

De lundi à mardi, temps nuageux encore assez fort sur le nord de l'Alsace. Eclaircies sur le sud de l'Alsace, et moins de vent. Températures un peu fraîches la nuit et le matin, au-dessous de 10 degrés. Températures dans la journée, entre 17 et 20 degrés.

Which of these statements are true?

1 a) It's likely to be cloudy in the north of Alsace.
  b) It's likely to snow in the north of Alsace.
2 a) There will be sunny periods in the south.
  b) There will be showery periods in the south.
3 a) There will be less wind.
  b) There will be more wind.
4 a) In the night and morning the temperature will be cool – less than 10 degrees.
  b) In the night and morning the temperature will be warm – between 17 and 20 degrees.

1 **2** **3** **4**

J'arriverai samedi…

Voici des Français et des Françaises qui ont écrit des cartes postales. Pouvez-vous les identifier? Ils partiront tous en Angleterre, la semaine prochaine.

A

Chère Anne,

Cet après-midi, je suis allée à l'agence de voyages prendre mon billet. Je viendrai en avion mardi prochain. Le voyage sera très rapide.

Je suis assez grande. J'ai les cheveux blonds, coupés assez courts. Je porte des lunettes. S'il fait beau, je porterai une jupe bleue et un chemisier blanc, et j'aurai un sac à main blanc et des chaussures bleues. S'il fait froid, je mettrai mon manteau rouge.

À mardi,
Sylvie

Anne Hardy
91 Park Rd.
Newcastle,
NE2 1EY
ANGLETERRE

B

Cher Paul,

J'arriverai à la gare Victoria, samedi matin, à neuf heures. J'ai les cheveux marron et je suis assez grand. Je porterai un pantalon noir et une veste blanche. Comme d'habitude, je ne porterai pas de cravate : je déteste les cravates !

À samedi prochain,
Alain

Paul Lewis
97 Princes Rd.
West Ham
London E.13.
ANGLETERRE

C

Chère Margaret,

Je serai à l'aéroport de Gatwick lundi, à neuf heures et demie. Je suis petite et j'ai les cheveux longs. Je porterai une robe blanche. J'aurai un sac à main noir et des gants blancs. Je ne porterai pas de chapeau : je n'aime pas les chapeaux ! S'il pleut, je porterai un imperméable blanc assez long, et j'aurai un parapluie bleu.

À lundi prochain,
Christine

Margaret Jones
6, Museum St.
Canterbury
KENT
ANGLETERRE

D

Cher James,

Dans une semaine, je serai en Angleterre. Je serai très content de te voir.

J'arriverai de Lyon à l'aéroport de Heathrow, mercredi prochain, à midi et demi. Je porterai une cravate noire, une chemise blanche, un pantalon blanc et une veste noire. J'aurai une très grosse valise rouge.

À mercredi prochain,
Jean-Pierre

James Brown
8 Roman Ave,
Ravenshead,
Nottingham
NG15 9GA
ANGLETERRE

A Lisez la carte postale de Sylvie et répondez aux questions.
1 Quand partira-t-elle en Angleterre?
2 Prendra-t-elle l'aéroglisseur?
3 Qu'est-ce qu'elle portera?
4 Qu'est-ce qu'elle mettra, s'il fait froid?

B Lisez la carte postale d'Alain, puis répondez aux questions.
1 Quand arrivera-t-il?
2 Où arrivera-t-il?
3 Qu'est-ce qu'il portera?
4 Est-ce qu'il mettra une cravate?

C Lisez la carte postale de Christine, puis répondez pour elle.
1 Quand viendras-tu en Angleterre?
2 Est-ce que tu prendras l'avion?
3 À quelle heure arriveras-tu à Gatwick?
4 Qu'est-ce que tu porteras?

D Maintenant, posez des questions à Jean-Pierre. Voici ses réponses.
1 Je viendrai à Londres, mercredi prochain.
2 Non, je prendrai l'avion.
3 J'arriverai à l'aéroport de Heathrow à midi et demi.
4 Je porterai une veste noire et un pantalon blanc et j'aurai une grosse valise rouge.

À vous!

1 Vous partirez en France, la semaine prochaine. Voici les détails de votre voyage:

Vous prendrez l'avion pour Paris.
Vous arriverez à Paris (Charles de Gaulle) à 16h05.
Vous porterez un jean brun et un anorak rouge.
S'il pleut, vous porterez un imperméable.
Vous aurez une grosse valise.

Maintenant, écrivez une carte postale à votre correspondant.

2 Un(e) de vos ami(e)s partira en France aussi, mais il (elle) ne parle pas français.
Écrivez une carte postale pour lui(elle).

Il(elle) prendra le bateau et le train. (C'est moins cher!)
Il(elle) arrivera à Paris – gare du Nord à 17h30.
Il(elle) portera un T-shirt blanc, un pantalon blanc et une veste bleu marine.

Vos vacances en Alsace

Un jour vous irez peut-être en Alsace et dans les Vosges. Qu'est-ce que vous irez voir?

A Choisissez trois curiosités touristiques que vous irez voir et mettez-les par ordre de préférence.

Exemple: 1 J'irai voir la montagne des singes à Kintzheim.

1 la cathédrale de Strasbourg
2 le port de Strasbourg
3 le quartier *la Petite France*
4 le parc de cigognes à Hunawihr
5 la montagne des singes à Kintzheim
6 le musée des Chemins de Fer à Mulhouse
7 le château du Haut-Kœnigsbourg
8 le train folklorique à Ottrott

B Irez-vous en hiver/au printemps/en été ou en automne?

C Que ferez-vous? Choisissez trois activités et mettez-les par ordre de préférence.

1 du ski dans les Vosges
2 des randonnées à pied ou à vélo
3 un circuit touristique en autocar
4 un tour des vignobles d'Alsace
5 de l'équitation
6 de la voile sur les lacs des Vosges
7 du ski nautique
8 des excursions en voiture

D Où logerez-vous? Choisissez deux possibilités.

1 à l'hôtel
2 dans un terrain de camping
3 à l'auberge de jeunesse
4 chez des amis

E Combien de temps passerez-vous dans la région?

quelques jours/une semaine/dix jours/quinze jours/ un mois

J'espère que vous passerez de bonnes vacances!

SOMMAIRE

Now you can:

talk about the future using the Future Tense:

Regular verbs	Infinitive	Future stem	Future Tense
-er verbs	passer	**passer** ...	je passer**ai**
-ir verbs	partir	**partir** ...	tu partir**as**
-re verbs	prendre	**prendr** ...	il/elle prend**ra**

Irregular verbs		
acheter	**achèter** ...	j'achèter**ai**
aller	**ir** ...	tu ir**as**
avoir	**aur** ...	il aur**a**
être	**ser** ...	elle ser**a**
faire	**fer** ...	nous fer**ons**
pouvoir	**pourr** ...	vous pourr**ez**
venir	**viendr** ...	ils viendr**ont**
voir	**verr** ...	elles verr**ont**

Expressions of time

ce soir	l'année prochaine
cet été	dans dix minutes
demain	dans quinze ans
après-demain	plus tard
la semaine prochaine	

discuss holiday plans:

Je partirai ...	Je passerai ...
J'arriverai ...	Je prendrai ...
Je resterai ...	Je rentrerai ...

Si on allait à Strasbourg?
On pourrait faire une promenade en vedette.
Moi, je veux bien faire une visite de la ville en car.

arrange to stay at a youth hostel:

Pour aller à l'auberge de jeunesse, s'il vous plaît?
Est-ce qu'il y a un autobus?
Avez-vous de la place, s'il vous plaît?
C'est pour une (deux, trois etc) nuit(s).
Vous voulez louer des draps?
Vous êtes au dortoir 4.
Où sont les dortoirs?
Où est la salle de séjour/la cuisine?
au rez-de-chaussée
au premier étage
au deuxième étage
un stage
une randonnée

talk about school life ...

Je vais à ...
C'est une école/mixte pour élèves/pour filles/pour garçons/de ... à ... ans.

Je suis en deuxième/troisième/quatrième/ cinquième/année.
Comme matières, je fais ...
Ma matière préférée est ...
Je n'aime pas du tout ...
Je ne suis pas très fort(e) en ...
Les cours commencent à ... et finissent à ...
À midi, je rentre à la maison.
À midi, je mange au collège.
Comme sport, on fait ...

... and school subjects:

l'allemand (m)	
l'anglais (m)	l'histoire (f)
la biologie	l'instruction civique (f)
la chimie	l'instruction religieuse (f)
le dessin	les maths (f.pl)
l'éducation physique (f)	la musique
l'espagnol (m)	la physique
le français	les sciences (naturelles) (f.pl)
la géographie	les travaux manuels (m.pl)

discuss future plans (careers):

Quand est-ce que vous quitterez l'école?
Quand j'aurai seize (dix-sept, dix-huit) ans...
Que ferez-vous plus tard dans la vie?
Je serai ...
Je travaillerai dans un bureau.
Je travaillerai dans une usine.
Je (ne) resterai (pas) ici.
J'irai à + *town*
en + *country*

talk about the weather and seasons:

Les saisons

le printemps	(au printemps)
l'été	(en été)
l'automne	(en automne)
l'hiver	(en hiver)

Le temps

Quel temps fait-il?	un orage
Il fait beau (temps).	orageux
Il fait mauvais (temps).	un nuage
Il fait chaud.	nuageux
Il fait froid.	couvert
Il y a du brouillard.	variable
Il y a du soleil.	ensoleillé
Il y a du vent.	éclaircies
Il pleut.	la température
Il neige.	un degré
Il gèle.	la zone
la pluie	nord
pluvieux	sud
la neige	est
neigeux	ouest
la glace	

UNIT

3

LES ALPES

In this unit, you will learn about or revise the following topics:

the French Alps
planning a skiing holiday
staying in a ski resort
direct object pronouns
   (le, la, les)
the Present, Perfect and
   Future tenses
indirect object pronouns
   (lui, leur)
using the telephone
sending a telegram
talking about leisure
   activities

Dans les Alpes on trouve...

le Mont Blanc – le plus haut sommet d'Europe

le téléphérique de l'Aiguille du Midi – le téléphérique le plus haut du monde

le tunnel du Mont Blanc – un des plus longs tunnels routiers du monde

Briançon – la plus haute ville d'Europe

le lac du Bourget – le plus vaste et le plus profond des lacs naturels en France

la Mer de Glace – le plus grand glacier français

Les Alpes françaises s'étendent de la mer Méditerranée au lac Léman et forment une frontière naturelle entre la France, l'Italie et la Suisse.

Elles se divisent en deux grandes parties: les Alpes du sud et les Alpes du nord.

Dans les Alpes du sud, le climat est plus sec et le paysage est plus sauvage. On ne trouve pas beaucoup de villes.

Dans les Alpes du nord, le climat est plus humide. On trouve de grands lacs naturels, comme le lac d'Annecy et le lac du Bourget. Les villes principales, Annecy, Chambéry et Grenoble sont situées dans les vallées. Grenoble, la «capitale des Alpes», est la ville la plus importante.

La vie agricole des Alpes est basée sur l'élevage (vaches dans les Alpes du nord, moutons dans les Alpes du sud) et l'exploitation de la forêt.

La production de l'énergie hydro-électrique est très importante. En haute montagne on a construit beaucoup de barrages, comme par exemple, le barrage de Serre-Ponçon. La région des Alpes produit presque la moitié de l'électricité française.

Mais le tourisme est, sans doute, l'activité économique la plus importante. Les nombreuses possibilités d'activités sportives, et surtout les sports d'hiver, font de cette région une des premières régions touristiques de France.

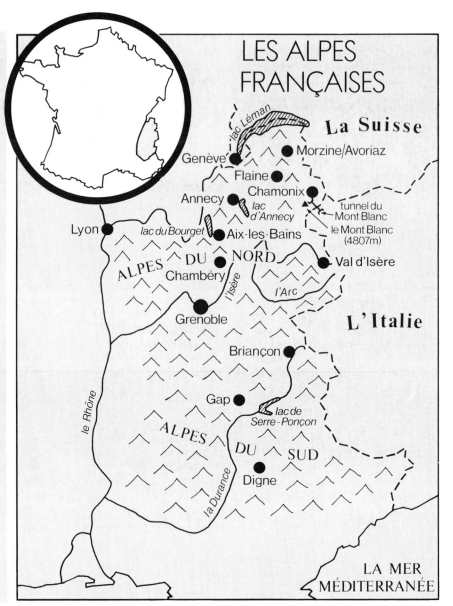

LES ALPES FRANÇAISES

1 Comment s'appelle le plus haut sommet des Alpes?
a) le Mont Everest
b) le Mont Rose
c) le Mont Blanc

2 Quelle est la ville la plus importante des Alpes?
a) Grenoble
b) Annecy
c) Chamonix

3 Dans les Alpes, on trouve le plus grand nombre de lacs naturels en France. Comment s'appelle le lac naturel le plus profond?
a) le lac d'Annecy
b) le lac du Bourget
c) le lac de Serre-Ponçon

4 Le tunnel du Mont Blanc relie la France avec quel autre pays?
a) l'Espagne
b) la Belgique
c) l'Italie

5 L'Isère, qu'est-ce que c'est?
a) un fromage
b) un fleuve
c) une liqueur

6 Le lac Léman forme une frontière naturelle entre la France et quel autre pays?
a) l'Italie
b) l'Espagne
c) la Suisse

7 Quels animaux voit-on le plus souvent dans les Alpes du sud?
a) des moutons
b) des vaches
c) des chevaux

8 Pourquoi a-t-on construit beaucoup de barrages en haute montagne?
a) pour conserver l'eau potable
b) pour encourager le tourisme
c) pour faire de l'électricité

Je travaille dans la région

Bonjour! Je m'appelle Elisabeth Guenard. Je suis monitrice de ski à Val d'Isère. Je ne suis pas de la région, je suis parisienne, mais je suis venue travailler ici à l'office du tourisme.

J'ai commencé à faire du ski assez tard, à l'âge de dix-neuf ans. J'ai beaucoup aimé ça et j'ai décidé de devenir monitrice de ski. Je suis allée à l'École Nationale de Ski à Chamonix pour préparer mon diplôme. J'ai dû faire sept ans de préparation. Mais maintenant, ça y est. Je travaille à Val d'Isère de décembre jusqu'au mois d'avril. En été, je travaille à Annecy, où je suis maître-nageur.

Bonjour! Je m'appelle Jean-Marie Mercier. Je suis guide à Chamonix. Moi, je suis né ici. J'ai commencé à faire du ski à l'âge de sept ans. J'aime bien faire du ski, mais je préfère faire de l'alpinisme. Moi aussi, je suis allé à l'École Nationale de Ski et d'Alpinisme à Chamonix pour préparer mon diplôme.

Le travail de guide me plaît beaucoup. On accompagne souvent des groupes d'alpinistes. La semaine dernière, par exemple, je suis allé dans les Dolomites en Italie. La semaine prochaine, j'accompagnerai des skieurs qui veulent descendre le Mont Blanc par la Vallée Blanche.

Si vous êtes dans la région, venez à Chamonix le 15 août. C'est la fête des guides et nous faisons des démonstrations d'escalades difficiles.

Bonjour! Je m'appelle Anne-Marie Laroche. Je suis née à Grenoble, mais je travaille à Flaine en ce moment. Je suis hôtesse d'accueil à l'hôtel Aujon. C'est un grand hôtel, avec 170 chambres. Il y a beaucoup d'étrangers qui logent à l'hôtel, surtout des Anglais. Je dois donc bien parler anglais.

Flaine est une station de ski très moderne, qui date seulement des années soixante. On a dû tout construire ici, les magasins, les appartements, les hôtels, même la route. Maintenant c'est un véritable centre de vacances avec une piscine, une patinoire, une bibliothèque, des restaurants, des cafés et même un «pub» à l'anglaise.

En hiver, bien sûr, les touristes viennent pour faire du ski, mais en été on organise des stages de tennis et des randonnées en montagne.

A Qui est-ce?

1 Qui travaille dans un hôtel?
2 Qui doit bien parler anglais?
3 Qui est né à Chamonix?
4 Qui travaille comme guide?
5 Qui aime bien le ski mais préfère l'alpinisme?
6 Qui travaille à Annecy en été?
7 Qui travaille à Flaine en hiver?
8 Qui est Parisienne?

B Répondez pour Elisabeth

1 Que faites-vous dans la vie?
2 Êtes-vous de la région?
3 Quand avez-vous commencé à faire du ski?
4 Où travaillez-vous en été?

Répondez pour Jean-Marie

1 Que faites-vous dans la vie?
2 Est-ce que vous aimez votre travail?
3 Où êtes-vous allé la semaine dernière?
4 C'est quand, la fête des guides à Chamonix?

Répondez pour Anne-Marie

1 Êtes-vous née à Flaine?
2 Qu'est-ce que vous faites dans la vie?

3 Qu'est-ce qu'il y a à Flaine, comme distractions?
4 Qu'est-ce qu'il y a pour les touristes en été?

C Vous êtes journaliste

Imaginez que vous avez interviewé une de ces trois personnes et écrivez un petit article pour votre journal.

Exemple: Elisabeth Guenard est monitrice de ski à Val d'Isère.
Elle n'est pas de la région, elle est parisienne.

DES STATIONS DE SKI

station de ski	altitude de la plus haute piste	gare la plus proche	distance de la gare	nombre de remontées mécaniques	nombre de pistes faciles	nombre de pistes difficiles	ski de fond	ski d'été
Les Arcs[3]	3000 m	Bourg St-Maurice	15 km	40	16	6	—	—
Chamonix[1]	3842 m	Chamonix	—	45	24	17	√	√
Les Deux Alpes[2]	3568 m	Grenoble	70 km	50	44	20	—	√
Flaine[3]	2500 m	Cluses	28 km	26	6	4	—	—
La Clusaz[1]	2400 m	Annecy	32 km	37	16	10	√	—
Val d'Isère[1]	3300 m	Bourg St-Maurice	33 km	56	37	16	—	√

1 The first ski resorts were developed around existing Alpine villages. They are often very picturesque but you may have a long walk or need to take a bus to the bottom of the ski lifts.

2 A second generation of ski resorts was developed in the 1950's and these were designed entirely for skiing.

3 A third generation of purpose-built resorts has been developed since the 1960's. Many are at high altitude and have been designed so that they can be further extended in future years.

Où iront-ils?

1 Anne et Chantal partiront en vacances de neige pour la première fois cette année. Elles ont choisi une station de ski très moderne où il y a vingt-six remontées mécaniques. Elles partiront le 16 janvier et elles rentreront le 30 janvier. Elles prendront le train et l'autocar.

a) Où iront-elles?
b) Combien de temps resteront-elles?
c) À quelle gare arriveront-elles?
d) Combien de kilomètres feront-elles en autocar?

2 Marc et Nicole ont choisi une station de ski près d'Annecy. Marc est un skieur moyen, Nicole est débutante. Ils partiront le 30 janvier et ils rentreront le 6 février. Ils partiront de Lyon en voiture (une distance de 180 kilomètres).

Répondez pour Marc et Nicole:

a) Où irez-vous?
b) Combien de temps resterez-vous?
c) Combien de kilomètres ferez-vous pour arriver à la station?
d) Est-ce que vous pourrez faire du ski de fond aussi?

3 Jean-Pierre est un très bon skieur. Cette année, il partira deux fois. Au mois de janvier, il passera dix jours dans une station très réputée près du Mont Blanc. Pour le voyage, c'est très pratique parce qu'il prendra le train le 8 janvier et il arrivera directement à la station. Puis au mois de juin (20 – 27 juin) il a choisi une station de ski près de Grenoble où il peut faire du ski d'été.

Répondez pour Jean-Pierre:

a) Où iras-tu au mois de janvier?
b) Quand rentreras-tu?
c) Où iras-tu au mois de juin?
d) Combien de temps resteras-tu?

Où irez-vous?

Imaginez-vous que, vous aussi, vous partirez l'année prochaine en vacances de neige.

1 Quelle station de ski choisirez-vous?
2 Si vous allez en train, où arriverez-vous?
3 Quand partirez-vous?
4 Combien de temps resterez-vous à la station?
5 Irez-vous à l'hôtel ou en appartement?

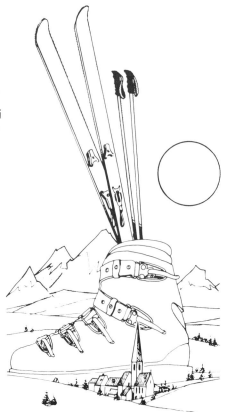

auberge de jeunesse

MORZINE

HAUTE-SAVOIE

Auberge de Jeunesse
«Beau Site»
74110 Morzine-Avoriaz
Tél. : (50) 79.14.86

Répondeur automatique pendant les heures
des repas et de 19 h 30 à 8 h 30.

Accueil ouvert jusqu'à 22 h
CCP Lyon 3953 - 67 V

Société Savoisienne de Crédit
16807-26-81182901199 - La Roche sur Foron

Altitude de la station:

1.000 m à 2.450 m.

Accès par le train:

Gare S.N.C.F. de Cluses à 28 km ligne Paris/Saint-Gervais. Correspondance assurée par les Cars Verts (S.A.T.): Thonon-les-Bains et Cluses (à l'arrivée et au départ des trains).

Accès par la route:

RN 202, Paris 600 km. Services de cars avec l'aéroport de Genève Cointrin (63 km).

Remontées mécaniques:

45 téléskis, 10 télésièges, 4 téléphériques ou télécabines.
75 km de sentiers balisés pour les piétons et 60 km de pistes de fond.

Distractions:

Palais des Sports, cinémas, zoo-alpin.

L'Auberge:

Située dans le centre ville est une installation de caractère traditionnel, comprenant 75 places réparties en 16 chambres, récemment refaites de 4 à 6 lits. Lavabos dans toutes les chambres. Douches au sous-sol. Trois salles de réunion : bar-discothèque (vous pouvez emmener vos propres disques et instruments de musique); bibliothèque, télévision, labo-photo. Veillées, soirées gastronomiques et dansantes. Projections de diaporama et de films professionnels et amateurs 16 et 8 mm; émaux, conférences, débats.

Je skie avec les Auberges de Jeunesse

Morzine and Avoriaz are two neighbouring resorts. Morzine is an old alpine village. Avoriaz is a modern purpose-built resort.

Find out about Morzine:
1 the name of the nearest railway station
2 the distance by road from Paris
3 the distance by road from Geneva airport
4 what other entertainments there are

Find out about the Youth Hostel:
1 whether it's in the centre or on the outskirts of Morzine
2 how many people it can accommodate
3 where the showers are
4 what special facilities there are

Une lettre de Suzanne

Paris, le 9 janvier

Chère Françoise,

Qu'est-ce que tu (faire) cette année pendant les vacances de février?

Moi, je (partir) en vacances de neige dans les Alpes avec un groupe de jeunes.

Nous (passer) une semaine à Morzine et nous (loger) à l'auberge de jeunesse. Ce n'est pas trop cher. Ça (coûter) 1050 Francs, tout compris, sans compter le voyage, mais nous (avoir) des réductions sur les billets de train.

Nous (partir) le 12 février. Nous (prendre) le train à Cluses, puis nous (monter) à la station en autocar.

L'auberge est située en plein centre de la station. Elle est bien aménagée avec télévision, bibliothèque, bar etc.

Malheureusement je (être) la seule débutante dans le groupe, mais j'ai déjà commencé à faire des exercices pour me mettre en forme!

J'espère que ce ne (être) pas <u>trop</u> fatigant.

A bientôt,

Suzanne

A
1 Quand est-ce que Suzanne partira en vacances de neige?
2 Où ira-t-elle?
3 Avec qui partira-t-elle?
4 Quand quittera-t-elle Paris?
5 Combien de temps passera-t-elle dans les Alpes?
6 Combien une semaine de vacances coûtera-t-elle?
7 Est-ce qu'elle prendra l'avion?
8 Est-ce qu'elle logera à l'hôtel?
9 Est-ce qu'elle sera la meilleure skieuse du groupe?
10 Quand rentrera-t-elle à Paris?

B Maintenant écrivez une lettre à votre correspondant français. Vous aussi, vous partirez en vacances de neige à Morzine et vous logerez à l'auberge de jeunesse. Seulement vous partirez pendant les vacances de Pâques et vous prendrez l'avion pour Genève, puis l'autocar pour Morzine.

On prend l'autocar

	71	73	75
GENÈVE-COINTRIN, aéroport	10h00	13h25	17h40
GENÈVE Gare Routière.....	10h10	13h35	17h50
ANNEMASSE Gare Routière...	10h30	13h55	18h10
TANINGES Café Central.....	11h05	14h30	18h45
LES GETS Office du Tourisme	11h30	14h55	19h10
MORZINE Office du Tourisme	11h40	15h05	19h20
AVORIAZ Gare Inf. du téléphérique....	12h00	15h25	19h40

Voilà l'horaire des autocars qui font la liaison Genève-Avoriaz. En consultant l'horaire, répondez aux questions de ces touristes...

1 Le premier car de Genève à Morzine partira à quelle heure demain?
2 Quand est-ce qu'il arrivera à Morzine?
3 À quelle heure est-ce que le dernier car quittera Genève demain?
4 Quand arrivera-t-il à Morzine?
5 Mes enfants prendront le car de 13h25. Quand arriveront-ils à Morzine?
6 Où arriveront-ils exactement?
7 J'ai des amis qui iront à Avoriaz la semaine prochaine. S'ils prennent le car de 17h40, quand arriveront-ils à la station?
8 Si, moi, je prends le car de 11h40 de Morzine, quand est-ce que j'arriverai à Avoriaz? (*Start your answer:* Vous ...)
9 Si je manque le car de 11h40, quand est-ce que je pourrai prendre le prochain car?
10 Et à quelle heure est-ce que j'arriverai à Avoriaz?

Quel temps fera-t-il demain?

Vous êtes au micro. Donnez des renseignements météorologiques pour demain.

Sur les Alpes du nord, le temps (être) encore médiocre. Le ciel (être) gris et couvert avec de fréquentes chutes de neige. Il (faire) très froid – moins 10 degrés.

Sur les Alpes du sud, il y (avoir) aussi de la neige. Mais le temps (être) plus doux et il y (avoir) quelques belles éclaircies en fin d'après-midi.

Cette nuit, il y (avoir) de nouvelles chutes de neige et la température (rester) assez basse.

Sur la route, les conditions (être) assez difficiles, car il y (avoir) de la neige gelée et du verglas partout.

VOUS PARTEZ EN VACANCES DE NEIGE?

Voici les réponses à toutes vos questions:

Est-ce qu'il est possible de louer tout le matériel nécessaire sur place?

Oui, dans la plupart des stations vous pouvez tout louer sur place, des skis, des bâtons, des chaussures etc. D'ailleurs, c'est souvent plus pratique parce que si vous avez des chaussures qui vous font mal, vous pouvez très facilement les échanger contre une autre paire.

Est-ce qu'on organise des cours de ski dans toutes les stations?

Oui, dans presque toutes les stations vous trouverez une ou même deux écoles de ski avec des moniteurs diplômés. Ils organiseront pour vous des cours à tous les niveaux.

Est-ce qu'il est nécessaire d'avoir un plan des pistes?

Oui, un plan des pistes est vraiment nécessaire. Il vous indiquera le niveau de difficulté de toutes les pistes. Les pistes vertes sont les plus faciles, les pistes bleues sont faciles, les pistes rouges sont moyennes et les pistes noires sont les plus difficiles.

Où est-ce qu'on peut l'obtenir?

Vous en trouverez certainement à l'office du tourisme. Il y en a aussi quelquefois dans les hôtels et dans les magasins de sports. Normalement le plan des pistes est gratuit.

Un forfait remontées mécaniques, qu'est-ce que c'est?

C'est un 'ski-pass' qui vous permet d'utiliser toutes les remontées mécaniques de la station. On peut l'acheter pour une journée, sept jours, treize jours etc.

Est-ce qu'il y a plusieurs sortes de remontées mécaniques?

Oui. En bas de la station, il y a souvent un téléphérique ou une télécabine qui transporte beaucoup de personnes en même temps. Ils peuvent transporter des skieurs et des non-skieurs en haute montagne. Les non-skieurs peuvent redescendre par la télécabine. On trouve aussi des téléskis qui tirent les skieurs, qui restent debout sur leur skis pendant la montée. Il y a aussi des télésièges qui transportent des skieurs assis.

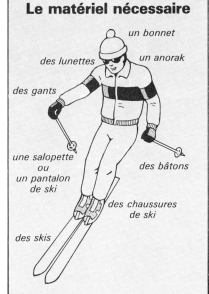

Le matériel nécessaire

un bonnet
des lunettes
un anorak
des gants
une salopette ou un pantalon de ski
des bâtons
des chaussures de ski
des skis

un téléphérique
un télésiège
un téléski

Est-ce qu'il y a beaucoup d'accidents de ski?

Il y a des risques, bien sûr, et il faut respecter des règles de sécurité élementaires: ne pas skier seul, ne pas utiliser une piste trop difficile, faire attention à toutes les signalisations, faire attention au changement de temps et partir toujours bien équipé (vêtements chauds, lunettes de soleil etc).

Est-ce que ça coûte très cher?

Ça peut coûter cher, mais ça ne coûte pas très cher, nécessairement. Pour faire des économies, vous pouvez:

louer tout le matériel nécessaire (au lieu de l'acheter)

loger à l'auberge de jeunesse (au lieu de l'hôtel)

préparer vos repas vous-même (au lieu de manger au restaurant tous les soirs)

Le ski n'est plus un sport de luxe, ça devient de plus en plus un sport pour tout le monde.

A Give some advice to these people who've just arrived in a ski resort.

1 What colour are the easiest runs?
2 What colour are the most difficult runs?
3 Where could I get a map of the ski runs?
4 How much roughly will it cost?

5 Can you buy a ski pass for just one day?
6 Can non-skiers go up in a *télécabine*?

B Give five suggestions for safe skiing.

C Suggest three ways in which you could economise on a skiing holiday.

Au magasin de sports

Suzanne est arrivée à Morzine. Le premier jour, elle va au magasin de sports pour louer des skis et des chaussures.

La vendeuse: Mademoiselle.
Suzanne: Pour louer des skis, s'il vous plaît.
La vendeuse: C'est au sous-sol.

Suzanne: Bonjour, Monsieur. Je voudrais louer des chaussures de ski et des skis, s'il vous plaît.
Le vendeur: Oui. C'est quelle pointure pour les chaussures?
Suzanne: Du 37.
Le vendeur: Essayez celles-ci. Et pour les skis. Qu'est-ce que vous prenez d'habitude?
Suzanne: Je ne sais pas. C'est la première fois que je fais du ski.
Le vendeur: Bon, prenez des 1m60. Les chaussures, ça va?
Suzanne: Oui.

Le vendeur: Vous pouvez choisir des bâtons là-bas.
Suzanne: Je prends ceux-là.
Le vendeur: Voilà, c'est bien. Au revoir, et bon ski!

Un garçon: Bonjour, Monsieur. J'ai loué des chaussures et des skis hier, mais je voudrais changer les chaussures. Elles me font mal aux pieds.
Le vendeur: Très bien. Elles sont trop petites?
Le garçon: Non, elles sont trop étroites. J'ai les pieds assez larges.
Le vendeur: Essayez celles-là. C'est un modèle plus large.
Le garçon: Oui, je pense que ça ira mieux.
Le vendeur: Ce sont vos skis là? Je vais les régler pour ces chaussures.
Le garçon: Merci, Monsieur.

TARIF LOCATION

Nombre de jours	½	1	2	3	4	5	6	7
Skis enfants	9F	15F	27F	40F	53F	66F	75F	87F
Skis de piste	20F	33F	66F	97F	126F	156F	182F	207F
Skis de fond	11F	18F	34F	50F	66F	82F	93F	105F
Chaussures fond	5F	9F	19F	26F	33F	41F	50F	57F
Chaussures enfants	5F	9F	19F	26F	33F	41F	50F	57F
Chaussures adultes	7F50	12F	26F	38F	50F	61F	72F	83F
Luges	6F	10F	18F	28F	37F	46F	55F	64F

ÉCOLE DE SKI FRANÇAIS

60 moniteurs et monitrices parlant:
anglais, allemand, italien, espagnol.

COURS COLLECTIFS Limités à 10 élèves. Toute la semaine avec le même moniteur.
Matin: 10h à 12h. **Après-midi:** 15h à 17h (14h30 à 16h30 Noël et janvier) Tous niveaux, de la classe DÉBUTANTS à la classe COMPÉTITION.

1 cours 40F	Matin	Après-midi	4 h par jour
4 jours	140F	128F	240F
5 jours	165F	150F	280F
6 jours	192F	174F	324F
7 jours	217F	196F	364F

Combien payeront-ils?

A **Pour louer leur matériel**

1 Suzanne veut louer des chaussures et des skis pour six jours. *Combien payera-t-elle?*

2 Chantal veut louer des skis et des chaussures pour neuf jours. *Combien payera-t-elle?*

3 Marc veut louer des skis pour sept jours seulement. *Combien payera-t-il?*

4 Mme Duval veut louer une luge pour trois jours pour son fils, Daniel. *Combien payera-t-elle?*

5 Sophie et Simon veulent louer des skis pour quatre jours. *Combien payeront-ils?*

6 M. et Mme Duval veulent louer des skis pour un jour pour leurs deux enfants. *Combien payeront-ils?*

B **Pour les cours de ski**

1 Suzanne veut prendre des cours tous les matins pour cinq jours.

2 Chantal veut prendre des cours le matin et l'après-midi pour six jours.

3 Marc veut prendre un cours seulement.

Au cours collectif

Chantal passe dix jours à Val d'Isère. Elle arrive au rendez-vous de l'école de ski.

Chantal: Vous êtes aussi dans la classe deux?
Martine: Oui ... avec Jean-Pierre.
Chantal: C'est ça. Vous avez fait beaucoup de ski?
Martine: Non, pas tellement. C'est ma deuxième année.
Chantal: Moi, l'année dernière, je suis allée à Flaine.
Martine: Ah bon. C'était bien?
Chantal: Oui. C'était très bien. Mais c'est une station de ski tout à fait nouvelle. Ce n'est pas comme ici.
Martine: Moi, j'ai fait du ski à Morzine, l'année dernière. C'était bien aussi. On peut se tutoyer, n'est-ce pas?
Chantal: Oui, bien sûr. Tu es venue avec un groupe ou toute seule?
Martine: Je suis venue avec ma sœur. Nous sommes à la Résidence ici. Et toi?
Chantal: Je suis venue avec un groupe de jeunes de La Rochelle. Nous logeons au Chalet Tarentaise.
Martine: Et tu restes longtemps?
Chantal: Dix jours. On repartira mercredi prochain.
Martine: Moi, une semaine. Nous partirons samedi.

Sortie dans la Vallée Blanche

Marc, en vacances à Flaine, n'a pas très bien écrit sa carte postale. Pouvez-vous faire mieux?

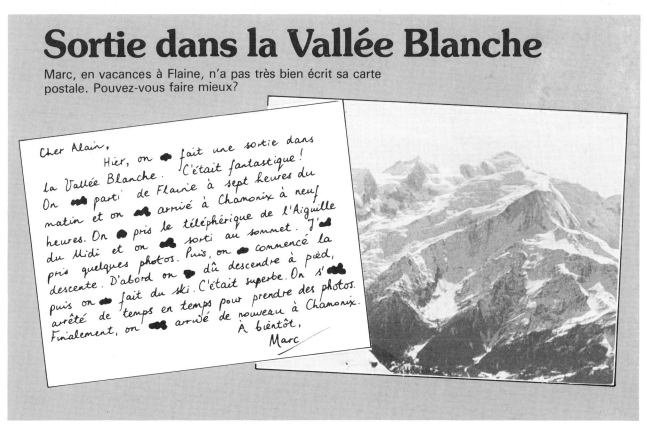

Cher Alain,
    Hier, on ⬤ fait une sortie dans la Vallée Blanche. C'était fantastique! On ⬤ parti de Flaine à sept heures du matin et on ⬤⬤ arrivé à Chamonix à neuf heures. On ⬤ pris le téléphérique de l'Aiguille du Midi et on ⬤⬤ sorti au sommet. J'⬤ pris quelques photos. Puis, on ⬤ commencé la descente. D'abord on ⬤ dû descendre à pied, puis on ⬤ fait du ski. C'était superbe. On s'⬤ arrêté de temps en temps pour prendre des photos. Finalement, on ⬤⬤ arrivé de nouveau à Chamonix.
À bientôt,
Marc

 **UNIT 3**

Skieurs attention!

 Le drapeau noir n'est utilisé que très rarement. Il indique un danger d'avalanche généralisé. Le ski est totalement interdit.

Le drapeau à damiers jaunes et noirs indique un danger d'avalanche localisé. Vous pouvez faire du ski avec prudence.

 Une piste peut être fermée pour diverses raisons. En tout cas, il ne faut jamais partir sur une piste fermée.

Les piquets croisés indiquent un danger sur la piste, par exemple un obstacle comme un rocher, qu'on ne peut pas voir facilement.

 Ce panneau vous prévient qu'on est en train de préparer la piste.

Ce panneau indique l'endroit précis du risque d'avalanche.

En cas d'accident

Si vous êtes témoin d'un accident, vous devez alerter immédiatement le service de sécurité de la station.
Il y a des téléphones de secours à plusieurs endroits. Ces endroits se trouvent près des remontées mécaniques et ils sont souvent marqués sur les plans des pistes. Vous devez indiquer
– le nom de la piste sur laquelle l'accident est arrivé
– le numéro de la balise la plus proche
– la partie du corps affectée (bras, jambe, colonne vertébrale etc)

Mots utiles

un témoin *witness*
le service de *rescue*
sécurité *service*
le secours *help*
laquelle *which*
la balise *sign*

Il y a eu un accident

A Qu'est-ce qu'ils disent?
Exemple: 1 J'ai mal au bras.

B Donnez l'alerte!
Exemple: 1 Il y a eu un accident sur la piste Mephisto près de la balise numéro 9. Un garçon est tombé et il a mal au bras.

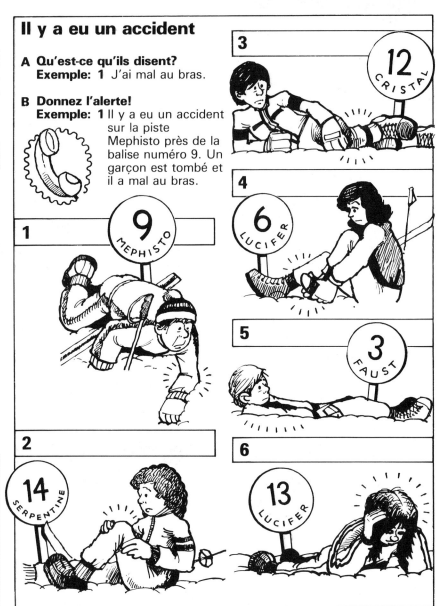

Une belle échappée

Choisissez le mot correct.

Trois guides à Val d'Isère (**sont/ont**) sauvé la vie d'un skieur allemand imprudent.
Le skieur (**est/a**) parti avec trois camarades en début d'après-midi. Il (**a/ont**) proposé à ses camarades de quitter les pistes balisées, malgré le mauvais temps.
Ses camarades (**avons/ont**) refusé de l'accompagner mais il (**est/a**) décidé tout de même de partir seul.

Comme il n' (**est/a**) pas revenue, ses camarades (**ont/avez**) donné l'alerte. Les guides (**sommes/sont**) partis à sa recherche dans des conditions très difficiles.
Ils (**ai/ont**) suivi des traces de ski et ils (**sont/est**) arrivés à une crevasse. Ils (**ont/est**) découvert le skieur dans un trou profond. Heureusement, le skieur n'était pas gravement blessé et on (**sont/a**) pu le ramener à la surface, sans difficulté.

Les vacances de Suzanne

1 Où Nicole et Suzanne sont-elles arrivées?
2 Qu'est-ce qu'elles font?

1 Quand est-ce que Suzanne se réveille, le premier jour?
2 Est-ce qu'elle se lève tout de suite?

1 Son cours de ski commence à quelle heure?
2 Combien de personnes y a-t-il dans le groupe de Suzanne?

1 Est-ce que Suzanne skie toute seule, l'après-midi?
2 Qu'est-ce qui arrive?

1 Est-ce que Suzanne s'est fait mal?
2 Est-ce qu'elle peut se lever?

1 Est-ce que Pierre va chercher du secours?

1 Est-ce que Suzanne a le bras cassé?
2 Est-ce qu'elle peut faire du ski?
3 Qu'est-ce qu'elle fait?

1 Qu'est-ce qui se passe, le dernier soir, à l'auberge de jeunesse?
2 Est-ce qu'on s'amuse bien?

1 C'est le jour du départ, est-ce que Suzanne est triste?
2 Est-ce qu'elle espère revoir Pierre, l'année prochaine?

Jeu des définitions

1 On les met pour faire du ski. On peut les acheter ou on peut les louer. Ils sont longs et étroits.

2 On les met aux pieds avant de mettre des skis.

3 On les met aux mains et il faut les prendre même s'il fait chaud.

4 Vous pouvez le consulter pour savoir le niveau de difficulté des pistes. On peut le demander à l'office du tourisme.

5 On le prend pour monter en haut de la montagne.

6 On ne le voit que très rarement, mais si vous le voyez, ne faites surtout pas de ski.

7 Vous êtes souvent obligé de la fixer sur votre forfait de remontées mécaniques.

8 On les met quand il y a du soleil, sinon on a très mal aux yeux.

9 On peut l'acheter dans une pharmacie ou dans un magasin de ski. Ça protège le visage quand il y a beaucoup de soleil.

a) *de la crème solaire*

b) *des chaussures de ski*

c) *le plan des pistes*

d) *des lunettes de soleil*

e) *le téléphérique*

f) *des gants*

g) *le drapeau noir*

h) *une photo*

i) *des skis*

Au magasin de ski

Marc has already bought skis, poles, ski-boots, a pullover and an anorak, but still needs five items. What does he buy and how much does he spend altogether?

Exemple: 1 Non, il ne les achète pas.

1 Il achète les skis?
2 Il achète le bonnet?
3 Il achète les chaussures de ski?
4 Il achète les gants?
5 Il achète le pantalon?

6 Il achète l'anorak?
7 Il achète le pull?
8 Il achète les bottes?
9 Il achète les lunettes?
10 Il achète les bâtons?

Le, La, Les

1 Il prend **le pantalon**? Oui, il **le** prend.
2 Il prend **la crème solaire**? Oui, il **la** prend.
3 Il prend **les chaussures**? Oui, il **les** prend.

Using pronouns saves you having to repeat words or groups of words and sounds more natural.

Remember to put the pronoun in the right place:

Il ne **les** achète pas.
Je **l'**ai vu samedi dernier.
Non, on ne **l'**a pas vu.
Elle va **la** prêter à Nicole.
On peut **le** voir à Paris.

Elle va tout prêter!

Chantal va prêter sa robe à Nicole, son pantalon noir à Suzanne, ses chaussures blanches à Françoise, son T-shirt à Monique, sa veste à Anne-Marie et ses gants à Marie. Elle va aussi prêter un livre à Claude et des disques à Jean-Pierre.

Exemple: 1
Elle va la prêter à Nicole.

1 À qui est-ce qu'elle va prêter sa robe?

2 À qui est-ce qu'elle va prêter sa veste?

3 À qui est-ce qu'elle va prêter son pantalon noir?

4 À qui est-ce qu'elle va prêter son T-shirt?

5 À qui est-ce qu'elle va prêter ses gants?

6 À qui est-ce qu'elle va prêter ses chaussures blanches?

7 À qui est-ce qu'elle va prêter des disques?

8 À qui est-ce qu'elle va prêter un livre?

Complétez les conversations

1
– Bonjour, Madame. Je cherche des gants.
– Ils sont là-bas.
– Ah oui, je . . . vois.
– Voilà ma taille. Je peux . . . essayer?
– Bien sûr. Ça va? Vous . . . prenez?
– Oui, je . . . prends.

2
– Tiens, Martine. Regarde ce pull. Tu . . . aimes?
– Oui. Il est chouette. Tu . . . as essayé?
– Oui.
– Tu vas . . . acheter?
– Oui, je . . . prends.

3
– Vous n'avez pas trouvé mon anorak par hasard? Je crois que je . . . ai laissé ici, hier soir?
– Il est de quelle couleur?
– Bleu marine et rouge.
– Oui. Je crois que nous . . . avons. Je vais . . . chercher.
– Oui. C'est celui-là. Merci, Madame.

Tu as vraiment tout fait!

Exemple: 1 Oui, je l'ai vu samedi dernier.

1 As-tu déjà vu le film au Rex? *(samedi dernier)*

2 As-tu déjà écouté le nouveau disque des Zingoes? *(hier soir)*

3 As-tu déjà lu le journal? *(ce matin)*

4 As-tu déjà écrit ton article pour le journal? *(avant-hier)*

5 As-tu déjà visité le château? *(la semaine dernière)*

6 As-tu déjà fini ton livre? *(hier)*

7 As-tu déjà acheté son cadeau? *(jeudi dernier)*

8 As-tu déjà bu le vin? *(cet après-midi)*

Questions et réponses

Écrivez les réponses correctement.

1 Avez-vous vu Pierre en ville?
   vu a pas on Non l' ne

2 M. et Mme Lefèvre viennent ce soir, tu les connais?
   les Non je pas ne connais

3 Est-ce que vous mettez vos lunettes de soleil?
   mets Oui les je

4 Est-ce que tu prends ton anorak?
   le je Oui prends

5 Est-ce que tu prends ton gros pull?
   prends le je pas Non ne

6 Est-ce qu'on peut voir le Mont Blanc d'ici?
   il on le quand beau Oui peut voir fait

7 Est-ce que vous allez voir la nouvelle pièce au théâtre?
   on la samedi voir soir va Oui

8 Est-ce que vous connaissez les Lambert?
   Oui les bien connais je très

9 Avez-vous lu le journal ce matin?
   l' Oui je lu ai

10 Est-ce que tu verras Monique la semaine prochaine?
   verrai la probablement Oui je vendredi

FUTUR.......... PRÉSENT.........PASSÉ...........

Demain, j'irai au sommet de
1 a cette montagne.

Ça va, merci, je vais jusqu'au
1 b sommet de la montagne.

Je suis allé jusqu'au
1 c sommet de la montagne.

2 a Tu seras le premier.

2 b Tu es le premier.

2 c Tu as été le premier.

Demain, il
3 a neigera sur toute la France.

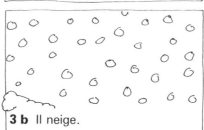

3 b Il neige.

3 c Il a neigé.

Nous ferons
4 a du ski cette année.

4 b Nous faisons du ski.

4 c Nous avons fait du ski.

Vous mangerez
5 a des sardines, ce soir.

5 b Vous mangez des sardines.

Vous avez mangé des
5 c sardines.

6 a Ils tomberont.

6 b Ils tombent.

6 c Ils sont tombés.

L'ANORAK JAUNE

La semaine prochaine, François Mauriat viendra dans les Alpes pour tourner un film pour la télévision sur la sécurité en montagne. Il ira mardi à Val d'Isère pour interviewer Jean Mattis, le directeur du service des pistes et de sécurité. M. Jean Mattis expliquera les mesures qui sont prises pour assurer la sécurité des skieurs en montagne. Ensuite, l'équipe de tournage filmera un cours de ski à Tignes. Jeudi, M. Mauriat et son équipe iront à Courchevel où ils rencontreront Emile Allais.

Le film, qui s'appellera «L'anorak jaune», sera diffusé sur Antenne 2 le 21 mai.

1 Pourquoi François Mauriat viendra-t-il dans les Alpes, la semaine prochaine?
2 Où ira-t-il mardi?
3 Qui verra-t-il?
4 Qu'est-ce qu'il fera à Tignes?
5 Quand ira-t-il à Courchevel?
6 Quand est-ce que le film sera diffusé?

Interview avec Jean Mattis

C'est mardi. François Mauriat et son équipe sont à Val d'Isère. On filme l'interview avec M. Mattis.

François Mauriat: M. Mattis, vous avez environ combien d'appels au secours par an?

Jean Mattis: En hiver, nous avons environ 450 appels et en été 20 seulement.

F. Mauriat: En hiver, est-ce que c'est surtout à cause des skieurs ou à cause des avalanches?

J. Mattis: Ce sont surtout des skieurs en difficulté.

F. Mauriat: En cas d'accident, qu'est-ce qu'on doit faire exactement?

J. Mattis: On doit immédiatement avertir le bureau de secours. Les téléphones, qui se trouvent sur toutes les pistes, sont reliés directement au bureau. On part à trois ou cinq selon la nature de l'accident. S'il s'agit d'une jambe cassée, par exemple, on sera trois. S'il s'agit de quelque chose de plus grave, on partira en hélicoptère avec un médecin.

Soudain, une dame entre dans le bureau.

La dame: Excusez-moi. M. Mattis, il y a un appel au secours. C'est une avalanche. Venez vite!

1 Où sont François Mauriat et son équipe?
2 Qu'est-ce qu'ils font?
3 Est-ce qu'on appelle le service plus en hiver ou en été?
4 Où se trouvent les téléphones?
5 Qui entre dans le bureau?
6 Qu'est-ce qui se passe?

AVALANCHE À VAL D'ISÈRE

Une avalanche s'est produite hier à Val d'Isère à 2300 mètres d'altitude. La force de l'avalanche a emporté trois skieurs. Un skieur est tombé sur un rocher. Les secours sont arrivés rapidement sur place. Deux des skieurs sont restés à la surface et ont réussi à se dégager. On a dû employer les chiens d'avalanche pour retrouver le troisième skieur. Vidocq, un des chiens, l'a trouvé après une heure, au pied de l'avalanche. Il a été évacué par hélicoptère.

1 Quand est-ce qu'il y a eu une avalanche?
2 Où est-ce que l'avalanche s'est produite?
3 L'avalanche a emporté combien de personnes?
4 Est-ce qu'ils ont dû attendre longtemps les secours?
5 Qu'est-ce qu'on a fait pour chercher le troisième skieur?
6 Qui l'a trouvé?

Interview pour un emploi en France

Choisissez la bonne réponse:

1 Où habitez-vous?
a) J'habite à Londres.
b) J'ai habité à Swansea.
c) J'habiterai à Edimbourg.

2 Est-ce que vous travaillez en ce moment?
a) Oui, j'ai travaillé comme serveuse dans un restaurant.
b) Oui, je travaillerai dans une banque, cet été.
c) Non, je ne travaille pas.

3 Avez-vous déjà travaillé en France?
a) Oui, je travaille comme ingénieur.
b) Oui, je travaillerai comme au pair cet été.
c) Oui, j'ai travaillé dans un hôtel, l'année dernière.

4 Êtes-vous allé en France, en vacances?
a) Non, je n'irai pas en France cette année.
b) Oui, j'y suis allé plusieurs fois.
c) Oui, je vais en France demain.

5 Qu'est-ce que vous faites, pendant vos loisirs?
a) J'ai fait beaucoup de sport, du tennis, de la natation etc.
b) Je ferai du sport et j'irai au cinéma.
c) Je fais du sport, surtout de la natation, et j'aime lire.

6 Qu'est-ce que vous lisez en ce moment?
a) J'ai déjà lu un livre sur Paris.
b) Je lis un livre sur le général de Gaulle.
c) Je lirai peut-être un livre sur les Alpes.

7 Si on vous offre l'emploi, quand pourrez-vous commencer?
a) Je pourrai commencer la semaine prochaine.
b) J'ai pu commencer hier.
c) Je ne peux pas commencer.

Projets de vacances

Répondez pour Vincent:

1 Qu'est-ce que tu feras pendant les grandes vacances?
a) Je passe un mois en France.
b) Je passerai un mois au Canada.
c) J'ai passé un mois en Afrique.

2 Qu'est-ce que tu as fait l'année dernière?
a) J'irai en Allemagne.
b) Je suis allé en Italie.
c) Je vais en Espagne.

3 Où iras-tu exactement?
a) Je suis allé à Québec et à Hamilton.
b) J'irai à Montréal et à Toronto.
c) Je vais à Vancouver et à Calgary.

4 Est-ce que tu partiras tout seul?
a) Non, je suis allé avec mon frère.
b) Non, je partirai avec mon frère.
c) Non, je pars ce soir.

5 Qu'est-ce qu'il fait en ce moment, ton frère?
a) Il est au cinéma.
b) Il ira au théâtre.
c) Il a écouté des disques.

6 Est-ce que tu as de la famille au Canada?
a) Oui, on a un oncle à Montréal.
b) Oui, mes parents iront à Québec l'année prochaine.
c) Oui, ma sœur est déjà allée à Vancouver.

Puzzle

Savez-vous poser des questions? Essayez de trouver les formes correctes des verbes qui manquent pour compléter le puzzle.

1 Quand est-ce que vous êtes … en Angleterre? (arriver)

2 Avez-vous … Londres?   (visiter)

3 … -vous souvent en Angleterre?   (venir)

4 Quand est-ce que vous … en France?   (rentrer)

5 Est-ce que vous … l'année prochaine?   (revenir)

6 Qu'est-ce que vous … de l'Angleterre et des Anglais?   (penser)

7 Où … -vous vos vacances, d'habitude? (passer)

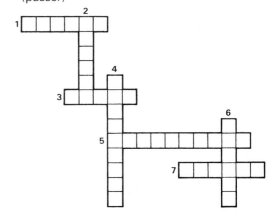

Pilote de courses

Complétez la conversation suivante:

– Dis donc, qu'est-ce que tu feras plus tard, toi, dans la vie?

– Je (**suis / serai**) pilote de courses.

– Pilote de courses? Pas mal! Qu'est-ce que tu (**auras / as / as eu**), comme voiture?

– Une Ferrari, bien sûr!

– Est-ce que tu (**gagnes / gagneras / as gagné**) beaucoup de courses?

– Moi, gagner beaucoup de courses? Mais, mon vieux, (**j'ai gagné / je gagne / je gagnerai**) toutes les courses! (**J'ai / J'aurai / J'ai eu**) les meilleurs mécaniciens du monde et (**je conduirai / je conduis / j'ai conduit**) très, très vite: les gens ne (**verront / voient**) pas passer ma voiture!

– Bah, ce n'est pas possible . . .

– Si, avec ma voiture, (**ce sera / c'est / ce sont**) possible . . . (**j'ai / j'ai eu / j'aurai**) la voiture la plus rapide du monde . . . je (**suis / serai**) célèbre . . . et toutes les filles (**tombent / tomberont**) amoureuses de moi!

Match them up!

Notice that words like today, yesterday etc can give you a clue about the tense you need. Here are some useful expressions of time. Match them up with their meanings.

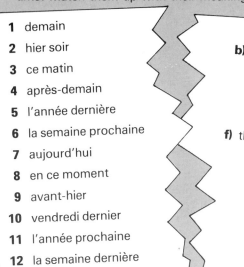

1	demain	**a)**	next year
2	hier soir	**b)**	the day after tomorrow
3	ce matin	**c)**	yesterday evening
4	après-demain	**d)**	last year
5	l'année dernière	**e)**	today
6	la semaine prochaine	**f)**	the day before yesterday
7	aujourd'hui	**g)**	last Friday
8	en ce moment	**h)**	tomorrow
9	avant-hier	**i)**	this morning
10	vendredi dernier	**j)**	next week
11	l'année prochaine	**k)**	last week
12	la semaine dernière	**l)**	at the moment

Faites des phrases correctes!

1 Demain matin, Luc (**est allé / ira / va**) en classe, comme tous les jours.

2 Hier soir, (**j'irai / je suis allé / je vais**) au cinéma. Après le film, (**je vais / je suis allé / j'irai**) prendre un verre dans un café.

3 L'année prochaine, (**j'aurai / j'ai / j'ai eu**) peut-être un vélomoteur.

4 En ce moment, (**j'ai travaillé / je travaillerai / je travaille**) chez Renault.

5 Samedi dernier, ils (**jouent / ont / joué / joueront**) au football. Le soir, ils (**sont / seront / ont été**) très fatigués.

6 Aujourd'hui, (**j'ai / j'aurai / j'ai eu**) quinze ans. Mais demain (**j'ai / aurai / j'ai eu**) seize ans. En effet, demain, c'est mon anniversaire!

7 Je prends l'avion pour l'Angleterre dans quelques minutes. Dans une heure, (**je serai / j'ai été / je suis**) à Londres.

8 L'année dernière, Chantal (**passe / passera / a passé**) un mois en Angleterre.

9 Nous ne sommes pas libres cette semaine, mais nous (**sommes / serons / avons été**) libres la semaine prochaine.

10 Demain, (**je suis / j'ai été / je serai**) à Londres et après-demain (**je suis / j'ai été / je serai**) à Edimbourg.

ANDRÉ ET LES ALPINISTES

Based on an original story written by the Nuffield Foundation French Section and published as part of En Avant Stage 4B.

André Laroche habite une ferme dans les Alpes. Il doit souvent aider ses parents à faire le travail de la ferme. En été, par exemple, il doit garder les moutons dans la montagne. André aime beaucoup la montagne. Il aime faire de l'alpinisme et plus tard il veut être guide de montagne.

La semaine dernière, il est monté avec son chien, Noiraut, à une petite cabane en montagne. Il va rester là-haut pour garder les moutons pendant les deux mois de vacances.

Les jours passent. André passe ses journées à lire ou à écouter son transistor. Quelquefois il regarde les montagnes. Il connaît tous les sommets de la région. Mais soudain, il entend des voix:

— André, André! Où es-tu?

André se lève. Il voit ses deux camarades Marc et Jean-Pierre qui viennent vers lui.

— Ah! Salut, dit André. Alors, qu'est-ce que vous faites là?
— Salut, répondent Marc et Jean-Pierre. Nous allons faire l'ascension de l'Oiseau.
L'Oiseau, c'est une haute montagne. On l'appelle l'Oiseau parce qu'elle semble voler dans le ciel comme un oiseau.
— Vous savez, c'est le sommet le plus dangereux; ça va être difficile

pour vous parce que vous ne le connaissez pas.
— Oui, c'est vrai, dit Marc. C'est pourquoi nous sommes venus te chercher. Toi, tu connais bien cette montagne; avec toi ce sera plus facile.
— Ah non, je ne peux pas aller avec vous, dit André. Je ne peux pas laisser mes moutons.
— Mais, tu as Noiraut. Il peut très bien garder les moutons sans toi, dit Jean-Pierre.
— Non, dit encore André, je ne peux pas laisser mes moutons seuls avec Noiraut.
— Bon! Alors au revoir, dit Marc. Nous allons faire l'ascension de l'Oiseau sans toi.
— Mais vous êtes fous, s'écrie André. Vous ne connaissez pas l'Oiseau. C'est une montagne difficile et quelquefois dangereuse! Mais Marc et Jean-Pierre n'écoutent plus. Ils ont déjà remis leur sac sur leur dos, et ils partent.

Les heures passent. Vers dix heures, il fait noir. Alors, André rentre dans sa cabane pour dormir.

Mais soudain, vers minuit, il se réveille. Il a froid. Qu'est-ce qui se passe? Ses couvertures sont par terre. C'est Noiraut qui a tiré les couvertures.
Noiraut est à la porte de la cabane maintenant et il aboie:
— Voyons, Noiraut, qu'est-ce qu'il y a? dit André.

André se lève et sort de la cabane. Soudain, il voit une lumière dans la montagne.
La lumière s'allume six fois. Puis André ne voit rien pendant une minute. Puis la lumière s'allume encore six fois en une minute.
— Oh, quelqu'un est en danger dans la montagne, pense André qui connaît bien le code des alpinistes. Cette lumière vient de l'Oiseau! L'Oiseau! Mais alors ça doit être Marc et Jean-Pierre. Ils doivent être en danger. Je vais aller là-haut les aider.
André ne perd pas un instant. Il va vite chercher une corde, des provisions et des pansements. Puis, il met ses chaussures de montagne. Il est prêt. Il prend un crayon et du papier, et il écrit:

> MARC ET JEAN-PIERRE EN DANGER SUR L'OISEAU. JE VAIS LES AIDER. APPELEZ VITE LES GENDARMES. ANDRÉ.

Il plie le morceau de papier, le met sous le collier de Noiraut et l'attache bien avec de la ficelle. Puis il dit:
— Va vite à la maison, Noiraut.
Noiraut part tout de suite et descend vers la vallée. André met son sac sur son dos et part aussi, mais lui, il monte dans la montagne. Il va vers l'Oiseau.

Une heure plus tard, il arrive au pied de l'Oiseau. Le jour, l'ascension de cette montagne est très difficile. La nuit, c'est presque impossible. Mais heureusement, la nuit n'est pas trop noire: la lune brille; et André connaît bien l'Oiseau; il est déjà monté au sommet cinq ou six fois.
Il monte lentement, mais il doit s'arrêter souvent pour examiner le rocher et pour trouver son chemin. Il monte et continue comme ça longtemps. Une heure, deux heures, peut-être. Mais soudain, il entend des cris et il voit une lumière. Il appelle:
— Ohé! Ohé! Marc, Jean-Pierre, c'est vous?
— Oh, c'est toi André? crie la voix de Marc.

– Oui, c'est moi! Attendez, j'arrive!

Quelques minutes plus tard, André arrive près de ses amis. Jean-Pierre crie:

– Oh ma jambe, ma jambe!

– Qu'est-ce que tu as, demande André, tu es blessé?

– Oui, dit Marc, il a la jambe cassée. Qu'est-ce que nous allons faire?

André regarde la jambe de Jean-Pierre.

– Oui, c'est vrai, dit-il, mon pauvre Jean-Pierre.

– Oh, mon Dieu, qu'est-ce que nous allons faire? dit Jean-Pierre. Je ne peux pas descendre avec ma jambe cassée.

– Ne t'en fais pas, dit André. J'ai attaché un mot au cou de Noiraut. Il sera à la maison bientôt, et mon père téléphonera aux gendarmes. Les gendarmes seront ici dans quelques heures.

– Oh merci, dit Jean-Pierre.

– Et maintenant, nous allons manger, continue André. J'ai apporté du pain et du chocolat.

Les trois camarades mangent, puis ils attendent ...

Enfin, le jour se lève. Les garçons regardent dans la vallée.

– Vous voyez les gendarmes? demande Jean-Pierre, qui a très mal maintenant.

– Non, je ne vois personne, répond Marc.

– André, Noiraut a peut-être perdu ton mot? dit Jean-Pierre.

– Non, c'est impossible, dit André, j'ai bien attaché le papier au collier de Noiraut avec de la ficelle. Ne t'en fais pas. Les gendarmes seront bientôt là.

Les garçons attendent. Ils ne voient toujours rien dans la vallée. Jean-Pierre commence à avoir peur. Mais soudain, ils entendent un bruit et bientôt ils voient un hélicoptère: ce sont les gendarmes qui arrivent. L'hélicoptère se pose sur le sommet de l'Oiseau, pas très loin des garçons. Deux gendarmes et un médecin descendent de l'hélicoptère. Ils ont tout le matériel nécessaire. Ils descendent jusqu'aux garçons. Le médecin examine la jambe de Jean-Pierre. Puis ils l'aident à monter au sommet avec des cordes. Marc et André montent derrière. Jean-Pierre est sauvé. Dans une heure, il sera à l'hôpital de Grenoble.

Seul, André ne descend pas au village. Il doit rester dans la montagne pour garder ses moutons. Mais le lendemain, Marc remonte à la cabane d'André avec Noiraut. André est très content de revoir son ami et son chien.

– Comment va Jean-Pierre? demande-t-il.

– Bien, répond Marc. Dans une semaine, il sera chez lui. Grâce à toi, André, et à Noiraut, on est sains et saufs tous les deux.

Avez-vous bien compris cette histoire? Pour le savoir, essayez de répondre à ces questions:

1 Qu'est-ce qu'André veut faire dans la vie?
a) Il veut être guide de montagne.
b) Il veut être berger.
c) Il veut être gendarme.
d) Il veut être fermier.

2 Pourquoi est-ce qu'André ne peut pas aller avec ses amis?
a) Parce qu'il ne veut pas laisser son chien tout seul.
b) Parce qu'il ne veut pas laisser son père tout seul.
c) Parce qu'il ne veut pas laisser ses moutons tout seuls.
d) Parce qu'il ne veut pas quitter sa cabane.

3 Qu'est-ce qui a réveillé André?
a) C'est Noiraut.
b) C'est la lumière sur l'Oiseau.
c) C'est Marc et Jean-Pierre.
d) Ce sont les moutons.

4 André pense: «Quelqu'un est en danger dans la montagne.» Comment est-ce qu'il sait cela?
a) Parce que Noiraut aboie.
b) Parce qu'il entend l'hélicoptère des gendarmes.
c) Parce qu'il entend des cris.
d) Parce qu'il voit une lumière dans la montagne.

5 Est-ce que c'est la première fois qu'André monte jusqu'au sommet de l'Oiseau?
a) Non, il est déjà monté au sommet une fois.
b) Oui, c'est la première fois qu'il monte au sommet.
c) Non, il est déjà monté au sommet cinq ou six fois.
d) Non, il est déjà monté au sommet vingt fois.

6 Qui est-ce qui arrive en hélicoptère?
a) C'est André avec ses moutons.
b) C'est Marc et Jean-Pierre.
c) Ce sont les agents de police.
d) Ce sont les gendarmes et le médecin.

7 Pourquoi est-ce que Jean-Pierre ne peut pas descendre tout seul du sommet de la montagne?
a) Parce qu'il a le bras cassé.
b) Parce qu'il a la jambe cassée.
c) Parce qu'il est blessé à la tête.
d) Parce qu'il a perdu ses chaussures.

8 Le lendemain, Marc revient voir André. Pour quoi faire?
a) Pour faire l'ascension de l'Oiseau.
b) Pour chercher les moutons avec André.
c) Pour dire merci à André.
d) Pour déjeuner avec André.

La fin des vacances

C'est la fin des vacances. Chantal va rentrer à Paris demain.

Martine: Tu as acheté des cadeaux pour ta famille?
Chantal: Oui.
Martine: Qu'est-ce que tu vas offrir à ton frère?
Chantal: Je vais *lui* offrir un T-shirt de Val d'Isère.
Martine: Et à ta sœur?
Chantal: Je vais *lui* offrir un bonnet pour le ski.
Martine: Et à tes parents?
Chantal: Je vais *leur* offrir un livre sur les Alpes.

Can you work out what *lui* and *leur* mean?
Here are some more examples:

1 — Qu'est-ce que Marc a offert à sa mère?
  — Il *lui* a offert du parfum.
2 — Qu'est-ce que Chantal a envoyé à sa correspondante?
  — Elle *lui* a envoyé une carte postale de Val d'Isère.
3 — Est-ce que Philippe écrit souvent à son correspondant?
  — Oui, il *lui* écrit très souvent.
4 — Qu'est-ce que Jean a montré à M. et Mme Masson?
  — Il *leur* a montré des photos de Montréal.
5 — Est-ce que Nicole a téléphoné à ses parents?
  — Oui, elle *leur* a téléphoné hier soir.
6 — Est-ce qu'on explique l'histoire du château aux visiteurs?
  — Oui, le guide *leur* explique l'histoire du château.

In the answer to each question *lui* or *leur* has been used instead of repeating a phrase in the question. Can you work out what the phrase is in each case?

Now look at these sentences:
— Quelle carte postale vas-tu envoyer *à ton frère*?
— Je vais *lui* envoyer celle-ci avec des skieurs.
— Quelle carte postale vas-tu envoyer *à tes parents*?
— Je vais *leur* envoyer celle de Grenoble.

Can you work out when you should use *lui* and when you should use *leur*?

If you can, you should be able to complete the answers to these questions.

1 – Qu'est-ce que tu vas offrir à ton père pour Noël?
  – Je vais . . . offrir une cravate.
2 – Qu'est-ce que tu vas offrir à ta mère?
  – Je vais . . . offrir des gants.
3 – Qu'est-ce que vous avez offert à Claude et Suzanne pour leur mariage?
  – Nous . . . avons offert des verres.
4 – Qu'est-ce que Nicole va offrir aux parents de Jane?
  – Elle va . . . offrir un livre.
5 – Quand est-ce que Marc va téléphoner à Jean?
  – Il va . . . téléphoner ce soir.
6 – Qu'est-ce que tu as envoyé à Suzanne Lambert?
  – Je . . . ai envoyé des photos.

Lui and Leur

Lui often means *to* or *for him* or *to* or *for her*.

It is often used to replace a phrase beginning with *à* (or *au*).
It replaces masculine or feminine *singular* nouns.

Leur often means *to* or *for them*.

It is often used to replace a phrase beginning with *à* (or *aux*).
It replaces masculine and feminine *plural* nouns.

Le jour de Noël

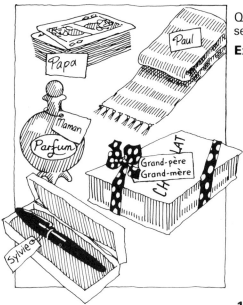

1 Qu'est-ce que Marc a offert à son père?

2 Qu'est-ce qu'il a offert à sa mère?

3 Qu'est-ce qu'il a offert à ses grands-parents?

4 Qu'est-ce qu'il a offert à son frère?

5 Qu'est-ce qu'il a offert à sa sœur?

Voilà les cadeaux de Marc

1 Qu'est-ce que sa mère lui a offert?

2 Qu'est-ce que son père lui a offert?

3 Qu'est-ce que ses grands-parents lui ont offert?

4 Qu'est-ce que sa sœur lui a offert?

5 Qu'est-ce que son frère lui a offert?

Au café

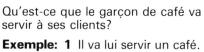

Qu'est-ce que le garçon de café va servir à ses clients?

Exemple: 1 Il va lui servir un café.

1 Qu'est-ce qu'il va servir à Jean?
2 Qu'est-ce qu'il va servir à M. Lefèvre?
3 Qu'est-ce qu'il va servir à Nicole?
4 Qu'est-ce qu'il va servir à Marc et Pierre?
5 Qu'est-ce qu'il va servir à Suzanne et Chantal?
6 Qu'est-ce qu'il va servir à Claude et Françoise?
7 Qu'est-ce qu'il va servir à M. Duval?
8 Qu'est-ce qu'il va servir à Mlle Legrand?
9 Qu'est-ce qu'il va servir à M. et Mme Dupont?
10 Qu'est-ce qu'il va servir à leurs enfants?

Quand est-ce que je dois lui rendre ses disques?

Exemple: 1 Tu dois lui rendre ses disques lundi.

1 Quand est-ce que je dois rendre les disques à ton frère? (*lundi*)

2 Quand est-ce que je dois rendre les livres à ton frère? (*mardi*)

3 Quand est-ce que je dois rendre le magnétophone à ton frère? (*mercredi*)

4 Quand est-ce que je dois rendre les skis à ton frère? (*jeudi*)

5 Quand est-ce que je dois rendre l'électrophone à ton frère? (*vendredi*)

6 Quand est-ce que je dois rendre la raquette de tennis à ton frère? (*samedi*)

Qu'est-ce qu'il leur vend?

Exemple: 1 Il leur vend de la viande.

1 Qu'est-ce que le boucher vend à ses clients?

2 Qu'est-ce que le boulanger vend à ses clients?

3 Qu'est-ce que l'épicier vend à ses clients?

4 Qu'est-ce que le marchand de légumes vend à ses clients?

5 Qu'est-ce que le marchand de glaces vend à ses clients?

6 Qu'est-ce que le marchand de journaux vend à ses clients?

MAKING A TELEPHONE CALL

If you are not staying with someone in France who has a telephone, you can make a call from the post-office (during opening hours), from a café or a hotel (where you may have to pay a small surcharge) or from a public call-box, *une cabine téléphonique*. Public call-boxes are now much more common in France than they were a few years ago, and you should be able to find one without difficulty, especially at a railway station, in the *métro* or near a post-office. There are even some telephone boxes specially designed for handicapped people in wheelchairs, like the one shown in Grenoble.

The older-style telephones may still require a *jeton*, a special coin which you can buy at the counter in a café or post-office. However, most modern telephones work with ordinary coins, usually 20 centimes, ½ franc, 1 franc and 5 francs. Normally, you put your money in first, then dial the number. If you can't get through, you'll get your money back when you replace the receiver.

To ring the UK direct from a call-box, you need to dial 19 for the international code, then 44 for the UK, then the exchange code for the area, omitting the first 0, then the number itself. For example, in order to get this London number – 01-857 1943 – you would dial 19.44. 1 857 1943. Work out how you would dial your own number or the number of a friend in your area.

If you are phoning from the post-office, the system is slightly different. You'll probably find several telephone booths, but you go to the counter first and tell the clerk the number you want. (It's a good idea to write it down, to avoid any confusion). She will get the number for you and tell you which booth to use. When you've made your call, you return to the counter to pay for it. If you want to reverse the charges, ask to call *en P.C.V.* If you don't know the number, you can ask for the directory, *l'annuaire téléphonique* or ring directory enquiries, *Renseignements (12).*

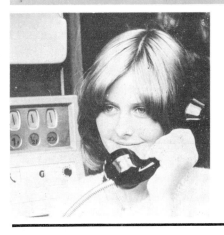
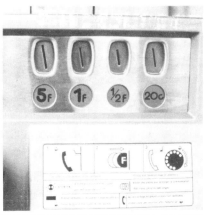

Look at the instructions in this telephone box:

1 In what order should you do these things?
- put the money in
- lift the receiver
- dial the number you want
- listen for the dialling tone

2 If you hear a series of pips in the middle of your conversation, should you
a) put the receiver down?
b) put more money in if you want to continue your conversation?
c) press a button?

3 If you can't get through, how do you get your money back?
a) by replacing the receiver
b) by pressing a button
c) by ringing the operator

4 Is it cheaper to ring someone in the same *département* or is it the same price as the rest of France?

5 At certain times of the day, you can speak to someone for double the time at the same rate. When is this?

6 How much would it cost you to speak to someone in Paris for one minute?

7 How much would it cost to make a one-minute phone call to Britain?

8 How much would it cost to make a one-minute phone call to Canada?

C'EST QUEL NUMÉRO?

Most telephone numbers consist of six digits and are read out in groups of two digits. The exchange number of the *départment*, *l'indicatif*, is given in brackets below.

Paris numbers have seven digits and the first three are read together. The *indicatif* for the Paris region is 1.

Inter-Service Routes	(1) 858. 33. 33
École de Ski, Val d'Isère	(79) 06. 02. 34
Office du tourisme, Val d'Isère	(79) 06. 10. 83
Hotel Aujon, Flaine	(50) 90. 80. 10
Auberge de Jeunesse, Chamonix	(50) 53. 14. 52

Au bureau de poste

Un homme: Je voudrais téléphoner en Angleterre, s'il vous plaît.
L'employée: Oui, Monsieur. C'est quel numéro?
L'homme: C'est écrit ici.
L'employée: Attendez un moment. Allez à la cabine numéro 1.
L'homme: Merci.

L'homme: Je vous dois combien?
L'employée: 10 francs, s'il vous plaît.

Mots et expressions utiles

Est-ce qu'il y a une cabine téléphonique près d'ici?
Is there a phone box near here?

Est-ce que je peux téléphoner d'ici?
Can I telephone from here?

Je voudrais téléphoner en Angleterre en P.C.V.
I'd like to telephone England and reverse the charges.

C'est Nicole à l'appareil.
It's Nicole speaking.

Est-ce que je peux parler à . . .
Can I speak to . . .

C'est de la part de qui?
Who's speaking?

Je rapellerai ce soir.
I'll call back this evening.

Vous m'entendez?
Can you hear me?

Je vous entends mal.
I can't hear you very well.

Ne quittez pas.
Could you hold on.

Vous vous êtes trompé de numéro.
You've got the wrong number.

Conversations au téléphone

1 – Allô.
– Bonjour Madame. Est-ce que je peux parler à Jean-Pierre, s'il vous plaît.
– C'est de la part de qui?
– Marc Legrand.
– Je suis désolé, mais Jean-Pierre n'est pas là en ce moment. Je l'attends vers huit heures. Vous voulez rappeler plus tard?
– D'accord. Je rappellerai vers huit heures et demie.

2 – Oui?
– Je voudrais téléphoner en Angleterre en P.C.V., s'il vous plaît.
– Oui, c'est quel numéro?
– C'est le 66.03.66 à Leeds.
– C'est de la part de qui?
– Angela Taylor.
– Attendez. Ne quittez pas. Oui, ça va. Allez-y maintenant.
– Merci.

3 – Allô.
– C'est l'auberge de jeunesse à Chamonix?
– Oui.
– Bonjour, Monsieur. Avez-vous de la place demain soir pour deux personnes?
– C'est pour combien de nuits?
– Je vous entends mal. Pouvez-vous parler plus lentement?
– Vous voulez rester combien de nuits?
– Ah, trois nuits.
– Oui, ça va. C'est à quel nom?
– Duval.
– Merci. Au revoir, Mademoiselle.

Maintenant à vous!

Now try making up your own conversations.

1 – Allô?
(Ask if you can speak to Monique Schieber).
– C'est de la part de qui?
(Give your name).
– Attendez un moment.

2 – Allô.
(Ask if you can make a reverse charges call to England).
– Oui, c'est quel numéro.
(Give any number you'd like to ring).
– Et c'est de la part de qui?
(Give your name).
– Attendez. Ne quittez pas. Allez-y maintenant.

3 – Allô.
(Ask if it's the youth hostel at Annecy).
– Oui.
(Ask if they have a bed for tonight for one person).
– C'est pour combien de nuits?
(Say you can't hear very well. Ask the person to speak more slowly).
– C'est pour combien de nuits?
(Say it's for one night only).
– C'est à quel nom?
(Give your name).
– Merci. Au revoir.

Savez-vous téléphoner en France?

Est-ce que ces phrases sont vraies ou fausses?

1 En France, la plupart des cafés ont le téléphone.
2 Il est impossible de téléphoner à l'étranger en P.C.V.
3 Pour appeler quelqu'un qui habite dans un autre département en France, il faut aller dans une charcuterie.
4 On ne peut jamais téléphoner dans un bureau de poste.

5 Quand on téléphone d'une cabine publique, on met d'abord des pièces dans l'appareil, puis on fait le numéro.
6 Si vous téléphonez d'un hôtel ou d'un café, vous payerez peut-être un supplément.
7 Si vous ne connaissez pas le numéro de votre correspondant, vous pouvez le chercher dans l'annuaire téléphonique.
8 Il faut toujours mettre un jeton dans l'appareil téléphonique avant de téléphoner.

LE TÉLÉPHONE SONNE

1

– Allô! La maison Julien? Je voudrais parler à Monsieur Voisin, s'il vous plaît . . .
– Ah, il n'est pas là, Madame. C'est de la part de qui?
– C'est de la part de Madame Voisin.
– Monsieur Voisin est sorti, Madame. Il sera là dans une heure environ. Est-ce que vous voulez laisser un message?
– Non, non, ça ne fait rien, je rappellerai . . . merci, Mademoiselle.
– Je vous en prie. Au revoir, Madame.

2

– Allô! Je voudrais parler à Monsieur Vallé, s'il vous plaît.
– Oui, c'est lui-même à l'appareil.
– Bonjour, Monsieur. C'est Monsieur Voisin. Je téléphone pour notre rendez-vous de cet après-midi. J'ai une course très importante à faire à deux heures . . . Je serai sans doute un peu en retard . . .
– Ça ne fait rien, Monsieur Voisin. Prenons rendez-vous à trois heures, si vous voulez . . .
– Ah oui, trois heures, c'est parfait . . .
– Eh bien, c'est d'accord. Je note le rendez-vous pour trois heures.
– Merci beaucoup, Monsieur Valleé. Et excusez-moi . . .
– Je vous en prie . . . à tout à l'heure, Monsieur Voisin.

3

– Allô, les «Galeries Lafargue»?
– Oui, Madame . . .
– Le magasin est ouvert jusqu'à quelle heure, ce soir, s'il vous plaît?
– Jusqu'à six heures et demie, Madame . . .
– Est-ce que le magasin est ouvert, le lundi?
– Non, Madame. Le lundi, nous sommes fermés toute la journée.
– Très bien, merci beaucoup, Monsieur . . .
– À votre service, Madame.

4

– Allô, le garage Meunier?
– Oui, Monsieur . . .
– C'est Monsieur Vallé à l'appareil. Est-ce que ma voiture est prête?
– Un moment, Monsieur, je vais voir. Qu'est-ce que c'est, comme voiture?
– Une DS Citroën.
– Oui, Monsieur, elle est prête.
– Très bien. Je viens tout de suite. Au revoir, Monsieur.

5

– Allô? La Maison de Radio France, j'écoute . . .
– Bonjour, je voudrais le poste 237, s'il vous plaît.

– Un moment . . . ne quittez pas.
– Merci.
– Allô.
– Oui.
– Le poste est occupé, Monsieur. Vous pouvez rappeler dans quelques instants?
– Non, je préfère attendre. C'est assez important.
– Très bien, Monsieur. Ne quittez pas . . .

6

– Allô, Monsieur Dupont.
– Comment?
– Je voudrais Monsieur Dupont, s'il vous plaît.
– Qui?
– Monsieur Dupont!!!
– Il n'y a pas de Monsieur Dupont ici. Quel numéro demandez-vous?
– Le 732.43.26.
– Ici, c'est le 732.43.27. Raccrochez, c'est une erreur . . .
– Hein?
– C'est une erreur!
– Alors, Monsieur Dupont n'est pas là?
– Mais non! Raccrochez, c'est une erreur!
– Comment?
– Zut! Au revoir!
(bruit de téléphone: «Clic»)
– Allô! Allô! Monsieur Dupont? Allô? Vous êtes là? Allô? Allô? Ça alors! Il a raccroché!!!

1	a)	Est-ce que M. Voisin est là?
	b)	Qui veut lui parler?
	c)	Est-ce qu'elle a laissé un message?
2	a)	Pourquoi M. Voisin téléphone-t-il à M. Vallé?
	b)	Est-ce que M. Vallé est fâché?
	c)	Ils prennent rendez-vous pour quelle heure?
3	a)	Quand est-ce que le magasin ferme le soir?
	b)	Est-ce qu'il est ouvert le lundi?
4	a)	Est-ce que la voiture de M. Vallé est prête?
	b)	Quand est-ce que M. Vallé va la chercher?
5	a)	Est-ce que le monsieur téléphone au théâtre de la ville?
	b)	Est-ce que le poste est libre?
	c)	Est-ce qu'il va rappeler?
6	a)	Est-ce que la dame réussit à parler à M. Dupont?
	b)	Est-ce qu'elle a fait le bon numéro?
	c)	Qu'est-ce que l'homme a fait?

On envoie un TÉLÉGRAMME?

Vous devez contacter quelqu'un rapidement, mais vous ne pouvez pas lui téléphoner. Qu'est-ce que vous faites?

Mais oui, bien sûr, vous envoyez un télégramme!

Vous écrivez votre message sur une formulaire qu'on trouve au bureau de poste. La taxe que vous payerez varie suivant la destination et la longeur du message. Il y a un prix minimum pour dix mots pour la France (sept mots pour l'étranger).

for official use

N° 698	TÉLÉGRAMME	Etiquettes		N° d'appel :

special service e.g. greetings telegram

sender's name and address

name and address of recipient

message

Des télégrammes

1
AI MANQUÉ LE TRAIN. ARRIVERAI GRENOBLE 19h30. CHANTAL.

2
VOITURE EN PANNE. ARRIVERONS À ANNECY DEMAIN SOIR PAR LE TRAIN. ALAIN-CHRISTINE

3
PAPA MALADE. NOUS NE POUVONS PAS VENIR À CHAMONIX POUR LE MOMENT. SUZANNE-CHRISTOPHE

4
AI PERDU MON PASSEPORT. S'IL EST CHEZ VOUS, TÉLÉPHONEZ À PIERRE APRÈS 19h. CLAUDE

5
AI EU UN ACCIDENT. NE POURRAI PAS VENIR. LETTRE SUIT. FRANÇOISE

6
JEAN PAS ENCORE ARRIVÉ. TÉLÉPHONERAI CE SOIR. MARC.

1 Pourquoi Chantal, arrivera-t-elle en retard?
2 Quand arrivera-t-elle à Grenoble?
3 Où vont Alain et Christine?
4 Quand arriveront-ils?
5 Comment voyageront-ils?
6 Qui est malade?
7 Est-ce que Suzanne et Christophe iront à Chamonix demain?
8 Qu'est-ce que Claude a perdu?
9 Si ses parents le trouvent, qu'est-ce qu'ils doivent faire?
10 Qui a eu un accident?
11 Est-ce qu'elle partira demain?
12 Que fera Marc ce soir?

M.J.C. — maison pour tous

Si vous cherchez l'endroit où vous pouvez avoir des activités sportives, culturelles, manuelles, où vous pouvez faire connaissance avec d'autres jeunes, où vous pouvez discuter, créer et faire bien d'autres choses, avez-vous pensé aux Maisons des Jeunes et de la Culture?

Il en existe neuf à Grenoble. Peut-être y en a-t-il une près de chez vous. Les MJC sont des maisons pour tous: enfants, adolescents, adultes, personnes du troisième âge.

Voici les activités qu'on vous propose:

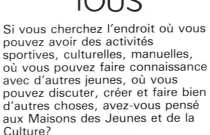

Activités sportives

Karaté
Judo
Yoga
Foot
Volley
Tennis
Ping-pong
Ski de piste
Ski de fond
Patin à glace
Randonnée à pied
Vélo
Gymnastique
Natation
Equitation

Activités culturelles

Atelier-théâtre
Orchestre
Guitare
Flûte
Chorale
Club d'anglais
Cours d'allemand
Jeux
Danse classique
      moderne
      folklorique
      contemporaine

Activités d'atelier

Photo
Couture
Tissage
Poterie
Peinture
Peinture sur soie
Macramé
Batik
Dessin

La parole aux jeunes

Ce soir, nous sommes à une maison des jeunes, à Grenoble.

1
– Mademoiselle, comment vous appelez-vous?
– Je m'appelle Françoise.
– Quel est votre sport préféré?
– J'aime bien le ping-pong, mais je ne suis pas très forte. Je dois dire que je ne suis pas très sportive en général.
– Quand vous ne jouez pas au ping-pong, qu'est-ce que vous faites?
– Je fais de la musique. Je joue de la clarinette et j'apprends aussi à jouer de la guitare.
– Est-ce que vous faites partie d'un orchestre?
– Oui, je joue avec l'orchestre des jeunes à Grenoble.

2
– Et vous, Alain, pourquoi venez-vous ici?
– Surtout pour le judo. J'aime beaucoup ça. Mais je fais aussi beaucoup d'autres choses. Je joue au rugby, au volley, au football et au ping-pong. On organise des championnats de ping-pong, et je suis assez fort.
– Vous faites du ski aussi?
– Oui, en hiver, je fais du ski. On organise des week-ends à la montagne. C'est très bien.

– Vous faites du ski de piste ou du ski de fond?
– Les deux. Mais je préfère le ski de piste.

3
– Nicole, aimez-vous le sport?
– Oui, enfin comme ci, comme ça. Je fais du yoga et je fais des randonnées à pied, mais à part ça, je ne fais pas beaucoup de sport.

– Alors, qu'est-ce que vous avez comme passe-temps?
– J'aime beaucoup les activités d'atelier. Je fais de la poterie et de la peinture sur soie. Voici un foulard, que je viens de terminer. Je l'ai peint à la main, puis je l'ai cousu.
– C'est très joli. Vous avez mis longtemps à le faire?
– Un mois environ.
– Et vous venez souvent ici?
– Une ou deux fois par semaine. Je viens souvent le mercredi après-midi quand nous n'avons pas cours.

4
– Et vous, Jean-Pierre, qu'est-ce que vous aimez faire, quand vous êtes libre?
– J'aime bien faire du théâtre. Je viens ici une ou deux fois par semaine. De temps en temps on monte une pièce et on donne des représentations dans les autres maisons des jeunes. C'est formidable, ça.
– Vous faites aussi autre chose?
– Oui, je fais partie du ciné-club, ici. Nous avons un projecteur, et une fois par semaine, nous passons un film. Après le film, on organise un débat. C'est très intéressant.
– Aimez-vous le sport?
– Non, pas tellement. Mais quelquefois je regarde les matchs de football à la télé.
– Avez-vous une équipe préférée?
– Oui, Saint-Étienne.

Répondez pour Françoise:
1 Quel est votre sport préféré?
2 Faites-vous beaucoup de sport?
3 Aimez-vous la musique?
4 Jouez-vous d'un instrument de musique?
5 Jouez-vous dans un orchestre?

Posez des questions à Alain. Voici ses réponses:
1 Oui, j'aime beaucoup le sport.
2 Je fais du judo, je joue au rugby, au volley, au football et au ping-pong.
3 Mon sport préféré est le judo.
4 Oui, en hiver je fais souvent du ski, le week-end.
5 On va dans une petite station à 50 kilomètres environ de Grenoble.

Posez des questions à Nicole. Voici ses réponses:
1 Je fais du yoga et des randonnées à pied.
2 Non, je n'aime pas la musique.
3 Je viens ici surtout pour les activités d'atelier.
4 Je fais aussi partie du ciné-club.
5 J'aime surtout les films de science-fiction.

Répondez pour Jean-Pierre:
1 Venez-vous souvent ici?
2 Qu'est-ce que vous faites, comme activités?
3 Aimez-vous le cinéma?
4 Est-ce que vous faites du sport?
5 Aimez-vous regarder le sport à la télévision?

C'est à vous!

1 Aimez-vous le sport?
2 Est-ce que vous regardez quelquefois les matchs de football à la télévision?
3 Avez-vous une équipe préférée?
4 Qu'est-ce que vous faites comme sport?
5 Est-ce que vous faites des randonnées à pied, de temps en temps?
6 Avez-vous fait du ski?
7 Aimez-vous la musique?
8 Jouez-vous d'un instrument de musique?
9 Est-ce que vous faites partie d'un club?
10 Aimez-vous les activités manuelles: la peinture, la poterie, le bricolage, la couture etc?
11 Aimez-vous faire du théâtre?
12 Aimez-vous les jeux de société?
13 Savez-vous jouer aux échecs?
14 Qu'est-ce que vous aimez faire, quand vous êtes libre?
15 Qu'est-ce que vous allez faire pendant les vacances prochaines?

Écrivez une lettre à votre correspondant(e)

Manchester, le 21 février

Cher Claude,

Je suis désolé de ne pas t'avoir écrit plus tôt. Excuse-moi!

Je fais beaucoup de sport en ce moment. Je fais partie de l'équipe de football au collège et nous jouons dans un match toutes les semaines. Aimes-tu le football? Le samedi, je vais souvent au stade pour voir l'équipe de Manchester City. Est-ce que tu as une équipe préférée?

Est-ce que tu sors souvent le soir ou le week-end? De temps en temps je vais au cinéma, quand il y a quelque chose d'intéressant à voir. J'aime beaucoup les films policiers et les films de science-fiction.

Le soir, j'écoute souvent de la musique. J'aime la musique pop et le jazz. J'apprends le piano depuis deux ans, mais ça ne m'intéresse pas beaucoup.

Espérant recevoir bientôt de tes nouvelles.

Amitiés,
John

Practise writing a letter to your penfriend about your leisure-time interests.
Include some of the following:

1 Information about any sports you play, or like to watch on television

Je fais partie d'une équipe de	football rugby netball hockey
Je joue souvent	au tennis au squash au badminton
J'aime beaucoup regarder	la natation l'athlétisme la gymnastique le ski le patin sur glace	à la télé

2 Whether you go out a lot in the evenings or at weekends and what you do

Je sors	très peu de temps en temps assez souvent beaucoup	le soir le week-end

J'aime aller	au cinéma au théâtre dans une discothèque au club des jeunes chez mes ami(e)s

3 What you do if you stay in

J'écoute	des disques des cassettes la radio	J'aime	la musique pop la musique classique le jazz le folk
J'aime regarder	les documentaires les films d'aventures les bandes dessinées les émissions comiques		à la télé
Je joue	aux échecs aux cartes d'un instrument de musique		
J'aime lire	les histoires vraies la science-fiction les bandes dessinées les magazines le journal		

SOMMAIRE

Now you can:

talk and understand about skiing:

une avalanche	*avalanche*
une balise	*marker, sign*
un bâton	*ski pole*
des chaussures de ski	*ski boots*
un cours de ski	*ski lesson*
un(e) débutant(e)	*beginner*
l'école de ski	*ski school*
louer	*to hire*
la location	*(for) hire*
le matériel	*equipment*
un moniteur	*instructor (male)*
une monitrice	*instructor (female)*
la montagne	*mountain*
moyen	*average, intermediate*
le niveau	*level*
la piste ,	*ski slope or run*
un plan des pistes	*map of the ski runs*
une remontée mécanique	*ski lift (general word)*
un ski	*ski*
un(e) skieur (skieuse)	*skier*
le ski de piste	*downhill or alpine skiing*
le ski de fond	*cross-country skiing*
une station de ski	*ski resort*
un téléphérique	*cable car*

use pronouns:

Direct object pronouns

On **la** prend pour monter en haute montagne.
(la remontée mécanique)
On **le** voit quand il y a un risque d'avalanche.
(le drapeau noir)
On **les** met pour faire du ski. *(les skis)*

Indirect object pronouns

– Qu'est-ce que Marc a offert *à sa sœur*?
– Il **lui** a offert du parfum.
– Qu'est-ce qu'il a offert *à son frère*?
– Il **lui** a offert un disque.
– Qu'est-ce qu'il a offert *à ses parents*?
– Il **leur** a offert un livre sur les Alpes.

use three different tenses to refer to the future, the present and the past:

Futur	*Présent*	*Passé*
Cet après-midi, je regarderai le match à la télévision.	Je regarde le match.	J'ai regardé le match, hier à la télévision.

understand expressions of time:

Future	*Present*	*Past*
demain	en ce moment	hier
après-demain	à présent	hier soir
le semaine prochaine	aujourd'hui	avant-hier
l'année prochaine		la semaine dernière
dans cinq jours		samedi dernier
		l'année dernière

make a telephone call:

une cabine téléphonique	*telephone box*
téléphoner	*to phone*
un appareil téléphonique	*telephone*
l'annuaire téléphonique	*telephone directory*
rappeler	*to call back*
Je vous entends mal.	
C'est quel numéro?	
en P.C.V.	
Ne quittez pas.	
C'est de la part de qui?	

talk about sport, music and leisure activities:

une activité	*activity*
le judo	*judo*
le yoga	*yoga*
le football	*football*
le rugby	*rugby*
le babyfoot	*table-football*
le tennis	*tennis*
le ping-pong	*table-tennis*
la gymnastique	*gymnastics*
la natation	*swimming*
l'équitation	*horse-riding*
faire du vélo	*to cycle*
faire une randonnée	*to go on a trip, walk*
la musique	*music*
le cinéma	*cinema*
le théâtre	*theatre*
la danse	*dance*
la couture	*needlework*
la poterie	*pottery*
la peinture (sur soie)	*painting (on silk)*
jouer d'un instrument de musique	*to play a musical instrument*
faire partie d'un club	*to belong to a club*

La France et Les Pays Francophones

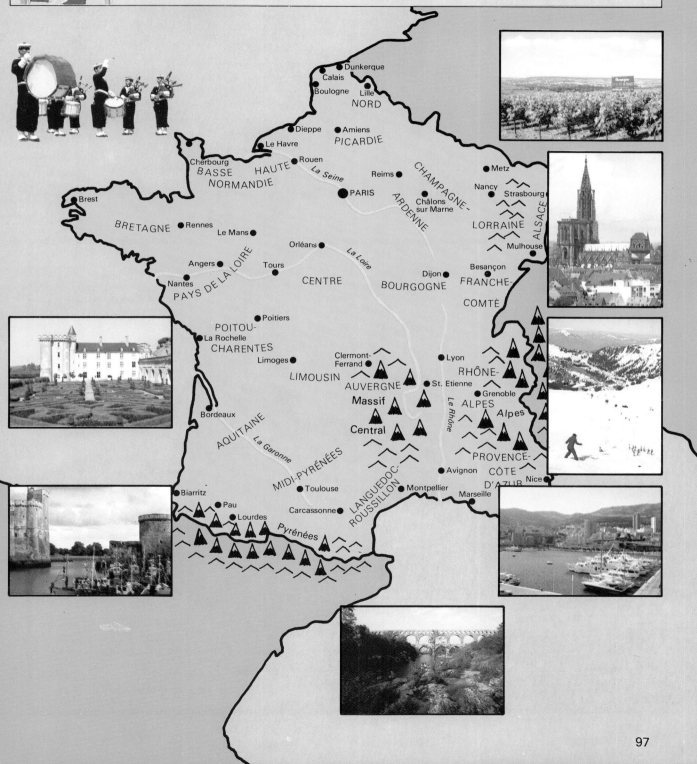

Dunkerque
Calais
Boulogne
Lille
NORD
Dieppe
Amiens
Le Havre
PICARDIE
Cherbourg
Rouen
Metz
BASSE
HAUTE
La Seine
Reims
Nancy
Strasbourg
NORMANDIE
PARIS
CHAMPAGNE-
Brest
ARDENNE
LORRAINE
ALSACE
Mulhouse
BRETAGNE
Rennes
Le Mans
Orléans
La Loire
Besançon
Angers
Tours
Dijon
FRANCHE-
Nantes
CENTRE
BOURGOGNE
COMTÉ
PAYS DE LA LOIRE
Poitiers
POITOU-
La Rochelle
CHARENTES
Clermont-
Lyon
Limoges
Ferrand
RHÔNE-
LIMOUSIN
St. Etienne
AUVERGNE
Grenoble
Massif
ALPES
Bordeaux
Central
Alpes
Le Rhône
AQUITAINE
La Garonne
PROVENCE-
Avignon
CÔTE
MIDI-PYRÉNÉES
D'AZUR
Nice
Biarritz
Toulouse
Montpellier
Pau
LANGUEDOC-
Marseille
Lourdes
Carcassonne
ROUSSILLON
Pyrénées

97

PARIS

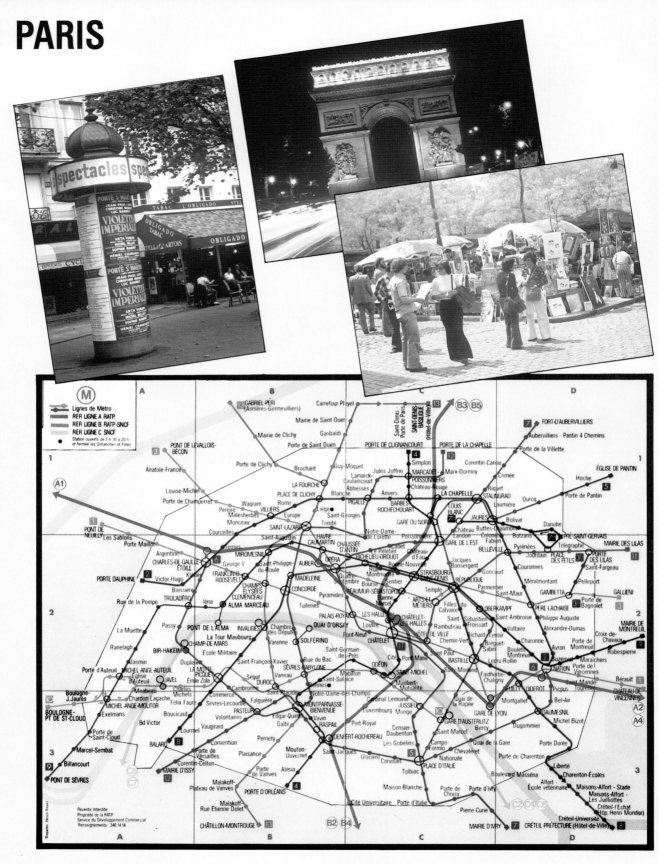

La Provence, vue par les Peintres

Café-terrace at night, Place du Forum: Vincent Van Gogh

Mont Sainte-Victoire: Paul Cézanne

On mange bien en France

Les Français et les Françaises

5

36

13

32
34

33

34

2 17
10
27
22
20
1
30
16
21
19
23
28
25 9
12 14
8 29 3 4 6
11 31 24
7
26
41
18 15
35

20

APOLLO XI

32

Les Pays Francophones

Ce n'est pas uniquement en France qu'on parle français. Il y a aussi, dans plus de 30 pays du monde, environ 92 millions de personnes qui parlent français. Ces pays s'appellent les pays francophones. Ils sont très différents. Il y a des pays d'Europe, bien sûr, comme la France et la Suisse, et il y a le Canada, mais il y a aussi des pays d'Afrique et des îles tropicales.

1. **l'Algérie**
2. **la Belgique**
3. **le Bénin**
4. **le Cameroun**
   (la république du...)
5. **le Canada**
6. **Centrafricaine**
   (la république...)
7. **le Congo**
   (la république du...)
8. **la Côte d'Ivoire**
9. **Djibouti**
   (la république de...)
10. **la France**
11. **le Gabon**
    (la république du...)
12. **la Guinée**
13. **Haïti**
    (la république d'...)
14. **la Haute-Volta**
15. **l'île Maurice**
16. **le Liban**
17. **le Luxembourg**
18. **Madagascar**
    (la république de...)
19. **le Mali**
    (la république du...)
20. **le Maroc**
21. **la Mauritanie**
    (la république de...)
22. **Monaco**
23. **le Niger**
24. **le Ruanda**
25. **le Sénégal**
    (la république du...)
26. **les Seychelles**
27. **la Suisse**
28. **le Tchad**
29. **le Togo**
30. **la Tunisie**
31. **le Zaïre**
    (la république du...)

La France d'outre-mer

Saviez-vous que les îles de la Martinique et de le Guadeloupe (à plus de 6 000 kilomètres de Paris) sont, en fait, françaises? Ce sont des **départements d'outre-mer** (les DOM). Il y en a cinq en tout. Les autres sont la Guyane, la Réunion et Saint-Pierre-et-Miquelon.

Les habitants de ces îles ont les mêmes droits que les Français. Ils ont le même gouvernement avec le même président et le même système d'éducation et ils font souvent des voyages en France.

Il y a aussi des **territoires d'outre-mer** (les TOM), qui sont plus indépendants et qui ont leur propre système de gouvernement.

les départments:

32. **la Guadeloupe**
33. **la Guyane**
34. **la Martinique**
35. **la Réunion**
36. **Saint-Pierre-et-Miquelon**

les territoires:

37. **la Nouvelle-Calédonie**
38. **la Polynésie-française**
39. **les Terres australes et antartiques françaises**
40. **Wallis-et-Futuna**
41. **l'île Mayote**

UNIT

4

Le Val de Loire— le pays des châteaux

LE VAL DE LOIRE

In this unit, you will learn about or revise the following topics:

the Loire valley
travelling by road
staying at a hotel
talking about your town
   or area
pronouns *(me, te, nous, vous)*
finding the way
visiting a *château*
describing things (nouns
   and adjectives)
comparing things (the
   comparative and
   superlative)

Au Val de Loire on trouve plus de cent châteaux qui sont ouverts au public. Les premiers châteaux étaient des châteaux forts. Ils étaient souvent situés sur une colline et entourés de remparts.

Le château d'Angers est un château fort.

Voilà le château de Saumur date du 14ème siècle. Au c des années, le château a ét abandonné, transformé en prison et occupé par l'armé Aujourd'hui, on trouve deu: musées dans le château: le Musée d'Arts Décoratifs et Musée du Cheval.

Aux 15ème at 16ème siècles, les rois de France ont souvent habité dans la région. Ils ont construit des châteaux magnifiques. Ce n'étaient pas des châteaux forts, mais des résidences à la campagne ou des châteaux de plaisance. Voilà le château de Blois avec son escalier magnifique.

Le château de Chambord a été construit pour François 1er (1519). Avec ses 440 pièces, c'est le plus grand des châteaux de la Loire.

Le château de Villandry est célèbre surtout à cause de ses jardins de style français.

Le château de Chenonceau est un des plus beaux et des plus célèbres. Pendant la première guerre mondiale, le château a été transformé en hôpital militaire et 2000 soldats y ont été soignés. Aujourd'hui, le château appartient à la famille Menier (des fabricants de chocolats).

Le château de Cheverny est tout à fait différent. Il a été construit plus tard, au 17ème siècle dans le style classique.

Vocabulaire

étaient   *were (from être)*
un siècle   *century*
un château fort   *fortress-type castle, built for defence*
une colline   *hill*
entouré de   *surrounded by*
au cours des années   *in the course of time*
le roi   *king*
construire   *to build, construct*
un escalier   *staircase*
une pièce   *room*
la première guerre mondiale   *First World War*

Did you know...

- that the river Loire is the longest river in France and is considered as a boundary between the north and the south?
- that throughout history many invaders, including the English, have sailed up the river Loire and tried to take possession of this green and fertile valley, often called the 'garden of France'?
- that Joan of Arc, nicknamed *la Pucelle d'Orléans* (the maid of Orléans), took command of a small army and led an attack against the English at Orléans? The town was freed from English occupation on May 8th 1429, and this event is remembered every year at the *fêtes de Jeanne d'Arc*, held on 7th and 8th May at Orléans.

- that the purest French is supposed to be spoken in this area, particularly around Tours?
- that near Saumur, there are caves where mushrooms are cultivated, and other cave-like houses (*les caves troglodytes*), where people live?
- that the very first 'Son et Lumière' performance took place in the Loire valley at Chambord in 1952? 'Son et Lumière' is a special kind of show given at night with recorded sound and lighting effects. The recording usually describes the history of an old building. Today, there are many 'Son et Lumière' shows in the Loire valley and elsewhere. A famous one is held at the *château* of Le Lude, near Tours.

LE VAL DE LOIRE— LE JARDIN DE LA FRANCE

François Guérard est cuisinier et propriétaire d'un restaurant à Blois.

— M. Guérard, qu'est-ce qu'on cultive dans le Val de Loire?
— On cultive beaucoup de fruits et de légumes. C'est une région très fertile, vous savez. On l'appelle le «jardin de la France». Eh bien, comme fruits, on cultive des fraises, des framboises, des prunes, des pêches, des poires, des pommes et des cerises.
— Et comme légumes?
— Comme légumes, vous avez des carottes, des pommes de terre, des champignons de Saumur, qui sont très célèbres, et des asperges aussi.
— Et, est-ce qu'on fait du vin aussi?
— Ah, oui. Les vins de la Loire sont très célèbres. Il y a du vin blanc, du rouge et du rosé.
— Est-ce qu'il y a d'autres produits de la région?
— Oui, dans la Sologne, près d'Orléans, vous avez un des meilleurs centres de France pour la chasse

et la pêche. On prépare donc souvent des plats de poisson.
— Est-ce que vous employez souvent des produits de la région dans votre restaurant?
— Bien sûr. Les produits de la région sont des produits de qualité. Mais, il ne faut pas penser qu'ici on mange des plats très lourds ou compliqués. Ah, non! La cuisine du Val de Loire est connue surtout pour sa simplicité. Ici, vous pouvez manger bien, sans problèmes de digestion!

Listen to what M. Guérard has to say and find out the following:

1 What sort of produce is cultivated in the area?
2 Name three things which grow well.
3 What is the area frequently called?
4 Is it a wine-growing area?
5 Name one activity of the area that also produces food.
6 What does he mention about the local style of cooking?

FRAISE FRAMBOISES PÊCHE POIRE POMME ASPERGES
PRUNE CERISES CHAMPIGNON POMME DE TE...

Le Val de Loire en cartes

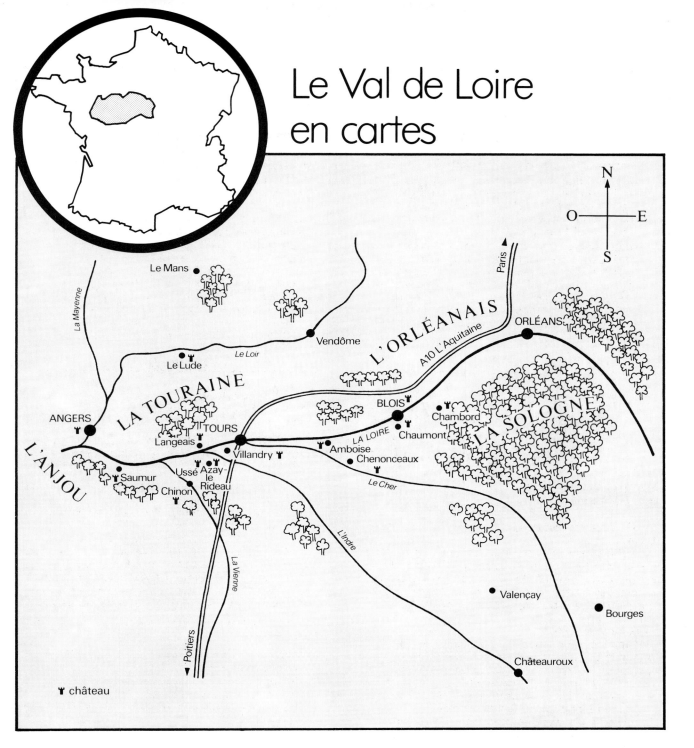

Savez-vous «lire» les cartes?

1. Quelles sont les quatre villes les plus importantes de la région?
2. Quelle ville est la plus proche de Paris?
3. Comment s'appelle la région autour de Tours ... et autour d'Angers?
4. Sur quelle rivière se trouve Le Lude?
5. Quel est le numéro de l'autoroute qui traverse cette région? Et son nom?
6. Le château de Chambord se trouve près de quelle ville?
7. Est-ce que la ville d'Angers se trouve à l'est ou à l'ouest d'Orléans?
8. Nommez un château qui se trouve sur la Loire.

La famille Leclerc, où ira-t-elle?

M. et Mme Leclerc, leurs deux enfants, Charles et Charlotte et leur chien, Moustache, passeront dix jours de vacances dans le Val de Loire. Ils partiront en voiture et ils s'arrêteront plusieurs fois en route. Mais où, exactement?

1
Le premier jour, ils quitteront Paris par l'autoroute d'Aquitaine, mais ils n'iront pas très loin. Ils passeront la première nuit dans une ville importante qu'on appelle la «cité de Jeanne d'Arc», située à 115 km environ de Paris.

2
Le deuxième jour, ils prendront la route de Blois, mais ils s'arrêteront en route pour visiter un célèbre château construit pour François 1er.

3
Puis, ils reprendront la route et ils passeront la deuxième nuit dans une ville où il y a aussi un château célèbre.

4
Le troisième jour, ils espèrent visiter une fabrique intéressante dans cette ville.

5
Le quatrième jour, ils reprendront la route. Ils ne visiteront ni le château de Chaumont ni le château d'Amboise. Cependant, ils feront un petit détour pour visiter un château célèbre, qui est situé sur le Cher.

6
La nuit, ils s'arrêteront dans une ville universitaire importante, qui n'est pas très loin.

7
Le lendemain, ils feront la visite de la ville, et le soir, ils iront à un spectacle «Son et Lumière» très réputé dans un château qui se trouve à 45 km au nord-ouest de la ville.

8
Le lendemain, ils visiteront un château qui est célèbre, surtout à cause de ses jardins.

9
Puis, ils passeront la nuit dans une ville, célèbre pour son château, ses vins et ses champignons.

10
Enfin, ils arriveront dans une ville touristique et universitaire, qui était autrefois la capitale de l'Anjou.

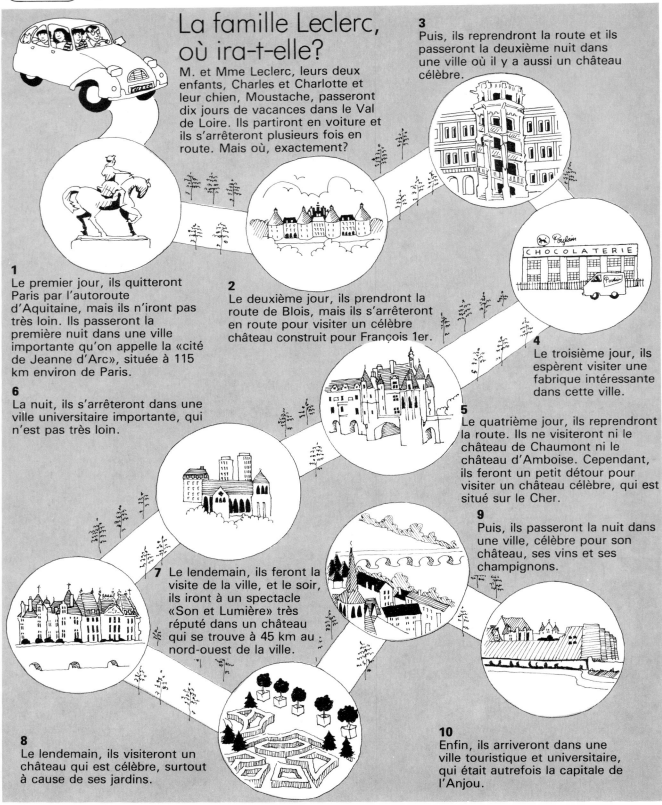

►►►► TRAVELLING BY ROAD ◄◄◄◄

If you or your family are thinking of driving or cycling in France, don't be put off by tales of weird signs, crazy drivers, on-the-spot fines and an impossible rule called *priorité à droite*.

Here, instead, are a few facts:

First, the French, like all Europeans except the British, drive on the right. Most drivers adapt to this quickly but be especially careful at crossroads (*un carrefour*) and when pulling away, for example, from a petrol station.

The rule about *priorité à droite* (giving way to traffic joining your road from the right) is much less common nowadays and most main roads between towns are described as *passage protégé*. This means that traffic on them has priority over any traffic joining them from the right. In towns and on some roundabouts, however, the *priorité à droite* rule still applies. This means that, unlike in Britain, traffic entering a roundabout has priority over traffic on it. But, as there are relatively few roundabouts (*des rond-points*) in France, you do not need to worry too much about this.

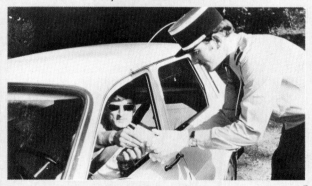

Some French police are authorised to impose and collect on-the-spot fines from motorists who commit traffic offences or break speed limits. These can be in the region of 500 francs. It is an offence to park or stop on major roads, unless there is an official parking place. If you need to stop, you must pull right off the carriageway on to the pavement or grass verge.

Speed limits (*les limites de vitesse*) vary according to the type of road:

> 130 km/h (81 mph) on toll motorways (*autoroutes à péage*)
> 110 km/h (68 mph) on free motorways and dual carriageways
> 90 km/h (56 mph) on normal roads outside built-up areas
> 60 km/h (36 mph) in built-up areas

The name sign for a town or village shows where the speed restriction starts, and the same town sign, with a line through it, shows where it ends.

Most road signs are now international, so you should recognise them easily. One set of signs which will be new are those which tell you you have right of way at a junction.

Some signs which have writing on them are *chaussée déformée* (uneven surface) *déviation* (diversion) and *poids lourds* (lorries or heavy vehicles). The sign *rappel* is a reminder. It means that the last sign you saw still has to be obeyed.

The French National Tourist Office or Motoring Organisations, like the AA or RAC, can give you more detailed information about taking a car abroad.

Don't forget, the driver must have a full driving licence (*un permis de conduire*) and be aged 18, not 17, in order to drive in France.

Connaissez-vous ...

LE CODE DE LA ROUTE ?

5

a) Vous devez tourner à gauche.
b) Vous devez tourner à droite.
c) Vous devez continuer tout droit.

9

a) Vous ne devez pas stationner ici.
b) Vous pouvez stationner ici.
c) Vous pouvez stationner ici, mais pour une heure seulement.

6

RAPPEL

a) Vous devez rouler à moins de 90 km/h.
b) Vous devez rouler à plus de 90 km/h.
c) Fin de limite de vitesse.

10

SAUMUR

a) Vous arrivez à Saumur – ralentissez.
b) Vous ne devez pas rouler à plus de 60 km/h.
c) Fin de limite de vitesse.

1

a) Vous devez ralentir.
b) Vous devez vous arrêter.
c) Vous ne devez pas vous arrêter.

7

a) Vous avez la priorité.
b) Vous n'avez pas la priorité.
c) Vous ne devez pas ralentir.

11

a) Vous devez tourner à droite.
b) Vous ne devez pas tourner à droite.
c) Vous ne devez pas tourner à gauche.

2

a) Vous avez la priorité.
b) Vous n'avez pas la priorité.
c) Vous devez vous arrêter.

8

a) Vous devez descendre.
b) Il y a des travaux.
c) Les travaux sont finis.

12

a) Vous pouvez stationner ici.
b) Vous vous êtes perdu.
c) Vous avez la priorité.

Vocabulaire ralentir *to slow down* les travaux *road works*
un carrefour *crossroads* céder la priorité *to give priority*

3

a) Vous devez rouler à plus de 60 km/h.
b) Fin de limite de vitesse.
c) Vitesse limitée à 60 km/h.

4

a) Vous approchez d'un hôpital.
b) Vous ne pouvez pas continuer tout droit.
c) Vous devez céder la priorité.

Ça n'a pas de sens!

Écrivez correctement les dix instructions ci-dessous.

1 Quand on voit le feu rouge,
2 Avant de traverser la rue,
3 Les enfants
4 S'il y a un trottoir,
5 Les automobilistes
6 On ne doit pas traverser la rue
7 Les cyclistes
8 Quand il y a des travaux,
9 Quand le feu est au vert,
10 On doit

a) ne doivent pas monter à deux.
b) près d'une voiture stationnée.
c) faire attention partout et toujours.
d) on ne doit pas rouler vite.
e) ne doivent pas jouer dans la rue.
f) doivent faire attention aux piétons.
g) on doit passer.
h) on doit regarder à droite et à gauche.
i) on doit s'arrêter.
j) les piétons ne doivent pas marcher sur la route.

5 conseils pour l'automobiliste

DISTANCES PAR LA ROUTE

Principales villes du Val de Loire

Principales villes de France	ANGERS	BLOIS	LOCHES	ORLÉANS	SAUMUR	TOURS
PARIS	304	171	234	115	297	234
BORDEAUX	335	387	317	443	321	328
CALAIS	494	442	520	390	508	479
CHERBOURG	291	402	393	431	337	356
DIJON	503	350	349	283	457	397
GRENOBLE	697	484	499	501	651	537
MARSEILLE	835	694	684	711	788	725
NICE	1036	823	838	840	990	876
RENNES	125	255	252	284	177	211
ROUEN	282	230	293	199	286	267
STRASBOURG	746	579	642	523	700	637

En route pour le Val de Loire

Ces touristes sont en route pour le Val de Loire.

1 Mme Schieber a quitté Strasbourg ce matin en voiture. Elle doit faire 523 km pour arriver à sa destination. *Où va-t-elle?*

2 Claude et Françoise Deladier ont quitté Paris en autocar. *Combien de kilomètres doivent-ils faire pour arriver à Tours?*

3 Marc Dupont a quitté Rennes en moto. Il doit faire 255 kilomètres pour arriver à sa destination. *Où va-t-il?*

4 M. Lagrange veut aller de Calais à Saumur. *Combien de kilomètres doit-il faire?*

5 Christophe et Jean-Pierre vont de Marseille à Tours. *Combien de kilomètres doivent-ils faire?*

6 La famille Masson a quitté Bordeaux en voiture. Elle doit faire 317 kilomètres pour arriver à sa destination. *Où va-t-elle?*

7 Nicole va de Rouen à Loches. *Combien de kilomètres fera-t-elle?*

8 Luc va de Cherbourg à Saumur. *Combien de kilomètres fera-t-il?*

9 M. Fritsch a quitté Strasbourg à neuf heures du matin en voiture. Il roulera à une vitesse moyenne de 70 km/h. *À quelle heure arrivera-t-il à Saumur?*

10 Mme Legrand a quitté Dijon à huit heures du matin. Elle roulera à 70 km/h de moyenne. *Quand arrivera-t-elle à Blois?*

À LA STATION-SERVICE

Alain Chevaillon est un jeune lycéen, qui travaille le dimanche à la station-service de son père. Il aime beaucoup ça, parce qu'il rencontre beaucoup de monde – et il gagne de l'argent, bien sûr!

1 **Alain:** Bonjour, Madame.
Dame: Bonjour, Monsieur. 25 litres de super, s'il vous plaît.
Alain: 25 litres de super . . .
Voilà, Madame, c'est tout?
Dame: Voulez-vous vérifier l'eau, s'il vous plaît?
Alain: Oui, Madame . . .
Oui, l'eau, ça va.
Dame: Voilà. Et gardez la monnaie.
Alain: Merci bien, Madame.
Au revoir et bonne route.

2 **Alain:** Bonjour, Monsieur.
Super ou ordinaire?
Client: 75 francs d'ordinaire, s'il vous plaît.
Alain: 75 francs d'ordinaire.
Client: Et voulez-vous vérifier l'huile, s'il vous plaît?

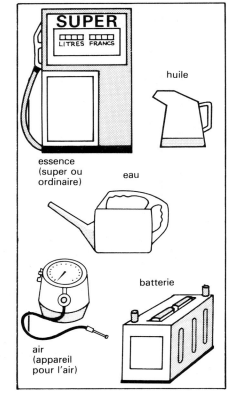

SUPER
LITRES FRANCS

essence
(super ou
ordinaire)

huile

eau

air
(appareil
pour l'air)

batterie

Alain: Ah, il vous manque un peu d'huile, Monsieur. Je vous en mets un demi-litre?
Client: Oui, merci. Je vous dois combien?
Alain: Ça fait 84 francs, Monsieur.
Client: Voilà 100 francs.
Alain: Et votre monnaie . . . voilà. Au revoir, Monsieur; bonne route.
Client: Merci, au revoir.

3 **Alain:** Bonjour, Madame.
Dame: Bonjour, Monsieur. Le plein, s'il vous plaît.
Alain: Voilà . . . 80 francs.
Dame: Pouvez-vous vérifier la pression des pneus, s'il vous plaît?
Alain: Oui, avancez un petit peu, s'il vous plaît.
. . . . . .
Voilà, Madame. Les pneus, ça va.
Dame: Merci.
Alain: Au revoir, Madame.

Mots et expressions utiles

Voulez-vous Pouvez-vous	vérifier	l'eau, l'huile, la pression des pneus,	s'il vous plaît?
Avancez Reculez	un peu		

Ma voiture est en panne. Pouvez-vous envoyer un mécanicien? J'ai un pneu crevé.

20 litres d'ordinaire
100 francs de super
Le plein, s'il vous plaît.

Practise buying petrol

Ask for the following:

1 50 francs of *super*
2 35 litres of *super*
3 20 litres of *ordinaire*
4 75 francs of *super*
5 25 litres of *super*
6 100 francs of *super*
7 40 francs of *ordinaire*
8 30 litres of *super*
9 a full tank
10 80 francs of *super*

Maintenant à vous!

Vous arrivez à une station-service.
(Ask for 100 francs of super*)*
— Voilà.
(Ask the attendant to check the tyres)
— Oui, avancez un peu, s'il vous plaît. Les pneus, ça va; je vérifie aussi l'huile et l'eau?
(Say yes please)
— L'eau, ça va . . . mais il manque un peu d'huile. Je vous en mets un demi-litre?
(Say yes, half a litre will be okay. Then, ask how much you owe)
— Voyons, 100 francs d'essence, l'huile c'est 24 francs. Ça fait 124 francs en tout.
(Give him 130 francs and tell him to keep the change)
— Merci beaucoup. Au revoir, et bonne route!

TARIF STATION-SERVICE

MAIN D'ŒUVRE de la VIDANGE MOTEUR BOITE et PONT } **GRATUITE**

GRAISSAGE COMPLET, VERIFICATION NIVEAUX

2 à 5 cv	20.00
5 cv et plus	30.00
MONTAGE	
AUTO-RADIO SIMPLE	60.00
„ „ à ENCASTRER	90.00
KLAXON	35.00
PHARES à IODE	40.00
ANTENNE ELECTRIQUE	25.00
„ ORDINAIRE	15.00
EQUILIBRAGE des 4 ROUES	25.00
REPARATION ROUE	10.00
MONTAGE D'UN PNEU	8.00

La famille Leclerc part en vacances

1 C'est quel jour?
2 Qui charge la voiture?
3 Que fait M. Leclerc?

1 Où sont les Leclerc?
2 Combien M. Leclerc doit-il payer?
3 Qu'est-ce qu'il fait ensuite?

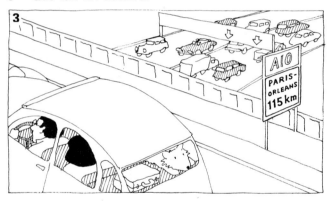

1 Est-ce que la famille prend l'autoroute?
2 Quelle est leur destination?
3 Est-ce que c'est loin?

1 Où vont les Leclerc d'abord?
2 Qui descend de voiture?
3 Qu'est-ce qu'elle a réservé?

1 Où vont-ils ensuite? Pourquoi?
2 Où s'installent-ils?
3 Qu'est-ce qu'ils mangent?

1 Quand est-ce qu'ils arrivent à l'hôtel?
2 Comment s'appelle l'hôtel?
3 Est-ce qu'ils ont déjà réservé des chambres?

Vous cherchez un hôtel?

En France, on trouve des hôtels de toutes sortes: des petits hôtels simples à prix modérés aux grands hôtels de luxe, 5 étoiles. Pour trouver un hôtel qui vous convient, vous pouvez demander

Normalement toutes les chambres ont au moins un lavabo. Quelquefois vous devez payer un supplément pour prendre une douche ou un bain.

HOTEL D'AUJON ★ ★ N N

FLAINE 74300 CLUSES

Prix par Personne et par jour, Service et taxes compris

Chambre No. 614 occupée par	HAUTE SAISON 20-12 - 4-1 7-2 - 22-2 28-3 - 19-4		MOYENNE SAISON 22-2 - 28-3		BASSE SAISON 4-1 - 7-2 19-4 - 26-4	
	Ch & Pet Déj	Pens Compl	Ch & Pet Déj	Pens Compl	Ch & Pet Déj	Pens Compl
1 Personne	145	235	120	195	100	165
2 Personnes	110	200	85	160	65	130

● Pension Complète dans la limite des places disponibles

Prix Petit Déjeuner . . . . 13 Fr.

Supplément Petit Déjeuner en Chambre . . . . 3 Fr.

Nous prions notre aimable Clientèle de bien vouloir libérer la chambre avant midi Merci.

une liste d'hôtels de la région à l'Office de Tourisme ou consulter un guide comme le Guide Michelin ou le Guide des Logis de France.

Le prix de la chambre doit être obligatoirement affiché au mur de la chambre. Souvent le petit déjeuner n'est pas compris dans le prix. On peut choisir une chambre avec cabinet de toilette ou une chambre avec salle de bains ou douche.

Dans certains hôtels on sert le petit déjeuner dans la chambre, surtout si l'hôtel n'a pas de restaurant. On peut le commander par téléphone ou à la réception, ou quelquefois, dans de grands hôtels, on vous donne une fiche à remplir.

Le jour de votre départ, n'oubliez pas de prévenir la réception le matin, généralement avant onze heures. Sinon, vous risquez d'avoir à payer une nuit de plus pour la chambre.

★ Six hôtels de Tours ★

**** MERIDIEN

292, av. de Grammont – Télex 750922 – Tél. 28-00-80 – 125 ch. – (200F et 265F à 280F) S.T. compris – Petit déj. (23F) Bar – Rôtisserie – 3 salles de 300 pers., climatisation, insonorisation – Piscine et tennis dans les jardins – Séminaires – Possibilité de golf – Parking – Lang. étr. – Change – Ouvert toute l'année – Night-club.

*** UNIVERS

Hôtel-Bar-Restaurant – 5 bd Heurteloup – Centre ville – Tél. 05-37-12 – Télex 750806 ref. 119 – 96 ch. (80F à 191F et 98F à 220F) nets – Petit déj. (18F) nets – 71 ch. avec bains et w.-c. – 20 ch. w.-c. – 2 salles de réunion de 50 pers. – 1 salle de 30 pers. – Séminaires – Change – Lang. étr. – Chiens – Asc. – Garage Ouvert toute l'année.

** ARMOR

Hôtel – Logis de France – 26 bis. boul. Heurteloup – Centre ville – Téléph.: 05-24-37 – Télex: 750008 Armor – 50 ch. (70F à 160F à 180F) S.T. compris – Petit déj. (14F) S.T. compris – 17 douches – 18 sb – Asc. – Garage (12F) – Parking – Change – Lang. étr. – Equitation

** TERMINUS

Hôtel-Bar – Logis de France – 7, rue de Nantes – Centre ville (Gare) – Tél. 05-06-24 – 54 ch. – 6 sb. – 39 douches – Ascenseur – 25 ch. avec w.-c. – Ch. (41F à 135F) S.T. compris – petit déj. (6F à 12F) S.T. compris – Tél. dans les chambres – Calme – Salon de télévision.

* LA COUPOLE

Hôtel – 32, av. de Grammont – Centre ville – Tél. 01-15-28 – Ch. tout confort (douches, w.c. privés, téléphone) – Ch. (45F80 à 63F et 80F70 à 105F 20) S.T. compris Petit déj. (7F 65) – Installation sécurité alarme hôtel – Pas de chiens.

* HOTEL VAL-DE-LOIRE

Hôtel – 33, boulevard Heurteloup (centre gare) – Tél. 05-37-86 – 14 ch. (30F à 53F et 40F à 68F) S.T. compris – Petit déj. (9F) S.T. compris – Lang. étr: anglais et italien.

A Look at the details of the hotels and work out what the following could mean:

1 Petit déj.
2 S.T. compris
3 Lang. étr.
4 20 ch.
5 5 sb.
6 Tél. dans les chambres
7 Change
8 Asc.
9 Calme
10 Pas de chiens
11 Ouvert toute l'année
12 Centre ville (gare)

B 1 Quel hôtel a le plus grand nombre de chambres?
2 Quel hôtel est le moins cher?
3 Est-ce qu'il y a un restaurant à l'hôtel Univers?
4 Quel hôtel a une piscine?
5 Est-ce qu'on parle des langues étrangères à l'hôtel Val-de-Loire?
6 Est-ce que les chiens sont admis à l'hôtel de la Coupole?

7 Où se trouve l'hôtel Terminus?
8 C'est combien le petit déjeuner à l'hôtel Univers?
9 Dans quels hôtels est-ce qu'on peut changer de l'argent?
10 Est-ce qu'il y a un parking à l'hôtel Armor?

C Look at the list of hotels, and try to recommend one for the following people. Then write a brief description of each hotel you recommend, to give them an idea.

1 Your Aunt Maude is very rich, she likes to do things in style, but she doesn't like sport. She'd like to take her dog with her.
2 Your friend Jim likes to do things as cheaply as possible, but doesn't like camping or youth hostelling.
3 Your neighbour and his family don't want to spend too much, but would like somewhere where English is spoken – and where there's a car park.
4 Your cousin, Jane, would like somewhere near the station and where there's a TV room.

À l'hôtel Terminus

La famille Leclerc arrive à Tours et s'arrête à l'hôtel Terminus. M. Leclerc entre dans l'hôtel.

M. Leclerc: Bonjour, Mademoiselle. Avez-vous des chambres de libres?

Réceptionniste: Oui, Monsieur. Qu'est-ce que vous voulez comme chambres?

M. Leclerc: Je voudrais une chambre avec un grand lit pour deux personnes et une chambre à deux lits.

Réceptionniste: Très bien. Il y a la chambre 10 avec cabinet de toilette et la chambre 16 avec douche. Ça va?

M. Leclerc: Elles sont à combien?

Réceptionniste: 65 francs pour la chambre avec cabinet de toilette et 100 francs pour la chambre avec douche.

M. Leclerc: Oui, ça va. Et nous avons un chien.

Réceptionniste: Pas de problème. Vous restez combien de nuits?

M. Leclerc: Deux nuits.

Réceptionniste: Venez par ici, Monsieur. Je vais vous montrer les chambres.

Find the French

1. Have you any free rooms?
2. A room with a double-bed.
3. A room with twin beds.
4. How much are they?
5. A room with a shower.
6. No problem.
7. How long are you staying?
8. Come this way.

Match them up!

1	rez-de chaussée	**a)**	full board
2	ascenseur	**b)**	in case of fire
3	sortie de secours	**c)**	full
4	en cas d'incendie	**d)**	ground floor
5	complet	**e)**	service and VAT included
6	douche	**f)**	lift
7	pension complète	**g)**	basement
8	sous-sol	**h)**	emergency exit
9	demi-pension	**i)**	shower
10	service et taxes compris	**j)**	breakfast and evening meal

Practise booking a room

Je voudrais Avez-vous	une chambre pour	une deux trois	personne(s)

avec	salle de bains douche	pour	une deux trois etc	nuit(s)? semaine(s)?

Book the following accommodation:

1. a single room with a shower for three nights
2. a double room for one night
3. a room for three people with a bath for a week
4. a single room with bath for five nights
5. a double room with shower for two nights
6. a single room for two weeks
7. a room for three people for one night
8. a double room with bath for a week

À la réception

Il y a du monde à la réception ce soir.

Dame: La clef numéro 11, s'il vous plaît.
Réceptionniste: Voilà, Madame.

Monsieur: Est-ce qu'il y a un restaurant à l'hôtel?
Réceptionniste: Non, Monsieur. Mais il y a un petit restaurant au coin de la rue où on mange très bien.

Jeune fille: Le petit déjeuner est à quelle heure, s'il vous plaît?
Réceptionniste: De sept heures à neuf heures, Mademoiselle.

Monsieur: Pouvez-vous me réveiller à huit heures demain matin?
Réceptionniste: Oui, Monsieur.

Dame: Est-ce qu'il y a un parking à l'hôtel?
Réceptionniste: Non, Madame, mais vous pouvez stationner devant l'hôtel ou sur le trottoir en face.

Monsieur: L'hôtel ferme à quelle heure, le soir?
Réceptionniste: À minuit, Monsieur. Si vous rentrez plus tard, gardez vos clefs. La petite clef ouvre la porte de l'hôtel.

Jeune fille: La télévision dans le salon de télé ne marche pas.
Réceptionniste: Ah, bon. On va s'en occuper.

Jeune homme: Avez-vous une chambre de libre pour ce soir?
Réceptionniste: Je suis désolé, Monsieur, l'hôtel est complet.

What do you know about this hotel?

1. Has it got a restaurant?
2. When is breakfast served?
3. Is there a car park?
4. When does the hotel close at night?
5. Is there a TV room?

Maintenant à vous!

1 Vous êtes arrivé à l'hôtel de la Coupole.

(Ask if they have a room for one person.)
– Avec salle de bains ou douche?
(Say with a shower)
– C'est pour combien de nuits?
(Two nights. Ask how much it is)
– C'est 65 francs par jour.
(Say that's okay. Ask at what time the hotel closes at night)
– À minuit.

2 Vous êtes arrivé à l'hôtel Moderne.

(Ask if they have a room for two people)
– Oui. Nous avons une chambre à deux lits avec salle de bains à 130 francs. Ça vous va?
(Say it's a bit expensive. Ask if they have anything cheaper)
– Un instant . . . oui, il y a une chambre au troisième étage avec cabinet de toilette à 80 francs.
(Say you'll take that one. Ask if there's a restaurant at the hotel)
– Oui, le restaurant est ouvert le soir, à partir de sept heures jusqu'à onze heures.

3 Vous êtes arrivé à l'hôtel Balzac.

(Ask if they have a room free for tonight)
– Je suis désolé, mais l'hôtel est complet.
(Ask if there's another hotel nearby)
– Vous avez essayé l'hôtel du Théâtre?
(Say, no, and ask where it is)
– Sortez d'ici et tournez à droite. C'est dans la même rue, un peu plus loin.
(Say thank you and good-bye)

Avez-vous bien compris?

Look at these notices, which you might see in a hotel in France, and see if you can work out the answers to the questions.

Hôtel d'Aujon

If you want breakfast in your room, you can complete this form and fix it to the door handle outside.

1. Do you pay extra to have breakfast in your room?
2. You have a choice of six different hot drinks. Name four of them.
3. What else would you get for breakfast?
4. You have to say when you want breakfast and how many people you're ordering for, but what other information do you have to give? (2 things)
5. At what time is breakfast served in the restaurant?

HOTEL D'AUJON

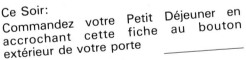

Ce Soir:
Commandez votre Petit Déjeuner en accrochant cette fiche au bouton extérieur de votre porte

N° de Chambre _____

Nom en majuscules . . . .
Nombre de personnes . . . .
Servez entre . . . h. et . . . h.

PETIT DÉJEUNER COMPLET

Café nature _____ Thé au lait _____
Café au lait _____ Chocolat _____
Thé citron _____ Lait nature _____
avec pain, croissant, beurre et confiture
– Jus de Fruit

Petit Déjeuner servi au Restaurant de 8h à 9h30
servi en Chambre: supplément 3F par personne _____

Signature du Client _____

HOTEL DE BORDEAUX

Les Services de l'hôtel

La direction de l'HOTEL DE BORDEAUX vous souhaite la bienvenue et se permet d'attirer votre attention sur quelques points d'organisation intérieure de l'hôtel.

TÉLÉPHONE – Vous pouvez utiliser le téléphone aussi bien pour le service que pour vos communications avec l'extérieur.

ARTICLES DE VALEUR – Nous ne répondons que des bijoux, valeurs ou espèces déposés contre reçu à la caisse.

PETITS DÉJEUNERS – Peuvent être servis à partir de 7 heures soit à la chambre, soit au restaurant.

CLEFS – N'oubliez pas de remettre votre clef au bureau avant de partir.

CHANGE – Les chèques de voyage sont acceptés, ainsi que les devises étrangères.

DÉPART – Le jour de votre départ, soyez aimable de prévenir la Réception avant midi.

Hôtel de Bordeaux

1. How early could you have breakfast?
2. Could you pay the bill with travel cheques?
3. By what time, on the day you intend to leave, are you asked to inform the hotel of your departure?
4. Can you use the telephone in your room to make outside calls?
5. If you lose a valuable diamond ring, which you didn't leave in the hotel safe (la caisse), will the hotel accept responsibility for it?

La parole aux jeunes

Où habitez-vous? Dans une grande ville, dans un petit village, à la campagne? Et, que pensez-vous de votre ville, de votre quartier, de votre village? Faites la connaissance de ces quatre jeunes Français, qui habitent tous dans le Val de Loire.

Thérèse Giraud

Moi, j'habite à Tours, dans une HLM. Notre appartement se trouve dans un grand immeuble à douze étages et nous habitons au douzième. C'est pas drôle, ça, parce qu'on a toujours peur de tomber. Mes deux petites sœurs ne peuvent pas jouer sur le balcon (maman ne leur permet pas). Pour descendre il faut prendre l'ascenseur, et les jours où l'ascenseur ne marche pas, il y a douze étages d'escalier! L'appartement est assez petit. Il y a cinq pièces: la cuisine, la salle de séjour, la salle de bains et deux chambres. On ne voit presque jamais les voisins, et j'ai peu d'amis dans l'immeuble. Vous voyez donc pourquoi je ne suis pas très contente d'habiter ici.

Bruno Lagorce

J'habite dans la banlieue d'Orléans. Nous avons une maison individuelle à environ 4 kilomètres du centre de la ville. Tous les jours je vais au collège en vélo, mais quand je vais en ville, je prends

l'autobus ou, s'il fait beau, j'y vais à pied. Orléans est une grande ville, avec beaucoup de distractions. Moi, je vais surtout au cinéma, mais il y a aussi de bonnes discothèques, et deux ou trois clubs de jeunes. J'aime beaucoup la ville et la région, car il y a pas mal de choses à voir.

Isabelle Trichard

Nous habitons dans un village, à la campagne, pas loin de Blois. C'est joli, mais il n'y a pas grand'chose à faire – pas de cinémas, pas de discothèques, pas de club de jeunes, seulement une piscine, qui se trouve à 3 kilomètres. Pour aller en ville, c'est difficile. Il n'y a qu'un autobus par jour. Quelquefois papa m'emmène en ville en voiture – mais pas très souvent. À mon avis, c'est trop tranquille ici.

Philippe Rochas

J'habite à la campagne, dans un village qui s'appelle Durtal et qui se trouve dans la vallée du Loir. Je trouve que c'est formidable d'habiter dans un village, parce que je connais tous les habitants,

et il y a beaucoup de choses à faire. Mes copains et moi, nous faisons des promenades dans la forêt, nous allons à la pêche, nous faisons du vélo.
Quelquefois, s'il y a un bal ou une fête dans un village voisin, nous y allons en moto.
Oui, en général nous nous amusons très bien chez nous.

Répondez pour Thérèse:
1 Où habites-tu?
2 Habites-tu dans un appartement ou une maison?
3 Est-ce que c'est un grand appartement? Combien de pièces y a-t-il?
4 Quels sont les désavantages d'habiter au douzième étage?
5 Est-ce que tu aimes habiter là?

Posez des questions à Bruno. Voilà ses réponses:
1 J'habite dans la banlieue d'Orléans.
2 C'est à environ 4 kilomètres du centre.
3 Oui, à Orléans il y a beaucoup de distractions: des cinémas, des discothèques, des clubs de jeunes etc.
4 Non. On habite ici depuis trois ans seulement.
5 Oui, j'aime beaucoup la ville et la région.

Répondez pour Isabelle:
1 Est-ce que tu habites dans une ville ou dans un village?
2 C'est près de quelle ville?
3 Est-ce que c'est facile d'aller en ville?
4 Qu'est-ce qu'il y a comme distractions à la campagne?
5 Est-ce que tu préfères habiter en ville ou à la campagne?

Posez des questions à Philippe. Voilà ses réponses:
1 J'habite à Durtal, c'est un village.
2 C'est dans la vallée du Loir.
3 Oui, j'aime beaucoup habiter à la campagne.
4 Parce qu'on peut faire des promenades à pied at en vélo, aller à la pêche, et même aller à la chasse.
5 Oui, on a toujours habité ici.

LES JEUNES ET LEUR ENVIRONNEMENT

«... et maintenant, un nouveau programme: les jeunes et leur environnement. Dans ce programme vous allez apprendre quelque chose sur la vie des jeunes d'aujourd'hui, et surtout sur leur environnement — c'est-à-dire sur la ville ou le village où ils habitent. Pour cela je vais poser à chacun de nos amis une série de questions très précises... vous allez voir. Commençons, donc, par ...»

— Valérie Legrand.
— Eh, bien, Valérie, où habitez-vous?
— J'habite à Saumur.
— Où se trouve Saumur exactement?
— Dans le centre de la France, à peu près; au bord de la Loire.
— Vous habitez au centre même de la ville?
— Non, j'habite dans la banlieue, à 3 kilomètres du centre.
— Quels sont les produits principaux de la région?
— Il y a les vins de Saumur, et les célèbres champignons qu'on cultive dans des caves.
— Et qu'est-ce qu'il y a d'intéressant à Saumur?
— Eh bien, il y a le château, naturellement, et l'École Nationale d'Équitation. Et la Loire, bien entendu.
— Saumur est donc une ville touristique plutôt qu'industrielle?
— Oui, en été, surtout, il y a beaucoup de touristes.

— Et dans votre ville, qu'est-ce qu'il y a d'intéressant pour les jeunes?
— Ce n'est pas très intéressant pour les jeunes. Il y a une discothèque, le cinéma, et des clubs de jeunes, mais ce n'est pas grand'chose — c'est trop tranquille pour moi.
— Enfin, Valérie, est-ce que vous aimez Saumur, ou est-ce que vous ne l'aimez pas?
— Bof, je n'sais pas; enfin ... oui ... en général, j'aime habiter à Saumur.
— Merci, Valérie Legrand.

Et maintenant, on passe à ... ?
— Jules Rochas.
— Eh bien, Jules, où habitez-vous?
— J'habite à Olivet.
— Où se trouve Olivet exactement?
— Aux environs d'Orléans, à 5 kilomètres à peu près.
— Il y a combien d'habitants à Olivet?
— Très peu, mais à Orléans il y en a plus de deux cent mille, je crois.
— Quels sont les produits principaux de la région?
— On y cultive des fleurs, des légumes, des fruits ...
— Et qu'est-ce qu'il y a à Olivet?
— Eh bien, il y a des moulins — oui, des moulins — et puis on peut aller à la pêche et se baigner dans la rivière.
— Et qu'est-ce qu'il y a comme distractions?
— Il n'y en a pas beaucoup.

Il y a surtout les sports, les activités de plein air; mais pour les cinémas, les discothèques etc., il faut aller à Orléans.
— Enfin, Jules, est-ce que vous aimez Olivet, ou est-ce que vous ne l'aimez pas?
— Oui, je l'aime beaucoup. Je suis très content d'habiter à Olivet.

C'est à vous!

1 Où habitez-vous?
2 C'est où exactement?
3 Combien d'habitants y a-t-il environ?
4 Si vous habitez en ville, habitez-vous dans le centre même?
5 Est-ce qu'il y a des industries?
6 Quelles sont les activités principales de la région?
7 Est-ce qu'il y a des monuments ou des curiosités touristiques près de chez vous?
8 Quelles sont les principales distractions, ou est-ce qu'il n'y en a pas?
9 Qu'est-ce qu'il y a d'intéressant pour les jeunes?
10 Est-ce que vous êtes content d'y habiter?
   Si oui, pourquoi?
   Sinon, où aimeriez-vous mieux habiter?
   (J'aimerais mieux habiter à ...)

Écrivez une lettre à votre correspondant(e)

Chère Nicole,

J'ai bien reçu ta lettre et les cartes postales d'Angers. Merci beaucoup. C'est sûrement une ville très intéressante. J'espère pouvoir venir un jour.

Leeds n'est pas, comme Angers, une ville touristique, c'est plutôt une ville industrielle. Elle est située dans le Yorkshire à 200 miles environ de Londres. Est-ce que tu peux la trouver sur une carte?

Nous n'habitons pas loin du centre de la ville, dans un quartier qui s'appelle Headingley.

A Leeds, il y a une université et il y a beaucoup d'étudiants dans la ville. Comme distractions, il y a des cinémas, des théâtres, des discothèques, des parcs, des complexes sportifs etc. En ville, il y a beaucoup de magasins et un marché important. On ne peut pas dire que c'est une belle ville, mais je suis contente de vivre ici. J'ai beaucoup d'amis, et je sors assez souvent.

Je t'envoie une carte postale de Leeds et un dépliant sur le Yorkshire.

Ecris-moi bientôt,
Affectueusement
Susan

Practise writing a letter to your penfriend about the area where you live. Include some of the following:

1 Information about the size and situation of the town or village, where you live

C'est une	grande petite	ville de... habitants,

situé dans	le nord le sud l'ouest l'est le centre	de l'Angleterre de l'Ecosse de l'Irlande du Pays de Galles

Elle se trouve	près de ... à ... miles de ...

C'est un village dans la campagne. La ville la plus proche s'appelle ...

2 Information about any tourist features or general facilities in the area

Près de ... il y a	un aéroport/un château/un musée/une cathédrale/une université/un grand parc
À ... il y a	beaucoup de grands magasins

3 Information about entertainment facilities

Comme distractions, il y a un cinéma, un théâtre, un club de jeunes, une piscine, un complexe sportif, un zoo, un stade.

Il n'y a pas beaucoup de distractions.

4 Don't forget to say what you think about the area where you live

Je suis content(e) de vivre ici.
Je m'amuse bien ici.
À mon avis, c'est trop tranquille ici.
Je trouve qu'il n'y a pas assez de distractions.
Je trouve que nous habitons trop loin de ...

ÊTES-VOUS
UN BON COPAIN?

Faites ce jeu-test pour le savoir.
Solution page 127.

Votre meilleur copain:

1 Le jour de son anniversaire, est-ce que vous pensez à lui?
a) Oui, je lui envoie toujours une carte.
b) Oui, je lui achète un cadeau.
c) Si je le vois, je lui souhaite un bon anniversaire.

2 S'il ne sait pas faire ses devoirs, est-ce que vous l'aidez à les faire?
a) Non, je ne l'aide jamais.
b) Oui, je les fais, s'il a déjà essayé de les faire lui-même.
c) Oui, je les fais toujours pour lui.

3 S'il a des problèmes avec ses parents, est-ce que vous l'aidez?
a) Oui, je l'aide, si je peux.
b) Oui, je l'aide toujours.
c) Non, je ne l'aide jamais.

Est-ce que vous lui prêtez vos disques?
a) Non, je ne prête jamais mes disques.
b) Oui, je lui prête souvent mes disques.
c) Quelquefois, mais seulement mes vieux disques.

5 S'il joue dans un match, allez-vous le voir?
a) Je vais toujours le voir.
b) Je ne vais jamais le voir.
c) Oui, je vais le voir, si ce n'est pas loin.

Votre meilleure copine:

6 Si elle vous parle de ses problèmes, est-ce que vous l'écoutez?
a) Oui, je l'écoute, si je ne suis pas trop pressé(e).
b) Non, je ne l'écoute pas; ses problèmes sont trop compliqués.
c) Oui, je l'écoute attentivement.

7 Si elle fait quelque chose de stupide, est-ce que vous la critiquez?
a) Non, j'oublie tout de suite la chose.
b) Oui, je la critique gentiment.
c) Oui, je la critique, si je suis de mauvaise humeur.

8 Si elle est en retard pour un rendez-vous, l'attendez-vous?
a) Oui, je l'attends plus d'une demi-heure.
b) Oui, je l'attends deux ou trois minutes.
c) Non, je l'attends pas.

9 Si vous rentrez de vacances, est-ce que vous lui rapportez un cadeau?
a) Oui, je lui rapporte toujours un beau souvenir.
b) Oui, s'il me reste de l'argent.
c) Non, je ne lui rapporte rien.

10 Si elle est malade, est-ce que vous allez la voir?
a) Oui, je vais la voir le plus tôt possible.
b) Non, je ne vais pas chez elle, mais je lui téléphone ou je lui écris.
c) Non, je n'aime pas voir les gens qui sont malades.

Vos autres copains et copines:

11 Quand vous partez en vacances, est-ce que vous leur écrivez?
a) Oui, je leur envoie toujours une carte postale.
b) Oui, je leur écris, si j'ai le temps.
c) Non, je n'ai jamais le temps de leur écrire.

12 S'ils veulent sortir le soir, est-ce que vous les accompagnez?
a) Je les accompagne, si je n'ai rien d'autre à faire.
b) Non, je n'aime pas sortir avec eux.
c) Oui, je les accompagne si possible.

In the **jeu-test** you will notice several examples of object pronouns. Work out what the following mean:

5 **b)** Je ne vais jamais *le* voir.
7 **b)** Oui, je *la* critique gentiment.
12 **c)** Oui, je *les* accompagne si possible.
4 **b)** Oui, je *lui* prête souvent mes disques.
9 **c)** Non, je ne *lui* rapporte rien.
11 **a)** Oui, je *leur* envoie toujours une carte postale.

Now, look at these sentences and work out what the words in italics mean.

1 Ma copine *me* prête souvent les magazines.
2 Je *vous* téléphonerai ce soir.

3 Je *t'*ai vu en ville, ce matin.
4 Je passerai *te* chercher à huit heures. Ça va?
5 Je *vous* dois combien?
6 Papa *nous* emmène en ville, ce matin.
7 Est-ce que tu peux *m'*envoyer des timbres?

me (or **m'**)	*me, to* or *for me*
te (or **t'**)	*you, to* or *for you*
nous	*us, to* or *for us*
vous	*you, to* or *for you*

Practise using these new pronouns in the exercises on the following pages.

J'ai de bons copains

Complete the following correctly:

1 Si je suis malade,
2 Si je n'ai pas assez d'argent pour sortir,
3 S'ils partent en vacances,
4 Si mon électrophone ne marche pas,
5 Si j'ai soif,
6 Si j'ai des problèmes,
7 Si je veux aller au cinéma,
8 Le jour de mon anniversaire,
9 Si je veux lire un livre qu'ils ont,
10 Si je leur écris,

a) ils m'invitent à boire quelque chose.
b) ils me répondent tout de suite.
c) ils me prêtent le livre.
d) ils viennent me voir.
e) ils m'accompagnent.
f) ils me prêtent de l'argent.
g) ils me disent «bon anniversaire».
h) ils m'aident à le réparer.
i) ils m'écoutent.
j) ils m'envoient une carte postale.

Les bons comptes font les bons amis

Au lycée Henri IV à Poitiers, on organise un voyage de trois jours au Val de Loire. Ça coûte 150 francs par élève.

Vous êtes le professeur. Dites à tous les élèves combien ils vous ont payé et combien ils vous doivent.

Exemple: 1 Annette, tu m'as payé 70 francs. Tu me dois encore 80 francs.

```
VOYAGE AU VAL DE LOIRE
                          Payé
1 ANNETTE . . . . 40F+30F
2 BRUNO . . . . . 60F
3 CATHERINE . . . 25F+25F
4 DANIEL . . . . 80F
5 ERIC . . . . . 70F
6 ODILE . . . . 20F+20F
7 JEAN . . . . . 65F
8 SYLVIE . . . . 90F
          (150F par élève)
```

Questions et réponses

Écrivez-les correctement.

1 – Philippe, je . . . parle. Tu m'entends?
   – Oui, je . . . entends, maman.

2 – Tu me téléphoneras, ce soir?
   – Oui, je . . . téléphonerai après huit heures.

3 – Tu ne m'as pas vu, ce matin, en voiture?
   – Non, je ne . . . ai pas vu.

4 – Peux-tu me prêter 10 francs, s'il te plaît?
   – Bien sûr. Je . . . prête 10 francs avec plaisir.

5 – Au revoir et passez de bonnes vacances en Angleterre.
   – Merci, je . . . enverrai une carte postale de Londres.

6 – Hmm, il est excellent, ce pâté!
   – Tu en veux encore? Passe-moi ton assiette et je vais . . . servir.

7 – On va au cinéma ce soir, n'est-ce pas?
   – Oui, d'accord. Je . . . attendrai devant le cinéma à huit heures et demie.

8 – C'est mon anniversaire, demain.
   – Je le sais, et je . . . ai acheté un petit cadeau.

9 – Eh bien, Nicole, tu me donnes un bonbon?
   – Oui, je . . . donne un bonbon, mais un seulement.

10 – Tu sais quelle heure il est? Combien de verres as-tu bu?
   – Mais chérie, je . . . assure que je n'ai pas bu, ce soir.

Trouvez la bonne réponse

1 Qu'est-ce que vos amis vous envoient à Noël?
   a) Ils nous envoient des cartes.
   b) Ils t'envoient des cartes.
   c) Ils leur envoient des cartes.

2 Qu'est-ce que le facteur nous apporte?
   a) Il t'apporte du courrier.
   b) Il nous apporte du courrier.
   c) Il lui apporte du courrier.

3 Qu'est-ce que le professeur leur a montré?
   a) Il m'a montré des diapositives.
   b) Il leur a montré des diapositives.
   c) Il nous a montré des diapositives.

4 Qui t'a prêté ce disque?
   a) C'est Jean-Pierre, qui lui a prêté ce disque.
   b) C'est Jean-Pierre, qui m'a prêté ce disque.
   c) C'est Jean-Pierre, qui nous a prêté ce disque.

5 Qui lui a donné ce livre?
   a) Mon frère lui a donné ce livre.
   b) Mon frère leur a donné ce livre.
   c) Mon frère t'a donné ce livre.

6 Quand est-ce qu'ils viennent te voir?
   a) Ils viennent les voir samedi.
   b) Ils viennent me voir samedi.
   c) Ils viennent la voir samedi.

7 Qui va m'emmener en ville?
   a) Maman va les emmener en ville.
   b) Maman va t'emmener en ville.
   c) Maman va l'emmener en ville.

8 Qu'est-ce que tes parents leur ont donné comme cadeau de mariage?
   a) Ils nous ont donné des verres.
   b) Ils leur ont donné des verres.
   c) Ils lui ont donné des verres.

Dialogues

Complétez les phrases avec **me (m') te (t') lui, nous, vous.**

1 Dans la rue

– Ça . . . intéresse d'aller au cinéma, ce soir. On passe le nouveau film de Woody Allen.
– Oui, je veux bien. Tu peux venir . . . chercher?
– Bien sûr. Je viendrai . . . chercher vers huit heures.

2 À l'hôtel

– Oui, Monsieur. On peut . . . donner la chambre douze avec salle de bains.
– Très bien, merci. Vous pouvez . . . servir du thé dans notre chambre.
– Du thé pour deux personnes. Oui, Monsieur.

3 Au café

– Pardon, Mademoiselle, ça . . . dérange, si je me mets là?
– Qu'est-ce que je . . . sers, Madame?
– Un café crème, s'il vous plaît. (Le garçon . . . sert un café crème.)
– Je . . . dois combien?
– 3 francs, Madame.

À l'office de tourisme

– Bonjour, Mademoiselle. Pouvez-vous (**me/lui/te**) donner des renseignements sur la ville?
– Bien sûr, Monsieur. Je vais (**nous/vous/leur**) donner un plan de la ville et quelques dépliants.
– Merci beaucoup. Pouvez-vous (**vous/le/me**) dire où se trouve la cathédrale?
– Oui, Monsieur. Je vais (**me/t'/vous**) montrer ça sur le plan. (**Le/La/Les**) voilà.
– Ah oui. Est-ce qu'on peut (**vous/me/la**) visiter pendant toute la journée?
– Oui, plus ou moins. Regardez, je (**lui/vous/l'**) donne un dépliant avec les heures d'ouvertures de tous les monuments. (**Le/La/Les**) voici.
– Très bien. Je (**nous/vous/la**) remercie, Mademoiselle. Au revoir.

Pour visiter les monuments

Vous êtes employé à l'office de tourisme.
Renseignez ces touristes sur les heures de visite.

Exemple: 1 On peut la visiter entre 10h et 18h.

1 Quand est-ce qu'on peut visiter la cathédrale?

2 Et le château?

3 Et le Musée des Beaux-Arts?

4 Et le jardin botanique?

5 Et les ruines romaines?

6 Et la tour de l'horloge?

7 Et l'exposition «Tours et la Touraine».

8 Et la Maison de la Touraine?

9 Et le palais des sports?

10 Et l'abbaye?

la cathédrale: 10h à 18h
le château: 10h à 12h30 et 14h à 16h
le Musée des Beaux-Arts: 10h à 12h30 et 14h à 18h
le jardin botanique: 10h à 20h
les ruines romaines: 10h à 12h et 14h à 16h
la tour de l'horloge: 14h à 16h
l'exposition «Tours et la Touraine»: 10h à 12h30 et 14h30 à 17h
la Maison de la Touraine: 10h à 12h30 et 13h30 à 19h
le palais des sports: 9h à 22h
l'abbaye: 14h à 18h

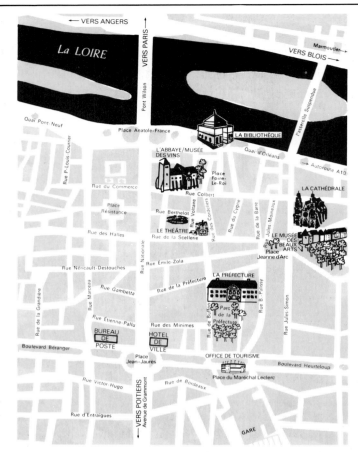

À TOURS

Regardez le plan de Tours et dites si ces phrases sont vraies ou fausses.

1 L'office de tourisme se trouve près de la gare.
2 La cathédrale se trouve en face du bureau de poste principal.
3 L'hôtel de ville se trouve au coin de la rue Nationale et du boulevard Heurteloup.
4 Le bureau de poste principal se trouve boulevard Béranger.
5 La bibliothèque se trouve boulevard Heurteloup.
6 L'abbaye se trouve près du musée des Vins.
7 Le Musée des Beaux-Arts se trouve en face de la cathédrale.
8 Le théâtre se trouve rue de Bordeaux.

Pour aller en ville

Vous êtes sur la Place Jean-Jaurès.
On vous demande des renseignements. Trouvez les bonnes réponses.

1 Pour la route d'Angers, s'il vous plaît?

2 La route de Poitiers, s'il vous plaît?

3 Pour aller à la cathédrale, s'il vous plaît?

4 Pour aller au Musée des Beaux-Arts, s'il vous plaît?

5 Pour aller au théâtre, s'il vous plaît?

6 Pour aller au bureau de poste, s'il vous plaît?

7 Pour aller à la gare routière, s'il vous plaît?

8 Pour aller à l'hôtel de ville, s'il vous plaît?

a) Descendez la rue Nationale et prenez la troisième rue à droite. Continuez jusqu'au bout et vous le verrez en face de vous.

b) C'est tout près, de l'autre côté de la place.

c) C'est là-bas. Vous le voyez? En face du bureau de poste.

d) Descendez l'avenue de Grammont et continuez tout droit.

e) Prenez le boulevard Heurteloup et continuez jusqu'à la rue Jules Simon. Tournez à gauche et continuez le long de la rue jusqu'à la place Jeanne d'Arc.

f) Ce n'est pas loin. Descendez le boulevard Heurteloup et vous la verrez sur votre droite. C'est place du Maréchal Leclerc.

g) Descendez la rue Nationale, traversez la Loire, puis tournez à gauche.

h) Descendez la rue Nationale, puis prenez la quatrième rue à droite. Il se trouve au coin de la rue de la Scellerie et la rue Voltaire.

Vous êtes à Tours

Vous êtes à Tours, mais vous êtes perdu! Demandez des renseignements.

Exemple: 1 Pour aller à la piscine, s'il vous plaît?

Êtes-vous un bon copain?
Solution

1	a) **3**	b) **5**	c) **0**
2	a) **0**	b) **5**	c) **3**
3	a) **3**	b) **5**	c) **0**
4	a) **0**	b) **5**	c) **3**
5	a) **5**	b) **0**	c) **3**
6	a) **3**	b) **0**	c) **5**
7	a) **5**	b) **3**	c) **0**
8	a) **5**	b) **3**	c) **0**
9	a) **5**	b) **3**	c) **0**
10	a) **5**	b) **3**	c) **0**
11	a) **5**	b) **3**	c) **0**
12	a) **3**	b) **0**	c) **5**

Maintenant, faites le total de vos points:

40 – 60 *Vous êtes un très bon copain.*

20 – 39 *Vous n'êtes pas parfait, mais vous êtes, quand même, un bon copain.*

0 – 19 *Vous avez des copains? Si vous voulez en avoir, il faut essayer d'être un meilleur copain.*

Cartes postales du Val de Loire

Cher Marc,

Nous voici enfin à Chambord ; papa, maman, Charlotte et moi. Cet après-midi, nous avons visité le château, qui est très impressionnant. C'est le plus grand de tous les châteaux de la Loire. Malheureusement, il n'y a pas grand'chose à l'intérieur, pas de jolis meubles, rien que de vastes salles. Après la visite du château, nous avons fait une belle promenade dans le parc. Demain, on reprend la route vers Blois. Papa dit qu'il veut voir tous les châteaux de la Loire, mais je ne sais pas s'il sait qu'il y en a plus de 100!

À bientôt,
Charles

Chère Sylvie,

On est arrivé à Blois hier soir. Nous avons trouvé un bon petit hôtel très confortable avec douche dans chaque chambre. Mais, j'ai dû dormir dans la même chambre que Charles, hélas!

Aujourd'hui, nous avons visité le château. Il est un peu sinistre. C'est là que le duc de Guise a été assassiné et que Marie de Médicis a été enfermée pendant deux ans. À part le château, Blois est célèbre pour ses asperges et ses chocolats. Nous espérons visiter la chocolaterie demain. Hmm!

Je t'embrasse,
Charlotte

Écrivez une carte postale vous-même

C'est le 18 mai. Voici ce que vous avez fait:

17 mai: Arrivée à Chenonceaux. Bel hôtel, jolie chambre, salon de télévision. Dîner dans un petit restaurant en face.

18 mai: Visite du château, très beau. Déjeuner en ville. Après-midi: promenade à la campagne.

19 mai: Espère continuer vers Tours.

All about nouns

Masculine and Feminine

You already know that people, animals, places and things are **nouns**:

château (*castle*) chambre (*room*)
hôtel (*hotel*)

and that in French, all nouns are *masculine* or *feminine*:

un château   **une** chambre   **un** hôtel
le château   **la** chambre   **l'**hôtel

Usually the word for 'a' or 'the' (the article) tells you whether the noun is masculine or feminine. Other words, which may go in front of the noun instead of *le* or *la* can also give you a clue about whether the noun is masculine or feminine:

ce château   **cette** chambre   **cet** hôtel
quel château **quelle** chambre **quel** hôtel
son château **sa** chambre   **son** hôtel

Nouns which describe people often have a special feminine form. You have already used some of these. Most follow one of these patterns.

1 For the feminine form, you add an -e:

un ami	une ami**e**
un Français	une Français**e**
un client	une client**e**
un employé de bureau	une employé**e** de bureau

2 If the masculine form ends in *-er*, you change this to *-ère*:

un ouvrier	une ouvri**ère**
un infirmier	une infirmi**ère**

3 a) Many masculine nouns which end in *-eur*, have a feminine form ending in *-euse*:

un coiffeur	une coiff**euse**
un vendeur	une vend**euse**

b) However, a few have a feminine form ending in *-rice*:

un moniteur de ski	une monit**rice** de ski
un instituteur	une institut**rice**

4 To convert some masculine nouns, you double the last letter and add an -e. (This is common with nouns which end in *-n*):

un lycéen	une lycée**nne**
un Parisien	une Parisie**nne**

5 The feminine forms of some masculine nouns don't follow any clear pattern. You just have to try and remember these:

un copain	une copine
un roi	une reine

Remember, not all nouns referring to people have different masculine and feminine forms:

un touriste	une touriste
un élève	une élève
un enfant	une enfant

Cherchez les mots!

Find the feminine form for each of these nouns and write it out.

1 l'Allemand
2 un cousin
3 un étudiant
4 le Canadien
5 le chanteur
6 le directeur
7 le patron
8 l'Anglais

C	A	N	A	D	I	E	N	N	E	M	O	E
H	N	L	S	T	P	A	R	F	N	H	L	T
A	G	O	L	W	R	A	B	D	I	C	E	U
N	L	S	H	E	B	N	T	F	S	G	K	D
T	A	H	L	O	M	P	Q	R	U	S	T	I
E	I	V	B	W	A	A	E	C	O	D	R	A
U	S	P	Q	U	E	R	N	L	C	N	E	N
S	E	E	D	N	A	M	E	L	L	A	N	T
E	O	R	D	I	R	E	C	T	R	I	C	E

Women at work

Work out the feminine form of each of these jobs.

1 un pharmacien
2 un marchand de journaux
3 un cuisinier
4 un boulanger
5 un directeur
6 un représentant
7 un technicien
8 un programmeur
9 un journaliste
10 un chanteur
11 un musicien
12 le Président de France

Singular and Plural

Nouns can also be *singular* (referring to just one thing or person) or *plural* (referring to more than one thing):

une chambre	des chambre**s**

In many cases, it is easy to use and recognise plural nouns, because the last letter is an -*s*:

un ami	des ami**s**
un ouvrier	des ouvrier**s**

Again, there are a few exceptions:

1 Nouns, which end in -*eau, -eu* or -*ou* in the singular, add an -*x* for the plural:

un château	des château**x**
un bateau	des bateau**x**
un jeu	des jeu**x**
un chou	des chou**x**

2 Nouns, which end in -*al*, change this to -*aux*:

un animal	des anim**aux**
un journal	des journ**aux**

3 Nouns which already end in -*s*, -*x*, or -*z* don't change in the plural:

un repas	des repas
le prix	les prix

4 A few nouns don't follow any clear pattern:

un œil	des yeux

Au Val de Loire

Complete these sentences about the Loire valley.

1 Dans le Val de Loire, il y a beaucoup de . . . (château)

2 En été, beaucoup de . . . viennent visiter cette région. (touriste)

3 Dans les plus grands . . . on organise des . . . pour les . . . (hôtel, jeu, enfant)

4 Il y a aussi des . . . qui visitent le Val de Loire. (Anglais)

5 Dans les grandes . . . ils peuvent acheter des . . . anglais. (ville, journal)

6 D'habitude, ils sont contents parce que les . . . des hôtels en France sont moins chers qu'en Angleterre. (prix)

7 On ne voit pas beaucoup de . . . sur la Loire. (bateau)

8 Tours est célèbre pour sa cathédrale, ses vieilles . . . et ses . . (maison, musée)

9 Le Val de Loire est une des . . . les plus fertiles de France. (région)

10 On cultive beaucoup de fruits et de légumes, par exemple: des . . ., des . . ., des . . ., des . . ., des . . . . des . . . et des . . . (fraise, pêche, cerise, pomme de terre, carotte, champignon, asperge)

Essayez de voir double! *Voici le dessin d'une station-service.*

Regardez bien ce dessin, et essayez de trouver les objets qui sont en double sur ce dessin. Mais attention! Les objets qui sont en double seulement! Exemple: il y a deux voitures (et deux seulement).

· CIRCUITS D'UNE JOURNÉE ·

Départ à 8h45, place de la Gare, quai n° 20

10 – TOURS, Cormery, Vallée de l'Indre, **LOCHES** (visite, déjeuner libre). **CHENONCEAU** (visite), **AMBOISE** (visite), Montlouis, TOURS, arrivée vers 18h30.

Les lundis et jeudis,	Car: **53F**
du 8 juin au 28 septembre.	Droits d'entrée: **17F**

11 – TOURS, vue sur le château de Luynes, **LANGEAIS** (visite). Ussé (vue sur le château), **CHINON** *(visite, déjeuner libre),* **AZAY-LE-RIDEAU** (visite), **VILLANDRY** (visite), TOURS, arrivée vers 18h15.

Les dimanches, mardis et vendredis,	Car: **53F**
du 12 avril au 29 septembre.	Droits d'entrée: **22F**

12 – TOURS, vue sur les châteaux d'''Amboise et de Chaumont, **BLOIS** (visite, déjeuner libre), **CHAMBORD** (visite), **CHEVERNY** (visite), Vallée du Cher, TOURS, arrivée vers 18h45.

Les mercredis et samedis,	Car: **63F**
du 15 avril au 30 septembre.	Droits d'entrée: **16F**

15 – TOURS, Villandry, **USSÉ** (visite), **CANDES-SAINT-MARTIN** (visite), Montsoreau, **FONTEVRAUD-L'ABBAYE** (visite, déjeuner libre), **SAUMUR** (visite), Langeais, TOURS, arrivée vers 19 heures.

Les vendredis,	Car: **63F**
du 3 juillet au 11 septembre	Droits d'entrée: **15F**

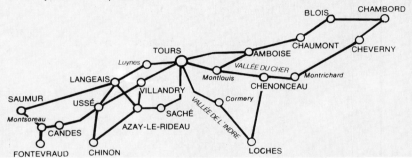

Choose a tour for each of these people and work out what it will cost them and when they'll get back to Tours in the evening.

1 Mlle Duval would like to visit Chambord and Blois in particular.

2 M. Laroche will only be in Tours on a Monday and would particularly like to visit Chenonceau.

3 Mme Deladier has already been to Chambord, Chenonceau, and Azay-le-Rideau. She would like to visit some of the lesser-known *châteaux*.

4 Jean Schieber will be in Tours on a Sunday and would like to visit any of the *châteaux*.

5 Now choose a day tour for yourself, or someone you know. List the *châteaux* you would actually visit, find out on which days of the week you could go, and work out how much it would cost.

Répondez aux questions en consultant le guide.

1 Le château d'Azay-le-Rideau est ouvert à quelle heure?
2 C'est combien pour visiter le château?
3 Est-ce qu'on peut visiter le château de Blois entre 12h et 14h?
4 La visite guidée dure combien de temps?
5 C'est combien, le tarif d'entrée?
6 Le château de Chambord est ouvert à partir de quelle heure, le matin?
7 Combien coûte le spectacle «Son et Lumière»?
8 Quand est-ce que le château de Chenonceau est ouvert?
9 Quel est le tarif d'entrée pour les groupes de plus de 20 personnes?
10 Est-ce que le château de Cheverny est un château du 16e siècle?
11 C'est combien pour entrer au château d'Ussé?
12 Le jardin à Villandry est ouvert à quelle heure?

GUIDE DES CHÂTEAUX

château	Heures d'ouverture en été	Visite guidée (durée en minutes)	Tarifs		Son et Lumière (tarif)
			individuels	groupes (de + 20 personnes)	
Azay-le-Rideau 16e siècle	9h à 12h et 14h à 18h30	(40)	8F	–	(20F)
Blois 13e, 15e, 16e et 17e siècles	9h à 12h et 14h à 18h30	(45)	10F avec musées	6F avec musées	(10F)
Chambord 16e siècle	9h30 à 12h et 14h à 18h	(60)	9F	–	(14F)
Chenonceau 16e siècle	9h à 19h	(60)	12F	6F avec musée	(16F)
Cheverny 17e siècle	9h à 12h et 14h15 à 18h45	(45)	9,50F	5F	–
Ussé 15e, 16e, 17e siècles	9h à 12h et 14h à 19h	(30)	8F	–	–
Villandry 12e, 16e et 18e siècles					
château	9h à 18h	–	11F	6F	–
jardin seulement	9h à 19h	–	9F	–	–

Au château de Chenonceau

La famille Leclerc arrive au château de Chenonceau. M. Leclerc stationne la voiture dans le parking et tout le monde descend. M. Leclerc achète des tickets d'entrée.

M. Leclerc: Est-ce qu'il y a des réductions pour les enfants?
Dame: Oui, pour les enfants de moins de quinze ans, c'est demi-tarif.
M. Leclerc: Bon, alors deux adultes et deux enfants.
Dame: 36 francs.
M. Leclerc: Et avez-vous un prospectus du château?
Dame: Oui, Monsieur. C'est 10 francs.
M. Leclerc: Et pour les visites guidées du château?
Dame: Les visites guidées partent toutes les heures de dix heures à midi et de deux heures à cinq heures.
M. Leclerc: Où est le rendez-vous pour les visites?
Dame: Rendez-vous dans la cour d'honneur. Bon, alors. Ça fait 46 francs avec le prospectus.
M. Leclerc: Voilà. Merci, Madame.

Now your turn

You've arrived at a *château.*

1 Ask how much it costs to go in.
2 Ask if there are reductions for students.
3 Buy two tickets for adults and three for children.
4 Ask if they have a guide book in English (*en anglais*).
5 Ask if there is a guided tour.
6 Ask when it starts.
7 Ask where it starts from.
8 Ask at what time the *château* closes.
9 Ask if there is a *Son et Lumière* performance.
10 There is. Ask at what time it starts.
11 Ask how long it lasts.
12 Ask how much it costs.

Château du Lude ★★★★ SARTHE

LE PLUS PRESTIGIEUX SPECTACLE DU VAL DE LOIRE

CINQ SIÈCLES D'HISTOIRE
350 PERSONNAGES COSTUMÉS

"les glorieuses et fastueuses soirées au bord du loir"
réalisées par François Brou et animées par les habitants du Lude

DU 6 JUIN AU 5 SEPTEMBRE

Tous les JEUDIS, VENDREDIS, SAMEDIS — à 22 h 30 en Juin et Juillet   à 22 h en Août et Septembre
SÉANCES SCOLAIRES : En Juin, les Jeudis et Vendredis

PRIX DES PLACES

PLACES à : 15 - 25 - 35 F (réservation gratuite)

RÉSERVATIONS : SYNDICAT D'INITIATIVE DU LUDE de 9 à 12 h et de 14 à 18 h

LE LOIR   PODIUM

15 F 25 F   35 F   35 F   35 F   25 F 15 F

VISITE DU CHATEAU : TOUS LES JOURS DE 15 H A 18 H

«Son et Lumière» au château du Lude

Parmi les spectacles «Son et Lumière» qu'on peut voir dans le Val de Loire, le plus célèbre et le plus spectaculaire est, peut-être, celui du château du Lude. Depuis 1960, plus de 2 millions de spectateurs sont venus le voir. Son succès est dû à la qualité du spectacle (300 projecteurs et 24 haut-parleurs) et son cadre exceptionnel au bord du Loir. 350 personnages costumés (des habitants du Lude) font revivre l'histoire du château du 14ème au 19ème siècles. L'office de tourisme à Tours organise des visites spéciales en car. Si on vient individuellement, on peut réserver sa place au Syndicat d'Initiative du Lude.

1 How many characters appear in the *Son et Lumière* performance?
2 Do local people take part?
3 On which days of the week is the performance held?
4 When are the special performances for schools held?
5 Does it start earlier in the evening in June than in August?
6 When is the final performance of the year held?
7 How much are the tickets?
8 Where do you apply in order to get tickets?

Le jeu des définitions

1 C'est une personne. Il est devenu roi de France en 1515. Il aimait beaucoup les châteaux et il a fait construire le château de Chambord. Il est mort en 1547.

2 C'est un animal. Il est assez petit. Il peut être noir, blanc ou gris. C'est un animal domestique, qui est, d'habitude, très propre.

3 Ils sont souvent anciens, grands et très beaux. Les touristes aiment les visiter. Il y en a beaucoup dans le Val de Loire, mais ils ne sont pas tous ouverts au public.

4 Ce n'est ni un animal ni une personne. C'est un légume. Il est petit. Il peut être marron ou blanc. On le cultive dans des caves, près de Saumur.

5 C'est un animal sauvage. Il est assez grand, jaune et noir. On le trouve en Afrique. Il peut être très dangereux.

6 C'est une personne. Elle est née à Domrémy en Lorraine, mais elle est venue dans le Val de Loire et elle a repris la ville d'Orleans aux Anglais. Elle est devenue sainte et sa fête, qui est une fête nationale, est célébrée le deuxième dimanche du mois de mai.

7 Elle peut être grande ou petite. Elle peut être bleue, orange, verte, jaune ou n'importe quelle couleur, mais elle est souvent blanche. Elle est nécessaire quand on veut faire du camping.

8 Il peut être intéressant ou ennuyeux. Il peut être long ou court, comique ou sérieux. Il peut être illustré par des photos, des dessins ou pas du tout.

Adjectives

The answers to the *jeu des définitions* are all **nouns** but many of the words used in the definitions are **adjectives** (words which describe nouns). Can you find some?

Here are some more examples:

un hôtel **très confortable**
un château **ancien**
une ville **touristique**
un film **comique**
une histoire **amusante**
une voiture **française**
des touristes **américains**

Remember that adjectives change according to the noun they describe and whether it's masculine, feminine, singular or plural.

Another point to notice is that most, but not all, adjectives *follow* the noun they describe.

Join up the sentences

Exemple:
C'est un restaurant français.

1 C'est un restaurant. Il est français.
2 C'est un chat. Il est noir et blanc.

3 C'est un hôtel. Il est très moderne.
4 C'est une course cycliste. Elle est très longue.
5 C'est une recette. Elle est italienne.
6 C'est un livre. Il est intéressant.
7 C'est un garçon. Il est très intelligent.
8 C'est une voiture. Elle est allemande.

However, there is a group of common adjectives which come *before* the noun:

Nous avons fait une **belle** promenade.
C'est un **bon petit** restaurant.
C'était un **excellent** match.
Nous avons une **jolie** chambre.

Here is a list of some of the most common ones:

beau (bel, belle)	jeune
bon	joli
court	long
excellent	mauvais
grand	petit
gros	vieux (vieil,
haut	vieille)

UNJUMBLE THESE SENTENCES

1 Tours beaucoup maisons il y a **À** de vieilles
2 très une cathédrale **Il y a** belle aussi
3 **Dans** on vins bons de la région trouve
4 **En** on de Bretagne trouve grosses pierres et des dolmens
5 **Il y a** pêcheur un vieux là-bas
6 une ont maison **Ils** grande un avec jardin joli
7 **Elle** dans un habite appartement à Orléans petit
8 **J'ai** une promenade fait longue aujourd'hui
9 perdu **J'ai** valise ma grosse
10 **Connaissez-vous** jeune ce professeur?

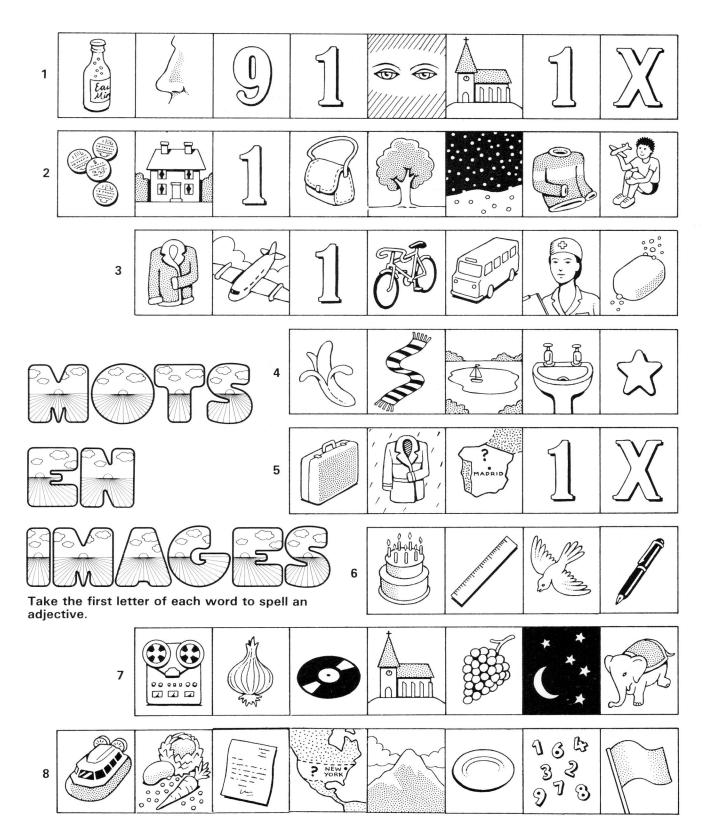

MOTS EN IMAGES

Take the first letter of each word to spell an adjective.

Faites la comparaison!

HÔTEL DE FRANCE

route de Tours (à 2 km de la gare et du centre-ville)

19ch. 60/140F

hôtel moderne tout confort dans un cadre agréable

Tél: (47) 93.03.14

1 Quel hôtel est le plus grand?
2 Quel hôtel est le plus cher?
3 Quel hôtel est le plus proche de la gare?
4 Quel hôtel est le plus moderne?
5 Quel hôtel est le plus petit?
6 Quel hôtel est le plus loin du centre-ville?

Hôtel François 1er

(en face de la gare)

10 ch. 42/51F

vieille demeure pittoresque

Tél: (47) 93.23.58

Les trains français

Les express sont rapides.

Les TEE sont plus rapides. Ils font de longs voyages.

Les Trains de Grande Vitesse (les TGV) sont les plus rapides de tous les trains français.

Comparing things

Notice how you say:

fast	rapide
faster	plus rapide
the fastest	le plus rapide

Here are some other useful expressions:

the least expensive	le moins cher
the most expensive	le plus cher
the least interesting	le moins intéressant
the most interesting	le plus intéressant
the smallest	le plus petit
the largest or *biggest*	le plus grand
the best	le meilleur

Try using the above expressions in these sentences:

1 Quel est l'animal le ... ... du monde? *(smallest)*
2 Nous avons passé des vacances dans le ... ... et le ... ... hôtel de Tours. *(biggest and most expensive)*
3 À ton avis, quelle est la matière la ... ...? *(least interesting)*
4 À ton avis, quel est livre le ... ...? *(most interesting)*
5 Je prends ce pantalon-là. C'est le ... ... *(least expensive)*
6 –Quel est l'animal le ... ... du monde? *(fastest)*
  – Tu ne sais pas? C'est le guépard.
7 – Où se trouve le ... ... lac du monde? *(largest)*
  – Au Canada. C'est le lac Supérieur.
8 – Quelle est la région de France la ... ...? *(most interesting)*
  – C'est difficile à dire, mais, pour moi, c'est la Provence.
9 Ce soir, on va dîner Chez Maxim. C'est le ... restaurant de la ville. *(best)*
10 Connaissez-vous le nouveau disque d'Olivier? À mon avis, c'est son ... disque. *(best)*

Les matières scolaires

On a interrogé plus de 3 000 élèves français sur leurs matières préférées. Voici les matières scolaires par ordre de préférence. Est-ce que ça correspond à vos matières préférées?

MATHS
LANGUES VIVANTES
(ANGLAIS, ALLEMAND, ESPAGNOL)
EDUCATION PHYSIQUE
FRANÇAIS
MATIÈRES TECHNIQUES
(TRAVAUX MANUELS ETC)
SCIENCES NATURELLES
(BIOLOGIE)
SCIENCES PHYSIQUES
(PHYSIQUE, CHIMIE)
HISTOIRE
GÉOGRAPHIE

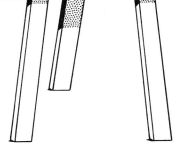

1 Quelle est la matière la plus populaire?

2 Quelle est la matière la moins populaire?

3 Est-ce que les élèves français préfèrent le français ou l'anglais?

4 Est-ce qu'ils aiment mieux l'histoire ou la géographie?

5 Est-ce qu'ils préfèrent les sciences naturelles ou l'education physique?

Connaissez-vous bien la France?

1 Comment s'appelle le plus grand château du Val de Loire?
2 Comment s'appelle la plus grande ville du Val de Loire?
3 Comment s'appelle le plus long fleuve de France?
4 Comment s'appelle la plus haute montagne?
5 Comment s'appelle le plus profond des lacs naturels?
6 Comment s'appelle le plus grand glacier?
7 Comment s'appelle le musée le plus célèbre de Paris?
8 ... et la peinture la plus célèbre qui se trouve dans ce musée?
9 Comment s'appelle le plus grand rond-point de France?
10 Comment s'appelle le plus haut monument de Paris?

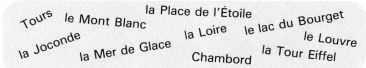

Tours   le Mont Blanc   la Place de l'Étoile   le lac du Bourget
la Joconde   la Mer de Glace   la Loire   le Louvre   Chambord   la Tour Eiffel

...et l'univers?

1 La planète la plus chaude de l'univers, c'est:
a) Jupiter
b) Mercure
c) Vénus
d) Mars

3 La plus grosse planète de l'univers, c'est:
a) Saturne
b) Vénus
c) Jupiter
d) Uranus

2 La planète la plus froide de l'univers, c'est:
a) Pluton
b) Vénus
c) Mars
d) Jupiter

4 La plus petite planète de l'univers, c'est:
a) La Terre
b) Mercure
c) Mars
d) Vénus

Faites des phrases

Combien de phrases correctes pouvez-vous faire en dix minutes?

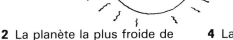

| La Place de la Concorde
Le Mont Blanc
Notre-Dame
La Loire
Le Louvre
L'avenue des Champ-Élysées
L'Obélisque
La Tour Eiffel | est | le plus vieux monument
la plus grande avenue
la plus haute montagne
le plus célèbre musée
le plus long fleuve
la plus longue avenue
la plus grande place
la plus grande église
le plus haut monument | de France

de Paris |

LA FIN DES VACANCES

Based on an original story written by the Nuffield Foundation French Section and published as part of En Avant Stage 3.

Aujourd'hui, c'est le dernier jour des vacances. La famille Leclerc doit rentrer à la maison parce que, demain, M. Leclerc doit aller au bureau.

Les Leclerc ont déjà mis leurs affaires dans la voiture. Mais M. Leclerc voulait visiter encore un château avant de partir. Ils ont donc visité le château d'Angers. Puis, Mme Leclerc voulait acheter quelques souvenirs en ville. Enfin, ils sont montés en voiture pour partir à six heures du soir. À cette heure, il y a beaucoup de circulation à Angers. M. Leclerc n'est pas content. Enfin, ils quittent la ville et prennent la route de Paris. M. Leclerc conduit très vite, trop vite même.

— Henri, tu vas trop vite, dit Madame Leclerc.
— Ah, ça va! dit Monsieur Leclerc.
— Ralentis! Henri, crie Madame Leclerc. C'est très dangereux, tu sais.

Mais Monsieur Leclerc n'écoute pas sa femme. Soudain, les enfants entendent un bruit. Ils tournent la tête, et voient un motocycliste derrière la voiture. Il conduit très vite, lui aussi.

— Papa, il y a un . . .
— Tais-toi, Charles, dit Monsieur Leclerc, je dois faire très attention.
— Mais papa, dit Charlotte, il y a un motocycliste derrière la voiture.

— Et alors? demande Monsieur Leclerc.
— C'est un motard, répond Charles.
— Ah, ça alors, dit Monsieur Leclerc, je n'ai pas de chance.
— Il fait signe, Henri, dit Madame Leclerc.
— Zut! Je dois m'arrêter, dit Monsieur Leclerc.

Monsieur Leclerc arrête la voiture et le motard s'arrête aussi. Il descend de moto et regarde Monsieur Leclerc.
— Vous conduisez trop vite, Monsieur, dit-il.
— Excusez-moi, Monsieur, dit Monsieur Leclerc. Je veux rentrer chez moi aussi vite que possible.

— Pourquoi?
— Parce que les enfants doivent aller à l'école demain, répond Monsieur Leclerc.
— Ça m'est égal, dit le motard. Vous conduisez trop vite. Vos papiers, s'il vous plaît.
— Les voilà, Monsieur.
— Merci. On va vous faire l'alcootest. Voulez-vous souffler dedans?
— Mais je n'ai rien bu. Je vous assure.
— C'est obligatoire. Soufflez fort. Très bien. Merci.
— Alors, ça va?
— Oui, le résultat est négatif. Mais pour l'excès de vitesse, vous avez une amende de 200 francs.
— Oh, non . . .
Mais M. Leclerc donne l'argent au motard.
— Merci, Monsieur, dit le motard. Au revoir et faites bien attention, maintenant.

Avez-vous bien compris?

1. Qu'est-ce que la famille Leclerc a fait le dernier jour avant de partir?
2. À quelle heure a-t-elle quitté Angers?
3. Pourquoi est-ce que M. Leclerc a dû s'arrêter?
4. Est-ce qu'il a bu trop d'alcool?
5. Combien a-t-il dû payer comme amende?

SOMMAIRE

Now you can:

understand road signs and information about driving in France:

s'arrêter	to stop
une autoroute	motorway
avoir la priorité	to have the right of way
un carrefour	crossroads
une déviation	diversion
(à) droite	right
un embouteillage	traffic jam
l'essence	petrol
les feux	traffic lights
(à) gauche	left
la limite de vitesse	speed limit
la (route) nationale 6	equivalent to A6 (road)
un permis de conduire	driving licence
un piéton	pedestrian
ralentir	to slow down

rouler	*to drive*
stationner	*to park*
les travaux	*roadworks*
le trottoir	*pavement*

buy petrol etc at a petrol station:

Est-ce qu'il y a une station-service près d'ici?
25 litres de super, s'il vous plaît.
100 francs d'ordinaire
Faites le plein.
Voulez-vous vérifier l'eau/l'huile/les pneus, s'il vous
  plaît?
Ma voiture est (tombée) en panne.
Pouvez-vous envoyer un mécanicien?
J'ai un pneu crevé.

stay at a hotel:

une chambre	*a room*
avec salle de bains	*with a bathroom*
avec douche	*with a shower*
avec cabinet de toilette	*with washing facilities*
un (grand) lit	*(double) bed*
une nuit	*night*
une clef	*key*
le premier étage	*the first floor*
le rez-de-chaussée	*the ground floor*
le sous-sol	*the basement*
complet	*full*

Avez-vous des chambres de libre?
Avez-vous une chambre pour une (deux)
  personne(s)?
C'est combien?
C'est pour une (deux, trois etc) nuit(s).
Est-ce qu'il y a un restaurant (un parking, un salon
  de télévision) à l'hôtel?
C'est à quelle heure le petit déjeuner (le dîner)?
L'hôtel ferme à quelle heure le soir?
La télévision (le téléphone etc) ne marche pas.

talk about the area where you live:

la banlieue	*suburbs*
le centre même	*right in the centre*
à la campagne	*in the country*
à ... kilomètres de ...	*... kilometres from ...*
pas loin de ...	*not far from ...*
près de ...	*near ...*
une ville touristique (industrielle)	
un quartier	*district*
Il n'y a pas grand'chose à faire.	*There's not much to do.*
Je m'amuse bien ici.	*I like it here.*
À mon avis, c'est trop tranquille ici.	*I think it's too quiet here.*

use more pronouns:

me (m')	= *me, to* or *for me*
te (t')	= *you, to* or *for you*
nous	= *us, to* or *for us*
vous	= *you, to* or *for you*

– Philippe, tu **m'**entends? Je **te** parle, Philippe.
  Tu peux **nous** emmener en ville, ce matin?
– Oui, je **vous** emmènerai en ville.

visit a château:

La route d'Angers, s'il vous plaît?
Pour aller au château, s'il vous plaît?
Quand est-ce qu'on peut visiter le château?
Quel est le tarif d'entrée?
Est-ce qu'il y a une réduction pour les enfants/les
  étudiants?
Avez-vous un prospectus du château (en anglais)?
Est-ce qu'il y a une visite guidée (en anglais)?
Où est le rendez-vous pour les visites?
Est-ce qu'il y a un spectacle «Son et Lumière» ce soir?
Ça commence à quelle heure?
Ça dure combien de temps?

describe things, using nouns and adjectives:

Nouns

Masculine	Feminine
un ami	une ami**e**
un ouvrier	une ouvri**ère**
un vendeur	une vend**euse**
un instituteur	une institu**trice**
un Parisien	une Parisi**enne**
un professeur	un professeur

Singular	Plural
un touriste	des touriste**s**
un château	des château**x**
un journal	des journ**aux**
le prix	les prix (no change)

Compare things:

Avez-vous quelque chose de **moins cher?** *(less)*
Quel hôtel est **le moins cher?** *(least)*
Ce château est **plus intéressant** que l'autre. *(more)*
Le château de Chenonceau est **le plus intéressant**
  de tous. *(most)*
Ce restaurant est **meilleur** que l'autre. *(better)*
Le restaurant 3 étoiles est **le meilleur** de
  tous. *(best).*

La Provence, pays du soleil

Quand on imagine la Provence, on pense surtout au soleil, à la mer, au ciel toujours bleu. C'est une région où il fait très chaud en été et où l'hiver est doux. Mais de temps en temps, il y a du vent, un vent froid du nord, qui s'appelle le mistral. ▶

Pour beaucoup de personnes, la Provence est le pays des vacances, mais c'est aussi une région très riche en histoire. Les Romains sont arrivés en Provence 120 ans avant Jésus-Christ. Dans toute la région, mais surtout à Arles, Orange et Nîmes, on trouve des monuments romains importants.

À Arles, on peut visiter les arènes antiques. On peut même y voir des spectacles et des courses de taureaux.

In this unit, you will learn about or revise the following topics:

the region of Provence
staying in a *gîte*
the Imperfect Tense
shopping for food
qui and *que*
eating out
talking about a recent holiday

Il y a un célèbre théâtre romain ▶ à Orange.

Mais le monument romain le plus visité est le Pont du Gard, près de Nîmes. Cet aqueduc splendide, construit dix-neuf ans avant Jésus-Christ est presque intact aujourd'hui, après 2000 ans!

▲ Les Romains connaissaient aussi Massalia (Marseille). Aujourd'hui, c'est le port le plus important de France et une grande ville industrielle.

Sur la côte, vous trouverez de jolis ports de pêche, comme Cassis. ▶

▲

Et il y a la Camargue. Cette région sauvage est un vrai paradis pour tous ceux qui aiment la nature et les animaux en liberté. Très importante pour le sel et le riz, c'est aussi la région où vous pouvez voir les gardians qui s'occupent des chevaux et des taureaux. ◀

La Provence est avant tout une région touristique, mais c'est aussi une région agricole importante. Dans la campagne, vous verrez des vignobles (on fait surtout du vin rouge et rosé) et des oliviers. On utilise les olives vertes dans plusieurs plats régionaux et avec les olives noires on fait de l'huile d'olive. Dans la vallée du Rhône, on cultive des fruits et des légumes qui sont envoyés dans toute la France.

L'intérieur du pays, avec ses petits villages, est très différent de la côte. Les Baux-de-Provence est un village un peu spécial. Presque toutes ses maisons sont en ruines. Mais ces ruines curieuses attirent beaucoup de touristes chaque année. ▶

Vocabulaire

un taureau   *bull*
une course de taureaux
bull-fight
un vignoble   *vineyard*

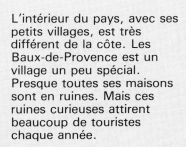

139

PUZZLE

Horizontalement

2 C'est le port le plus important de France.

3 Ils sont venus en Provence, il y a très longtemps, et ils ont construit des monuments qu'on peut encore voir aujourd'hui.

4 C'est le nom d'un vent du nord, froid et violent, qui souffle en Provence.

5 On en fait avec des olives noires et on l'utilise souvent dans la cuisine provençale.

6 C'est le nom d'une région de Provence, où on peut voir des animaux et des oiseaux en liberté.

7 Ce sont des hommes qui travaillent en Camargue et qui s'occupent des chevaux et des taureaux.

Verticalement

1 C'est le nom du monument romain qui attire, chaque année, le plus grand nombre de touristes.

Did you know ...

— that the south of France is often called *le Midi*? It's a region where the sun shines from a clear sky all the summer, making the colours seem brighter and the people more relaxed.

— that the only thing that interrupts all this sunshine is a north wind called the Mistral? When it blows, everyone takes shelter. To protect themselves from its powerful blast, people grow tall hedges of cypress trees and build their houses with blank walls on the northern side or with narrow windows with strong shutters.

— that the symbol of Provence is a grasshopper and its motto is *Le soleil me fait chanter*? If you're in Provence on a summer evening you can often hear this 'singing' which is made by the males only, rubbing their back legs together.

— that because of the hot climate in Provence, oranges, lemons, peaches, grapes, dates and figs and especially olives grow outdoors there? Many of the people still make their own wine and olive oil.

— that there are some interesting Provençal customs linked with Christmas time? In Les Baux-de-Provence and some other villages the shepherds take live lambs with them to church for the midnight service. Round the Christmas cribs it has long been the custom to place painted clay models of the people, farms and animals of the district in their traditional costumes. These local figures are called *santons* and are so popular that every year at Marseille there is a special *Foire aux Santons* where thousands of them are on sale. They make good souvenirs too!

— that people in Provence, and especially in Marseille, have a reputation for talking a lot and waving their arms about as they do so? They have a strong local accent which many other French people find amusing. They laugh a lot and tell jokes — especially after drinking some of the famous aniseed-flavoured drink called *le vrai pastis de Marseille*!

VOICI LA PROVENCE

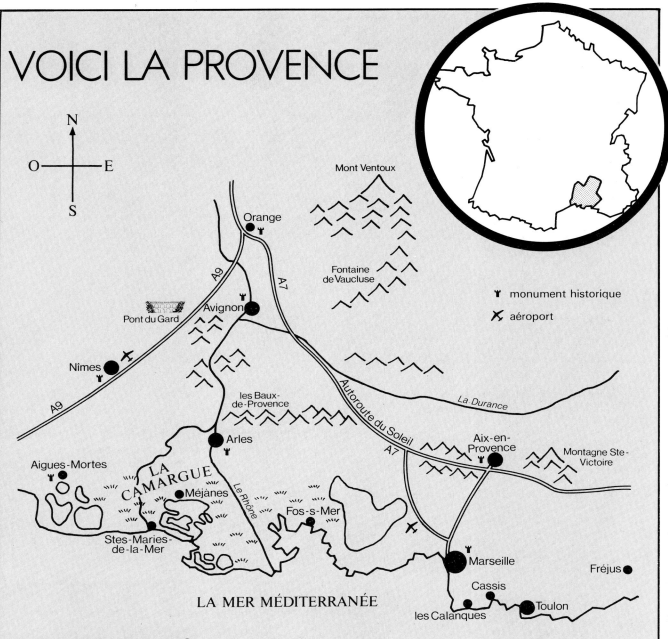

les Baux-de-Provence

LA CAMARGUE

LA MER MÉDITERRANÉE

N
O · E
S

Mont Ventoux

Orange

Fontaine de Vaucluse

Ⱶ monument historique

✕ aéroport

A9

A7

Avignon

Pont du Gard

Nîmes

les Baux-de-Provence

Autoroute du Soleil

La Durance

Aix-en-Provence

Montagne Ste-Victoire

A7

Arles

Aigues-Mortes

Méjanes

Le Rhône

Fos-s-Mer

Stes-Maries-de-la-Mer

Marseille

Fréjus

Cassis

Toulon

les Calanques

Savez-vous «lire» les cartes?

1 Comment s'appelle la plus grande ville de la région?

2 Quelles sont les cinq autres villes importantes?

3 Comment s'appelle la montagne près d'Aix-en-Provence?

4 Comment s'appelle la mer au sud de la Provence?

5 Comment s'appelle le fleuve qui se jette dans la mer?

6 Est-ce qu'il y a un aéroport dans la région?

7 Est-ce qu'il y a une autoroute qui traverse la région?

8 Est-ce qu'il y a des monuments historiques à Avignon?

9 Les Baux-de-Provence se trouve près de quelle ville?

10 Est-ce que le Pont du Gard est à l'est ou à l'ouest d'Avignon?

CONSULTEZ LE GUIDE

It's sometimes useful to consult a guidebook for general information about a town. The red Michelin guidebook includes information about all the main places in France, as well as details about hotels and restaurants.

Have a look at this entry for Marseille:

> **MARSEILLE** Ⓟ 13 B.-du-R. 84 ⑬, 93 ⑭ **G. Provence** – 914 356 h. – ☎ 91.
> Voir Basilique N.-D.-de-la-Garde ☀️*** – La Canebière** – Vieux Port** – Corniche Président-J.-F.-Kennedy** – Port moderne** AT – Palais Longchamp* DU M – Basilique St-Victor* : crypte** AX – Anc. cathédrale de la Major* AU L – Parc du Pharo ⩽* AX – Belvédère St-Laurent ⩽* AV D – Musées : Grobet-Labadie* DU M1, Cantini* : galerie de la Faïence de Marseille et de la Provence** BX M, Beaux-Arts* et Histoire naturelle* (palais Longchamp) DU M, Archéologie méditerranéenne* : collection d'antiquités égyptiennes** (Château Borely) BCZ M, Docks romains* AV M, Vieux Marseille* AV M1.
> **Env.** route en corniche** de Callelonge S : 13 km.
> **Excurs.** : Château d'If** (☀️***) 1 h. 30.
> ⛳ d'Aix-Marseille ☎ 24.20.41 par ① : 22 km.
> ✈ de Marseille-Marignane ☎ 89.90.10 par ① : 28 km.
> 🚇 ☎ 95.92.11.
> 🚢 pour la Corse : Société Nationale Maritime Corse-Méditerranée, 61 bd des Dames (2ᵉ) ☎ 91.92.20 AU.
> 🛈 Office de Tourisme (fermé dim. hors sais.) et avec Accueil de France 4 Canebière, 13001, ☎ 33.69.20, Télex 430402 – Informations et réservations d'hôtels (pas plus de 5 jours à l'avance) - A.C. 143 cours Lieutaud, 13006, ☎ 47.86.23 - T.C.F. 18 r. Léon-Gambetta, 13001, ☎ 64.73.11
> Paris 777 ① – ♦Lyon 315 ① – ♦Nice 188 ② – ♦Toulon 64 ② – ♦Toulouse 400 ① – Turin 380 ①.

D'après Guide FRANCE du pneu Michelin, Édition 1980

First, you'll find general information about the town:

Ⓟ	whether it's a *Préfecture* or
⟨SP⟩	a *Sous-Préfecture*
13	the postal code or the number of the *département*
B.-du-R.	the name of the *département*, (in this case, Bouches-du-Rhône)
84 ⑬, 93 ⑭	reference numbers to Michelin maps
G. Provence	and guide books
914 356 h.	the number of inhabitants
☎ 91.	the telephone dialling code

You may also find details of the altitude: (alt. 177).

Then there is information about what to see:

☀️☀️☀️	worth a journey
☀️☀️	worth a detour
☀️	interesting
☀️	panoramic view

and what there is nearby:

Env.	short for *dans les environs*
Excurs.	excursions
⛳	golf course and number of holes
✈	airport
🛈	where you can obtain tourist information
Paris 777	and the distance in kilometres from other major or local towns. Paris 777 – Lyon 315 etc.

Now have a look at the entries for these other towns in Provence and see if you can find out the following:

> **ARLES** ⟨SP⟩ 13200 B.-du-R. 83 ⑩ **G. Provence** – 50 345 h. alt. 9 – ☎ 90.
> Voir Arènes** – Théâtre antique** – Cloître St-Trophime** et église* : portail** les Alyscamps* – Palais Constantin* BY B – Musées : Art Chrétien** et galerie souterraine* BY M1, Arlaten*, Art païen* BY M2 – Réattu* BY M – Ruines de l'abbaye de Montmajour* 5 km par ①.
> 🛈 Office de Tourisme avec T.C.F. 35 pl. République (fermé dim. et fêtes) et Esplanade des Lices (fermé dim. et fêtes l'après-midi) ☎ 96.29.35, Télex 490096 – A.C. 18 r. Liberté ☎ 96.40.28
> Paris 727 ① – Aix-en-Provence 76 ② – Avignon 36 ① – Béziers 137 ⑤ – Cavaillon 43 ① – ♦Marseille 92 ② – ♦Montpellier 74 ⑤ – Nîmes 31 ⑥ – Salon-de-Provence 42 ② – Sète 104 ⑤.

1 How many inhabitants are there?
2 Name *two* things that are worth making a detour to see.
3 On which day is the tourist office closed?

> **AVIGNON** Ⓟ 84000 Vaucluse 81 ⑪⑫, 93 ㉕ **G. Provence** – 93 024 h. alt. 23 – ☎ 90.
> Voir Palais des Papes*** – Rocher des Doms ⩽** – Pont St-Bénézet** – Remparts* – Vieux hôtels* (rue Roi-René) BCY – Coupole* de la cathédrale BV E – façade* de l'hôtel des Monnaies – Vantaux* de l'église St-Pierre BX D – Retable* et fresques* de l'église St-Didier BY B – Musées : du Petit Palais***, Calvet** AY M1, Lapidaire* ABY M2.
> ⛳ Club Comtadin ☎ 38.21.88 par D 28 (U) 28 km.
> ✈ ☎ 86.35.39.
> 🛈 Office de Tourisme (Centre de réservation de chambres) (fermé dim. hors sais.) et Accueil de France 41 cours Jean Jaurès ☎ 82.65.11, Télex 432877 – Informations et réservations d'hôtels (pas plus de 5 jours à l'avance) – Centre des réservations de chambres, 41 cours Jean Jaurès ☎ 82.02.03, Télex 432877 – A.C. 2 r. République ☎ 86.28.71 – T.C.F. Parc municipal de Camping Caravaning du Pont St-Bénézet ☎ 82.19.83
> Paris 687 ② – Aix-en-Provence 80 ④ – Arles 36 ⑤ – ♦Marseille 100 ④ – Nîmes 43 ⑥ – Valence 125 ②.

1 In which *département* is Avignon?
2 Which two sights are worth a special journey?
3 Is there a golf club nearby?

> **Les BAUX-DE-PROVENCE** 13 B.-du-R. 84 ① **G. Provence** (plan) – 367 h. alt. 280 – ✉ 13520 Maussane-les-Alpilles – ☎ 90. – Voir Site*** – Château ☀️** – Monument Charloun Rieu ⩽** – Place St-Vincent* – Rue du Trencat* – Tour Paravelle ⩽* – Fête des Bergers (Noël, messe de minuit)** – ☀️*** sur chaîne des Alpilles N : 2,5 km par D 27.
> 🛈 Syndicat d'initiative Hôtel Manville (fermé mardi) ☎ 97.34.39
> Paris 717 – Arles 19 – ♦Marseille 86 – Nîmes 44 – St-Rémy-de-Provence 9,5 – Salon-de-Provence 32

1 Is this place worth visiting?
2 What is its altitude?
3 Do you think you'd get a good view from the castle?

> **ORANGE** 84100 Vaucluse 81 ⑪⑫ **G. Provence** – 26 468 h. alt. 46 – ☎ 90.
> Voir Théâtre antique*** – Arc de Triomphe** – Colline St-Eutrope ⩽* BZ.
> 🛈 Office de Tourisme av. Ch.-de-Gaulle (fermé dim. hors saison) ☎ 34.06.00
> Paris 660 ⑤ – Alès 85 ⑤ – Avignon 31 ⑤ – Carpentras 23 ③ – Montélimar 55 ⑤ – Nîmes 55 ⑤.

1 What should you definitely go and see if you visit Orange?
2 What is the address of the tourist office?
3 How far is Orange from Avignon?

Voici la famille Nottingley

John Nottingley a quarante-trois ans. Il est anglais, mais il parle très bien le français. Il est ingénieur. Il aime visiter les grands ports et faire des excursions en bateau. Il aime aussi jouer au golf.

Hélène Nottingley a quarante ans. Elle est française, mais elle habite en Angleterre depuis son mariage. Elle est professeur de français. Elle s'intéresse beaucoup à l'histoire, surtout à l'histoire romaine.

Louise est la fille aînée. Elle a dix-sept ans et elle va au lycée. Elle aime beaucoup lire, écouter de la musique, aller au théâtre etc. Elle s'intéresse aussi à la peinture.

Christine, qui a quinze ans, est tout à fait différente. Elle est très sportive. Elle aime le plein air et la nature. Elle aime faire de l'équitation et faire des randonnées à la campagne.

Paul a treize ans. Il aime passer ses vacances au bord de la mer. Il aime nager et aller à la pêche. Il n'aime pas beaucoup les grandes villes.

La famille Nottingley fait des projets

La famille Nottingley habite à Birmingham, en Angleterre. Mme Nottingley est française et toute la famille parle français à la maison. Ils passent des vacances en France tous les ans. Cette année, ils veulent louer un gîte en Provence, alors ce soir, ils regardent les dépliants et les brochures sur la région. Lisez les détails et imaginez ce que chaque personne veut visiter en Provence.

MÉJANES
Venez voir ses flamants roses ses chevaux blancs ses taureaux noirs
en CAMARGUE

MARSEILLE
Premier port de France Visitez: le Vieux Port l'Europort moderne de Fos-Marseille Excursions en bateau au Château d'If

Ville d'art et d'histoire ses monuments romains ses musées son festival en juillet
FRANCE
Arles
provence

FONTVIEILLE
Village de traditions provençales ses moulins et le musée Alphonse Daudet

CASSIS
Petit port de pêche plein de charme
Baignade surveillée
Ecole de voile
Location de bateaux

avignon
PROVENCE FRANCE
grand festival d'art dramatique et de danse mi-juillet à mi-août

Vocabulaire
des flamants roses *pink flamingoes*
des moulins *windmills*
baignade surveillée *supervised bathing area*

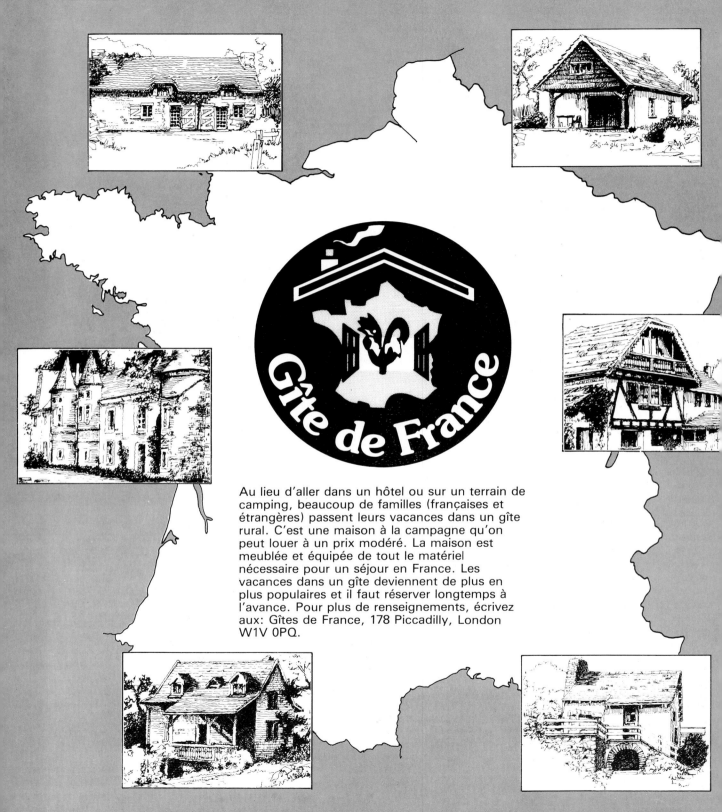

Gîte de France

Au lieu d'aller dans un hôtel ou sur un terrain de camping, beaucoup de familles (françaises et étrangères) passent leurs vacances dans un gîte rural. C'est une maison à la campagne qu'on peut louer à un prix modéré. La maison est meublée et équipée de tout le matériel nécessaire pour un séjour en France. Les vacances dans un gîte deviennent de plus en plus populaires et il faut réserver longtemps à l'avance. Pour plus de renseignements, écrivez aux: Gîtes de France, 178 Piccadilly, London W1V 0PQ.

L'arrivée au gîte

La famille Nottingley a réservé un gîte à Fontvieille. Ils sont partis en voiture le 28 juillet et ils ont passé leur première nuit de vacances près de Dijon. Maintenant, ils arrivent à leur gîte à Fontvieille.

Mme Nottingley: Voilà. On est enfin arrivé! Ce doit être notre gîte.

Christine: Elle est bien, la maison.

Louise: Oui, elle est chouette. On peut entrer?

M. Nottingley: Attends un peu. Je dois d'abord trouver le propriétaire.

M. Nottingley: Bonjour Monsieur. Vous êtes le propriétaire de ce gîte?

Propriétaire: Oui, c'est moi. C'est bien M. Nottingley, n'est-ce pas?

M. Nottingley: Oui, c'est ça. Monsieur Dupont, voici ma femme, Hélène et mes trois enfants, Louise, Christine et Paul.

Propriétaire: Heureux de faire votre connaissance. Vous avez fait bon voyage?

M. Nottingley: Oui, pas mal merci.

Propriétaire: Je vais appeler ma femme. Elle a les clefs. Françoise, les nouveaux locataires sont arrivés. Tu as les clefs?

Mme Dupont: Oui, j'arrive.

Mme Dupont: Bonjour Messieurs-dames. Alors, on va faire le tour de la propriété?

Mme Nottingley: Oui, s'il vous plaît.

Mme Dupont: Voici la cuisine. Il y a une cuisinière à gaz et un grand frigidaire. Voici le chauffe-eau. Il est à gaz aussi. Il y a des prises de courant dans chaque pièce.

Mme Nottingley: Est-ce que l'eau du robinet est potable?

Mme Dupont: Bien sûr, Madame. Mais vous pouvez acheter de l'eau minérale dans le village si vous préférez.

Mme Dupont: Ici vous avez la salle de séjour; la salle de bains et les w.c. sont là-bas et les trois chambres à coucher sont au premier étage.

Propriétaire: Vous avez peut-être des questions à nous poser . . . ?

Paul: Est-ce qu'il y a un poste de télévision, Monsieur?

Propriétaire: Ah non, je regrette, il n'y a pas de télévision, jeune homme. Mais il y a beaucoup à faire dans la région.

Mme Dupont: Eh bien, voici les clefs, Madame. Vous restez jusqu'au vendredi vingt-trois, n'est-ce pas?

Mme Nottingley: C'est ça.

Propriétaire: Vous partez dans la matinée, le vendredi?

Mme Nottingley: Oui, assez tôt, mais on n'oubliera pas de vous rendre les clefs.

Mme Dupont: Alors à plus tard, Madame. Et bon séjour!

Mme Nottingley: Merci bien, Madame, et à bientôt!

Vocabulaire

un(e) locataire
tenant
une prise de courant
electric point

Find out about the gîte:

a) how many bedrooms there are
b) whether there are electric points in each room
c) whether the cooker is **electric** or gas
d) whether there's a fridge
e) whether there's a TV
f) whether you can drink the tap water
g) whether the water heater works by gas or electricity

Vous avez des questions à poser?

Work out the questions you need to ask in order to find out the following information:

1 where the dustbin is
2 where the saucepans are
3 whether there are any spare blankets
4 whether there's a radio
5 whether there are any coat hangers
   (des cintres)
6 whether there are any deck chairs
   (des chaises pliantes)

Où	est sont	la poubelle des couvertures supplémentaires des cintres une radio	?
Est-ce qu'il y a		les casseroles des chaises pliantes	

Vous avez tout ce qu'il faut?

une casserole

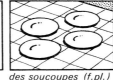

des soucoupes (f.pl.)

des tasses (f.pl.)

des assiettes (f.pl.)

des couteaux (m.pl.)

des bols (m.pl.)

des cuillères (f.pl.)

des fourchettes (f.pl.)

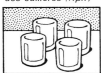

des verres (m.pl.)

une poêle

un ouvre-boîtes

des ciseaux (m.pl.)

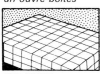

une nappe

Qu'est-ce qui manque?

Mme Nottingley demande aux enfants de vérifier l'inventaire du gîte. Naturellement Paul trouve quelque chose de très important à faire. Alors c'est Louise et Christine qui font le travail. Écoutez Louise et Christine pour savoir si tout est là.

8 grandes fourchettes
6 petites fourchettes
8 grands couteaux
4 petits couteaux
8 grandes cuillères
8 petites cuillères
6 bols
10 verres

6 tasses avec 6 soucoupes
10 grandes assiettes
6 assiettes moyennes
1 paire de ciseaux
4 casseroles
1 poêle
2 ouvre-boîtes

Dans la cuisine

Regardez bien cette image et essayez de trouver au moins douze choses qui commencent avec la lettre C.

PUZZLE

Write down the answers to the clues.
With the first letters of the answers you'll find something which you need to make many of them work.

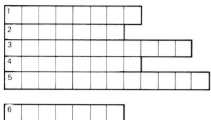
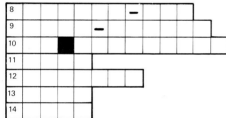
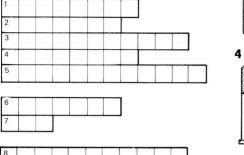

C'est pour un renseignement

A Practise asking where each of these places are. You want the nearest one, in each case.
Exemple: 1 Où est l'épicerie la plus proche, s'il vous plaît?

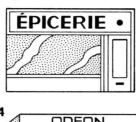

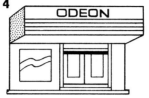

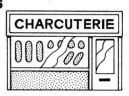

B This time, you want to obtain each of these things.
Exemple: 1 Où est-ce qu'on peut obtenir une carte de la région?

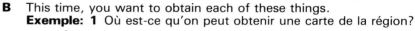

147

Écrivez les phrases dans l'ordre correct.

1 Tout le monde s'est endormi tout de suite.

2 La famille Nottingley est très contente de son gîte. Aujourd'hui, ils ont fait une longue promenade à la campagne et ils sont rentrés tard dans l'après-midi.

3 Voici une autre famille. Ils insistent que ce sont eux, les locataires du gîte des Nottingley.

4 L'autre famille s'est trompée. Son gîte s'appelle La Roseraie, pas La Rosette!

5 Dans la cuisine, Mme Nottingley prépare un repas très simple.

6 Finalement, le propriétaire arrive. Il regarde les papiers des deux familles.

7 Comme ils sont tous très fatigués, ils se couchent de bonne heure.

8 Tout d'un coup, Mme Nottingley se réveille. Il est deux heures du matin.
Dehors, il y a du bruit. Est-ce que ce sont des voleurs?

RÈGLES POUR LES LOCATAIRES

Messieurs et Mesdames les locataires sont priés de faire bien attention aux règles suivantes.

1 Avant de quitter le gîte, les locataires sont priés de fermer l'électricité et le gaz et de fermer la porte à clef. (Si les propriétaires sont absents au moment de votre départ, vous êtes priés de donner les clefs à Mme Leblanc, qui habite en face).

2 Les locataires sont priés de laisser le gîte en bon état.

3 Les locataires peuvent se promener dans le jardin et dans le petit bois, mais ils ne doivent pas jouer au football sur la pelouse.

4 On peut se servir des chaises pliantes, mais on est prié de ne pas les laisser dehors la nuit.

5 Les locataires sont priés de ne pas faire trop de bruit la nuit, surtout après 23 heures.

6 Les locataires peuvent se servir des deux vélos et du petit bateau qui sont derrière le gîte.

7 Les locataires sont priés de ne pas allumer le chauffage central pendant le mois d'août, mais ils peuvent se servir du chauffe-eau.

8 En cas de difficulté, prière de s'adresser aux propriétaires.

Est-ce qu'on a le droit?

A Répondez aux questions en consultant les «Règles pour les locataires».

1 Est-ce qu'on a le droit de se servir des vélos?
2 Est-ce qu'on a le droit d'allumer le chauffage central au mois d'août?
3 Est-ce qu'on a le droit d'entrer dans le jardin?
4 Est-ce qu'on a le droit de se servir des chaises pliantes?
5 Est-ce qu'on a le droit de se servir du petit bateau?

B Practise asking if you are allowed to do the following.

Exemple: 1 Est-ce qu'on a le droit de visiter le château?

1 visiter le château
2 visiter la ferme
3 se servir du vélo
4 se servir de la planche à voile
5 se baigner dans le lac
6 pêcher dans la rivière

Un petit problème

The following things have been broken, lost or are not working.
Imagine what you would say to the *gîte* owner.

Exemple: 1 Je regrette, Madame, mais la machine à laver ne marche pas.

1

Je regrette, Madame, mais . . .	la cuisinière la machine à laver la machine à faire la vaisselle le robinet le chauffe-eau le frigidaire	ne marche pas

2

Je regrette, Monsieur, mais . . .	nous avons cassé	une assiette une tasse des verres le lavabo
	nous avons perdu	la clef nos passeports l'ouvre-boîtes

3

Pouvez-vous nous	prêter	des pommes de terre du pain du lait un ouvre-boîtes un ouvre-bouteilles une poêle	?
	appeler	un médecin un plombier les pompiers un garage la police	

EN CAS DE DIFFICULTÉ ...

Write a suitable caption for each cartoon. Then, try to make up three more cartoons using an expression from each table on the previous page.

Pendant son séjour en Provence, la famille Nottingley a passé une journée à Aix-en-Provence. Elle est d'abord allée au Syndicat d'Initiative qui se trouve au centre de la ville, sur le cours Mirabeau. Là ils ont rencontré un employé très aimable qui leur a donné beaucoup de renseignements.

Employé: Bonjour Messieurs-dames.
M. Nottingley: Bonjour, Monsieur. Pouvez-vous nous donner quelques renseignements sur la ville?
Employé: Certainement.

Autrefois Aix était la capitale de la Provence. Aujourd'hui, c'est toujours une ville importante et touristique.
Le Syndicat est situé au centre de la ville, sur le cours Mirabeau. C'est une belle avenue très animée où il y a toujours quelque chose d'intéressant à voir. Au mois de septembre, par exemple, on organise un marathon Marseille-Aix, qui se termine ici.
Vous voyez, de l'autre côté de la rue, beaucoup de magasins et de cafés. Au 17ème siècle, il n'y avait pas de magasins ici, mais c'était, quand même, une rue importante. Il y avait de grandes maisons très élégantes comme les maisons que vous voyez là-bas. Dans le temps, des ducs et des marquis habitaient ici.
On appelle Aix la ville des cent fontaines et c'est vrai qu'il y a beaucoup de fontaines. Là-bas, vous voyez la fontaine d'eau chaude. Dans le temps, on pensait que les eaux chaudes naturelles étaient curatives et beaucoup de gens malades venaient à Aix pour

prendre des bains ou pour boire l'eau. Les Romains connaissaient déjà les eaux d'Aix. C'est un général romain, qui s'appelait Sextius, qui a donné son nom à la ville: Aquae Sextiae, les eaux de Sextius, qui est finalement devenue Aix.
À Aix, vous trouverez beaucoup de choses intéressantes à faire et à voir. Il y a de belles maisons, des églises et la cathédrale. Il y a aussi des musées. Si vous vous intéressez aux très anciens habitants de notre région, allez au Musée d'Histoire Naturelle. Vous pourrez y voir des œufs de dinosaures!

Eh bien voilà. Prenez ces dépliants et cette carte. Maintenant, il vous faut explorer la ville vous-mêmes.
M. Nottingley: Merci beaucoup, Monsieur.

Trouvez l'erreur

Dans chaque phrase il y a une erreur. À vous de la trouver et de corriger les phrases.

1 Aix était autrefois la capitale de l'Alsace.
2 Au 17ème siècle, il y avait beaucoup de magasins dans le cours Mirabeau.
3 Dans le temps beaucoup de gens malades venaient à Aix pour boire le vin de la région.
4 C'est un général français qui a donné son nom à la ville.
5 Le général s'appelait Marius.
6 On sait qu'il y avait des éléphants dans la région parce qu'on a trouvé leurs œufs.

The Imperfect Tense (1)

The Imperfect Tense is another past tense. It tells you what **used** to happen:

Des ducs et des marquis **habitaient** ici...
... used to live ...

On **pensait** que...
People used to think ...

Beaucoup de gens malades **venaient** à Aix.
... used to come ...

It is also used for **description in the past**:

Il n'y **avait** pas de magasins.
There weren't any shops.

Il **s'appelait** Sextius.
He was called Sextius.

You will be learning more about the Imperfect Tense in this unit.

So far, you have met two endings of the Imperfect Tense:

il
elle } ... **ait**   on

ils
elles } ... **aient**

These two endings are the same for all verbs in French.

Deux habitants d'Aix

Faîtes la connaissance de Marius et Léonine Laval, deux habitants d'Aix, qui connaissent très bien la ville.

Interviewer: Bonjour Monsieur, bonjour Madame. Vous êtes, tous les deux, des habitants de cette belle ville d'Aix-en-Provence, n'est-ce pas?
Marius: Oui, Monsieur. Nous sommes nés ici à Aix et nous y avons passé toute notre vie.
Interviewer: Vous vous appelez Marius, Monsieur. C'est un vrai prénom provençal, n'est-ce pas?
Marius: Ah, oui. C'est vrai. C'était le prénom d'un général romain qui a gagné une grande victoire, à Aix. Depuis, beaucoup de familles provençales ont donné le prénom Marius à un de leurs fils. Et, il y a toujours beaucoup de Marius en Provence.
Interviewer: Et vos parents et vos grand-parents, ils habitaient aussi à Aix, Madame?
Léonine: Bien sûr! Mon grand-père connaissait très bien la ville. Quand j'étais petite, j'aimais beaucoup me promener avec lui. Mais, aujourd'hui beaucoup de choses ont changé à Aix. Ce n'est plus comme avant.
Interviewer: Qu'est-ce qui a changé, par exemple?
Marius: Eh bien, il y a le cours Mirabeau. Autrefois, c'était

beaucoup plus calme. Mais, maintenant, il y a tous ces jeunes gens en été, qui font un bruit affreux.
Interviewer: Et vous, vous ne faisiez pas de bruit quand vous étiez jeunes?
Marius: Si, ... un peu ... de temps en temps, quoi! Le 14 juillet, par exemple, nous dansions et nous chantions toute la nuit.
Léonine: Ah, oui. On s'amusait bien. Tu te rappelles, Marius? Mais, tout était beaucoup moins cher en ce temps-là. Tu me payais un verre de pastis et nous mangions au restaurant pour moins de dix francs. C'était très bien. Hélas, les prix ne sont plus comme ça!
Interviewer: Ça, c'est vrai. Mais est-ce qu'il y a, quand même, des choses que vous appréciez aujourd'hui, et que vous n'aviez pas quand vous étiez jeunes?
Léonine: Voyons. Ah, oui. Il y a la télé. Nous n'avions pas ça.

Marius: Bof! La télé, elle adore ça, Léonine. Mais pas moi. Ce n'est pas seulement la ville d'Aix qui a changé, c'est la télé qui a transformé notre vie.

Ils ont vraiment dit ça?

Here are some things that Marius and Léonine said in the interview ... or did they? In fact, they only said *five* of these things. Can you decide which they were?

1 **Marius:** J'habitais à Avignon, quand j'étais petit.
2 **Léonine:** Mon grand-père connaissait très bien la ville.
3 **Marius:** Le 14 juillet, par exemple, nous dansions et nous chantions toute la nuit.
4 **Léonine:** Et tu buvais un peu trop, ce jour-là, n'est-ce pas, Marius?
5 **Marius:** On allait souvent au cinéma.
6 **Léonine:** Mais tout était beaucoup moins cher en ce temps-là.
7 **Marius:** Nous allions à Marseille tous les dimanches.
8 **Léonine:** Tu me payais un verre de pastis et nous mangions au restaurant pour moins de 10 francs.
9 **Marius:** J'avais une moto.
10 **Léonine:** Il y a la télé. Nous n'avions pas ça.

The Imperfect Tense (2)

Now you have met some more examples of the Imperfect Tense:

> Quand **j'étais** petit...
> *When I was young . . .*
> Tu me **payais** un verre de pastis.
> *You used to buy me a glass of* pastis.
> ... et nous **mangions** au restaurant pour moins de 10 francs.
> *... and we used to eat at a restaurant for under 10 francs.*
> On **s'amusait** bien.
> *We really had a good time.*
> Est-ce qu'il y a des choses que vous n'aviez pas ... ?
> *Are there things that you didn't have ... ?*

Here are all the endings of the Imperfect Tense. Remember, they're the same for every verb in French.

je	... **ais**	nous	... **ions**
tu	... **ais**	vous	... **iez**
il		ils	
elle	... **ait**	elles	... **aient**
on			

Here's a useful recipe for forming the Imperfect Tense:

1. Take your verb e.g. *faire*
2. Form the *nous* part of the Present Tense:

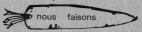

3. Chop off the *nous* part and the *-ons* ending:

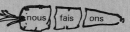

4. Add this to the endings:

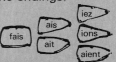

5. The dish is now ready to be served.

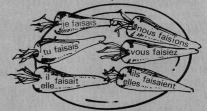

Note: There are a very few exceptions, where the first part (the stem) is not formed in this way. (See page 155)

Quand j'étais petit(e)

Things were probably different when you were small, too. Complete these sentences which compare what happened then, with what happens now.

En ce temps-là

1 Nous ...ions chez mes grands-parents tous les dimanches.

2 Nous ...ions dans un village à la campagne.

3 Pendant les vacances, nous ...ions toujours au bord de la mer.

4 Mon père ...ait à la ferme.

5 Ma mère ne ...ait pas.

6 À l'école primaire, je ...ais de la peinture. J' ...ais beaucoup ça.

7 Les cours ...aient à quatre heures moins le quart.

8 Après l'école, je n' ...ais pas de devoirs à faire à la maison.

9 Nous n' ...ions pas la télévision, alors je ...ais souvent, le soir.

10 Mon frère et ma sœur ...aient toujours à la maison.

Maintenant

Nous allons au cinéma tous les dimanches.

Nous habitons au centre de Marseille.

Pendant les vacances, nous allons ou à la campagne ou à la montagne.

Mon père travaille dans un bureau.

Ma mère travaille comme infirmière.

Au collège, je ne fais plus de peinture. C'est dommage, parce que j'aime beaucoup ça.

Les cours finissent à cinq heures d'habitude.

Après l'école, j'ai toujours des devoirs à faire à la maison.

Quand j'ai fini mes devoirs, je regarde la télé. Je ne lis pas souvent, le soir.

Mon frère et ma sœur n'habitent plus à la maison. Mon frère habite à Paris et ma sœur habite à Aix-en-Provence.

Seriez-vous un bon témoin?

Police are questioning witnesses about a 'hit and run' case, where a man and a woman have run off, after crashing their stolen car Look carefully at this reconstructed picture of the event and consider the reports of the witnesses (*les témoins*). Which witness gave the most accurate report?

Témoin 1

L'homme était grand. Il avait une moustache et les cheveux longs. Il portait un jean, un T-shirt avec «Pierre» dessus et il fumait une cigarette.
La fille était assez petite. Elle avait les cheveux frisés et elle portait un anorak, une robe et des bottes. Je crois qu'elle avait un sac à la main.

Témoin 4

L'homme était beaucoup plus grand que la fille. La fille portait des lunettes. Elle avait les cheveux courts et frisés et elle portait un anorak, une jupe, et des bottes. J'ai bien remarqué ses bottes! Elles étaient très à la mode. Elle portait quelque chose à la main – un magazine je crois . . . et elle avait un sac aussi. L'homme fumait et il était en jean. Il avait une barbe et les cheveux longs.

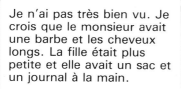

Témoin 2

Je n'ai pas très bien vu. Je crois que le monsieur avait une barbe et les cheveux longs. La fille était plus petite et elle avait un sac et un journal à la main.

Témoin 3

Ils étaient tous les deux très bizarres. Ils avaient les cheveux longs. Ils étaient en jean et le garçon fumait une cigarette.

Témoin 5

L'homme était grand. Il avait les cheveux longs et une barbe. La fille n'était pas très jolie. Elle portait des bottes et une robe.

The Imperfect Tense (3)

A few exceptions

1. Did you notice how the Imperfect Tense of *être* is formed?
   The *nous* part of *être* is *nous sommes*. As this does not end in *-ons*, a special Imperfect stem (the bit before the endings) is used.

   Here is the Imperfect Tense of *être* in full:

j' **étais**	nous **étions**
tu **étais**	vous **étiez**
il	ils
elle } **était**	elles } **étaient**
on	
c'	

   Try to remember it as it is used a great deal in descriptions of the past.

2. A few verbs, like *manger, ranger* etc. take an extra 'e' in the *nous* form. This is to make the 'g' sound soft (like a 'j' sound). The extra 'e' isn't needed though, when the ending begins with 'i'. Here is the Imperfect Tense in full:

je **mangeais**	nous **mangions**
tu **mangeais**	vous **mangiez**
il	ils
elle } **mangeait**	elles } **mangeaient**
on	

Où étiez-vous vendredi?

The police are now interviewing a number of men in connection with the 'hit and run' crash last week. All these people have an alibi. Imagine how they replied to the questions:

Où étiez-vous vendredi entre midi et une heure?
Que faisiez-vous à ce moment-là?

Exemple: 1 J'étais à la piscine.
Je nageais.

Then, see if you can work out which of the eight men is lying.

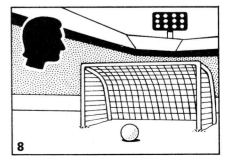

LE RÉGIME VITAMINCE

Interviewer: Félicitations, cette semaine, à Chantal et à Liliane. *Avant* le régime Vitamince, elles pesaient 86 et 78 kilos. Elles ne voulaient pas sortir. Elles n'avaient pas beaucoup d'amis. Elles n'étaient pas très jolies – ni très contentes.
Après le régime Vitamince, tout a changé. Maintenant, elles pèsent 56 et 49 kilos. Alors, Chantal, est-ce que vous mangiez vraiment trop avant?
Chantal: Ah, oui. Nous mangions tout le temps. Moi, je mangeais des bonbons, du chocolat, des glaces; et toi, Liliane, tu mangeais surtout des gâteaux, n'est-ce pas?

Liliane: Oui, j'adorais les gâteaux. Je mangeais aussi des chips et des frites. J'aimais beaucoup les frites.
Chantal: Et nous buvions trop aussi, surtout du chocolat.
Interviewer: Et puis vous avez suivi le régime Vitamince et tout a changé?
Chantal: Oui. Maintenant, nous mangeons de la salade, des fruits, du yaourt et de la viande.
Liliane: Et nous ne buvons que de l'eau minérale et les boissons spéciales du régime Vitamince.
Interviewer: Et vous êtes contentes?
Chantal: Oui. Ça a marché et nous sommes minces, maintenant.
Interviewer: Oui, elles sont minces, toutes les deux. Et vous aussi, si vous voulez être mince, suivez le régime Vitamince. Le régime Vitamince, ça marche!

Répondez aux questions

Avant le régime

1 Combien pesaient Chantal et Liliane?
2 Est-ce qu'elles mangeaient beaucoup?
3 Qu'est-ce que Liliane aimait manger?
4 Qu'est-ce que Chantal mangeait?
5 Qu'est-ce qu'elles buvaient surtout?
6 Est-ce qu'elles sortaient souvent?
7 Est-ce qu'elles avaient beaucoup d'amis?
8 Est-ce qu'elles étaient contentes?

LE RÉGIME VITAGROS

Voici Jules et Jérôme.
Avant le régime Vitagros, ils _____1)_____ 45 et 42 kilos.
Après le régime Vitagros, ils pèsent 80 et 90 kilos.

Jules: Auparavant, nous ne _____2)_____ presque rien. Nous ne _____3)_____ que de l'eau minérale. Nous _____4)_____ très minces.
Jérôme: Oui, c'est ça. Moi, je _____5)_____ de l'eau et je _____6)_____ des fruits et de la salade. Mais je n' _____7)_____ pas ça et j' _____8)_____ triste. Et toi, Jules, tu _____9)_____ triste aussi, n'est-ce pas?
Jules: Bien sûr. J' _____10)_____ faim.
Jérôme: Mais avec le régime Vitagros on mange beaucoup. On n'a jamais faim.
Jules: Maintenant nous sommes gros, mais nous sommes contents!

Avez-vous une bonne mémoire?

Regardez bien cette image pendant deux minutes. Puis, sans regarder l'image, essayez de répondre aux questions à la page 158.

The Imperfect Tense (4)

When to use it

1. For describing things which happened frequently or habits in the past:

   Nous **mangions** tout le temps.
   We were eating all the time.
   Je **mangeais** des bonbons etc.
   I used to eat sweets etc.

2. For describing 'a state of affairs' or a scene in the past. It is often used to describe what the weather was like for a period of time:

   Il **faisait** beau.
   The weather was fine.
   Il **pleuvait**.
   It was raining.
   Le garçon **avait** des cheveux longs.
   The boy had long hair.

Time clue words

The following words and phrases are often used with the Imperfect Tense:

autrefois *formerly, in the past*
auparavant *previously, beforehand*
dans le temps *in times past, in olden times*
en ce temps-là *at that time*
quand j'étais petit(e) (jeune)
when I was small (young)
il y a longtemps *a long time ago*
quand nous étions en vacances
when we were on holiday

Faites des phrases

Combien de phrases correctes pouvez-vous faire en dix minutes?

Quand j'étais en vacances, Quand j'étais petit(e), En ce temps-là, Autrefois, Auparavant, Il y a longtemps,	on pouvait manger au restaurant pour moins de 10 francs. il pleuvait tous les jours. j'allais à la plage tous les jours. j'habitais à la campagne. il n'y avait pas de magasins ici. elles magneaient beaucoup trop. les Romains habitaient en Provence. j'allais à l'école du village.

Accident de voiture

Imaginez que vous avez eu un accident de voiture. Heureusement, personne n'est blessé, mais vous devez, quand même, répondre aux questions de l'agent de police.

L'agent de police: Quelle heure était-il quand l'accident est arrivé?

Vous:

L'agent de police: Et quel temps faisait-il?

Vous:

L'agent de police: Où alliez-vous?

Vous: Je descendais COURS MIRABEAU

L'agent de police: Est-ce que vous rouliez vite?

Vous: (30)

L'agent de police: Qu'est-ce qu'il y avait derrière vous?

Vous:

L'agent de police: Est-ce qu'il roulait vite?

Vous: (50)

Une interrogation

– Où étiez-vous hier soir entre 20 heures et 22 heures?

– Qu'est-ce que vous faisiez?

– Qu'est-ce que vous regardiez, comme émission?

– Est-ce qu'il y avait quelqu'un avec vous?

– Est-ce que vous êtes sorti pendant la soirée?

Cartes postales de Provence

Voilà des cartes postales que la famille Nottingley va envoyer à leurs amis. À vous de les compléter.

«Sur le pont d'Avignon . . .» Voici le célèbre pont que nous avons vu hier à Avignon. En effet, on dans. . . sous le pont, pas sur le pont. Autrefois, il y av. . . dix-neuf arches, mais aujourd'hui, il n'en reste que quatre à Avignon ét. . . plein de touristes à cause du festival.
Amitiés,
Louise

Amicales pensées de Provence! Cette année, on a loué un gîte à Fontvieille, près d'Arles. Dimanche, on est allé à Arles pour voir une course de taureaux aux arènes. Il y av. . . C'ét. . . fantastique. six taureaux et six matadors espagnols.
À bientôt,
Paul

Nous passons trois semaines de vacances dans un gîte en Provence. La semaine dernière, il fais. . . très beau et nous all. . . à la plage tous les jours. Cette semaine, nous visitons la région. Hier, on est allé à Avignon, aujourd'hui on est à Aix-en-Provence.
Bien affectueusement,
Hélène

Avez-vous une bonne mémoire?

1 Quel temps faisait-il?
2 Est-ce que le garçon, qui faisait de la planche à voile, était grand ou petit?
3 Qu'est-ce qu'il portait?
4 Est-ce qu'il avait des cheveux longs?
5 L'autre garçon, qu'est-ce qu'il faisait?
6 Est-ce qu'il était en maillot de bain?
7 Combien de filles y avait-il?
8 Qu'est-ce qu'elles portaient?
9 Une fille mangeait, mais qu'est-ce qu'elle mangeait?
10 Est-ce qu'il y avait des animaux sur la plage?

Au supermarché

Avant de rentrer à Fontvieille, la famille Nottingley s'est arrêtée au supermarché à Aix pour faire des courses. Voilà ce qu'ils ont acheté. Combien ont-ils payé chaque article?

supermarché **codec**

PRIX SPÉCIAUX du 19 au 25 août

FRUITS ET LÉGUMES

Champignons de Paris, le panier 1 kg.	8,50F
Choux-fleurs, les deux	10,00F
Laitues, les deux	9,00F
Pamplemousses, la douzaine	15,00F

CRÉMERIE

Yaourts, le lot de 4	3,50F
Oeufs frais, le plateau de 30	10,00F
Beurre pasteurisé, 250 gr.	4,50F
Camembert, 30% matières grasses	6,75F

ÉPICERIE

Biscuits assortis, la boîte 800 gr.	10,00F
Chocolat lait – Nestlé, le lot de 2×100 gr.	5,50F
Sardines à l'huile, le lot de 3 boîtes	7,25F
Café moulu, les 250 gr.	6,00F
Côtes du Rhône, la bouteille	6,50F

BOUCHERIE – CHARCUTERIE

Pot-au-feu, le kg.	12,00F
Rôti de veau, le kg.	30,00F
Rôti de porc, le kg.	15,00F
Pâté d'Ardennes, les 100 gr.	3,20F
1 saucisson pur porc + 1 saucisse sèche, le lot	21,50F

Supermarket signs

Find the right meaning for each sign.

a) No trolleys to be taken beyond the car park
b) Frozen food
c) Opening hours: 10 a.m. – 10 p.m. Mon. – Sat.
d) No dogs allowed in the shop
e) Entrance to the store
f) Bottles to be returned
g) Exit
h) Table wine (These bottles carry/do not carry/a deposit)

SHOPPING — what you need to know

to find the shop you want

Est-ce qu'il y a ... près d'ici?

une boucherie	butcher's
une boulangerie	bakery
un bureau de tabac	tobacconist's
une charcuterie	pork butcher's, delicatessen
une crémerie	dairy
une droguerie	general household shop, selling paint, cleaning materials etc.
une épicerie	grocer's shop
un grand magasin	department store
une librairie	bookshop
un magasin de photos	camera shop
un magasin de souvenirs	souvenir shop
une papeterie	stationer's
une parfumerie	perfume shop, beautician's
une pâtisserie	cake shop, confectioner's
une pharmacie	chemist's
une quincaillerie	hardware shop
un supermarché	supermarket

to find the department you want in a department store

le rayon des disques	record department
confection dames (hommes)	ladies' (men's) fashions
le rayon d'alimentation	food department

to say how much you'd like

une boîte de	a box of, a tin of
une bouteille de	a bottle of
100 grammes de	100 grams of
un kilo de	a kilo of
un litre de	a litre of
une livre de	a pound of
un morceau de	a piece of
un (gros) paquet de	a (big) packet of
une portion de	a portion of
un pot de	a jar of
une tranche de	a slice of

to ask for something

Je voudrais ...	I'd like ...
Donnez-moi ...	Give me...
Avez-vous ... ?	Do you have ... ?
des journaux anglais	English newspapers
un ouvre-boîtes	a tin opener
Avez-vous quelque chose contre ... ?	Have you something for ... ?
un rhume	a cold
le mal de ventre	indigestion
un coup de soleil	sunstroke
Avez-vous quelque chose de moins cher?	Have you anything less expensive?
Qu'est-ce que vous avez d'autre?	What else have you got?

Other useful expressions

C'est combien?	How much is it?
Est-ce que je peux l'(les) essayer?	Can I try it (them) on?
Je le(la) prends.	I'll take it.
Merci, je ne le (la) (les) prends pas.	I won't take it, thank you.
C'est tout.	That's all.
Est-ce que vous acceptez ... ?	Do you accept ... ?
les chèques de voyage	traveller's cheques
l'argent anglais	English money
Je regarde.	I'm just looking.
Je cherche quelque chose pour un garçon (une fille) de 14 ans.	I'm looking for something for a boy (a girl) aged 14.
C'est pour offrir.	It's for a present.
Pouvez-vous me faire un paquet cadeau?	Can you gift-wrap it for me?
Ça me va?	Does it suit (fit) me?

Des provisions pour un pique-nique

Le lendemain, les Nottingley décident de faire un pique-nique.

1 À la boulangerie

Boulanger: Mademoiselle.
Louise: Bonjour, Monsieur. Deux baguettes, s'il vous plaît.
Boulanger: Bien cuites, ou pas trop cuites?
Louise: Bien cuites, s'il vous plaît. Et le pain fantaisie, qu'est-ce que c'est, exactement?
Boulanger: C'est du pain ordinaire, fait en forme de tournesol. C'est une fleur typique de la région.
Louise: Ah, c'est amusant, ça. Alors, j'en prends un comme ça, aussi. Ça fait combien en tout?
Boulanger: 7,50 F.
Louise: Voilà, Monsieur.
Boulanger: Merci. Au revoir, Mademoiselle.

2 À l'épicerie

Vendeuse: Bonjour, Monsieur. Que désirez-vous?
Paul: Un gros paquet de chips, s'il vous plaît, et deux bouteilles de limonade.
Vendeuse: Voilà, c'est tout?
Paul: Non, je voudrais aussi cinq tomates et un kilo de pêches.
Vendeuse: Et avec ça?
Paul: C'est tout. Ça fait combien?

Vendeuse: 16,60 F et on vous remboursera un franc sur chaque bouteille.
Paul: D'accord. Voilà, Madame.

3 À la charcuterie

Christine: Bonjour, Monsieur. La pissaladière, qu'est-ce que c'est, exactement?
Charcutier: C'est une sorte de tarte faite avec des tomates, des olives, des oignons et des anchois.
Christine: Et le pan bagnat?
Charcutier: C'est un gros sandwich avec des anchois, des olives, des tomates et un peu d'huile d'olive.
Christine: Bon. Alors, je prendrai trois portions de pissaladière et deux tartes au fromage, s'il vous plaît.
Charcutier: Voilà, Mademoiselle. Ça fait 21,50F.
Christine: Merci, Monsieur. Au revoir.

1 a) Où va Louise?
   b) Qu'est-ce qu'elle achète?
   c) Est-ce que le pain fantaisie est un pain spécial?
   d) Combien Louise paie-t-elle?

2 a) Où va Paul?
   b) Qu'est-ce qu'il achète comme boisson?
   c) Est-ce que les bouteilles sont consignées?
   d) Qu'est-ce qu'il achète en plus?

3 a) Où va Christine?
   b) Est-ce que la pissaladière est une spécialité de la région?
   c) Le pan bagnat, qu'est-ce que c'est?
   d) Est-ce que Christine en achète?

Maintenant à vous!

C'est à vous d'acheter des provisions pour un pique-nique pour cinq personnes. Choisissez au moins une chose dans chaque magasin et imaginez votre conversation.

BOULANGERIE

baguette	2,00F
pain de 500 gr.	2,25F
ficelle	1,80F
pain fantaisie	3,50F
croissant	pièce 2,50F
brioche	pièce 2,50F
pain au chocolat	pièce 2,50F

EPICERIE

limonade	2,20F
eau minérale	2,60F
tomates, *le kg.*	4,00F
oranges, *le kg.*	5,00F
pommes, *le kg.*	5,50F
pêches, *le kg.*	4,00F
chips, *gros paquet*	4,20F
biscuits, *paquet de 250 gr.*	2,40F

CHARCUTERIE

tarte au fromage		3,50F
quiche lorraine		4,00F
salade de tomates, *portion*		3,00F
pâté maison	*le kg.*	20,00F
saucisson		12,00F

spécialités provençales

pissaladière, *portion*		4,50F
pan bagnat		6,00F
tomates farcies à l'ail	*pièce*	4,30F
salade niçoise, *portion*		3,50F

La Provence, pays de la peinture

Paul Cézanne (1839 – 1906)
Ce peintre très célèbre aimait beaucoup les couleurs de cette région, surtout le bleu et le pourpre des montagnes et de la mer. Il a peint beaucoup de tableaux de la montagne Sainte-Victoire. Il était très timide, et quand il voulait peindre des personnes sur ses tableaux, il choisissait sa femme ou des personnes qui ne parlaient pas – comme les deux paysans, par exemple, dans «Les joueurs de cartes».

Vincent Van Gogh (1853 – 1890)
Un peintre hollandais qui adorait la Provence! Van Gogh n'a passé que deux ans à Arles mais pendant ce temps, il a peint plus de 300 tableaux. Il aimait beaucoup les couleurs vives de cette région ensoleillée. Dans ses peintures, il mettait souvent les fleurs et les arbres typiques de Provence, comme les iris, les tournesols et les oliviers.

Pablo Picasso (1881 – 1973)
Ce peintre et sculpteur espagnol venait souvent en Provence. En 1946, il a passé six mois au Château Grimaldi. Aujourd'hui, on peut y voir tout ce qu'il a fait pendant ces six mois – plus de 30 peintures, 78 céramiques, 33 dessins et 2 sculptures. Quelles vacances!

Henri Matisse (1869 – 1954)
Quand il était jeune, Matisse ne s'intéressait pas du tout à la peinture. À l'âge de vingt ans, il était à l'hôpital à cause d'une appendicite et sa mère lui a acheté une boîte de couleurs. C'est comme ça qu'il a commencé à faire de la peinture. Plus tard, il est devenu un très grand artiste. Matisse adorait le dessin. Quand il était très vieux, et qu'il devait rester au lit, il a même dessiné sur le plafond de sa chambre à l'aide d'une canne à pêche!

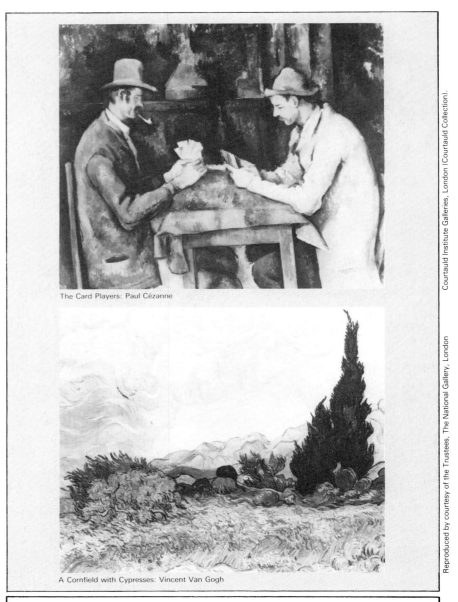

The Card Players: Paul Cézanne

A Cornfield with Cypresses: Vincent Van Gogh

Qui est-ce?

1 Comment s'appelle le peintre qui ne s'intéressait pas du tout à la peinture, quand il était jeune?

2 Comment s'appelle le peintre hollandais qui a passé deux ans à Arles?

3 Comment s'appelle le peintre espagnol qui venait souvent en Provence?

4 Comment s'appelle le peintre qui a dessiné sur le plafond de sa chambre à l'aide d'une canne à pêche?

5 Comment s'appelle le peintre qui a fait beaucoup de tableaux de la montagne Sainte-Victoire?

Trouvez le mot—un jeu radiophonique

Essayez d'abord de répondre à ces questions, puis écoutez l'émission pour connaître les bonnes réponses.

Le jeu des définitions

Trouvez la bonne définition:

1 Un gîte
  a) C'est une maison de vacances qui se trouve d'habitude à la campagne.
  b) C'est un endroit où on achète des billets.

2 La Camargue
  a) C'est un port de pêche où il y a de très belles plages.
  b) C'est une région de Provence qui est très sauvage, mais très belle.

3 Un Syndicat d'Initiative
  a) C'est un bureau ou une société qui vous donne des renseignements sur la ville et sur la région.
  b) C'est un régiment de la Gendarmerie Nationale qui travaille à Paris.

4 Le Mistral
  a) C'est un vent froid du nord qui souffle en Provence.
  b) C'est une personne qui joue d'un instrument de musique.

Trouvez le mot . . . qui commence avec P

1 C'est une région de France qui est très populaire pour les vacances. La Camargue fait partie de cette région.

2 C'est une ville française qui est très célèbre. L'Ile de la Cité est la partie la plus vieille de cette ville.

3 C'est une personne qui possède une maison, ou un gîte ou même un magasin.

4 C'est quelque chose qui est d'habitude dans le mur. À l'aide de cet objet, on peut brancher un appareil électrique, comme une télévision, etc.

5 Vous aimez le petit déjeuner anglais avec des œufs, du bacon, etc? Alors, pour le préparer, vous devez utiliser cet objet, qui est une sorte de casserole.

Trouvez le mot . . . qui commence avec C

1 C'est une chose qui est très utile si vous aimez prendre un bain chaud.

2 C'est une chose qui est nécessaire pour un chef de cuisine. Elle peut être à gaz ou à électricité.

3 C'est quelque chose qui coupe, mais ce n'est pas un couteau.

4 C'est une chose qui est très pratique en été, si vous voulez vous asseoir dans le jardin ou sur la plage. En plus, c'est facile à transporter.

5 On met ses vêtements sur cet objet, qui peut être fait en métal, en bois ou en plastique.

Êtes-vous un bon détective?

Reconnaissez-vous ces gens? Vous les avez rencontrés dans le chapitre 2. Essayez de trouver la bonne description de chaque personne.

a b c d e f g h

1 C'est la fille qui va au collège à Mulhouse et qui veut être technicienne plus tard dans la vie.

2 C'est la dame qui travaille à l'office de tourisme à Strasbourg.

3 C'est le garçon qui allait passer ses vacances à Saverne chez son frère.

4 C'est la fille qui a fait un tour d'Alsace en vélo, avec son frère.

5 C'est le garçon qui va au collège à Saverne et qui veut être professeur d'anglais plus tard dans sa vie.

6 C'est le journaliste qui travaille pour l'Alsacien.

7 C'est la fille qui aime voyager. Plus tard, elle travaillera peut-être pour une agence de voyages.

8 C'est le garçon qui va au collège à Strasbourg et qui veut devenir cuisinier.

Écrivez vous-même des définitions

Notice how it often sounds better and more natural to join two sentences together, using *qui*. When you have done this, try to work out the correct answers.

Exemple: 1 Cette ville importante, qui se trouve en Provence, est la troisième ville de France et son port principal. *(Marseille)*

1 Cette ville importante se trouve en Provence.
Cette ville importante est la troisième ville de France et son port principal.

2 Cette ville provençale était autrefois une importante cité romaine.
Cette ville provençale est célèbre pour ses arènes antiques.

3 Ces hommes travaillent en Camargue.
Ces hommes s'occupent des chevaux et des taureaux.

4 Ces gens sont venus en Provence, il y a longtemps.
Ces gens ont construit des monuments splendides, comme des arènes, des théâtres, des aqueducs.

5 Ce touriste anglais parle très bien le français.
Ce touriste anglais est marié avec une française et passe ses vacances en France, chaque année.

6 Ce produit est fait avec des olives noires.
Ce produit est souvent utilisé dans la cuisine provençale.

7 Ce peintre hollandais aimait beaucoup la Provence.
Ce peintre hollandais a fait beaucoup de tableaux des paysages et des fleurs de la région.

8 Ce monument romain se trouve près de Nîmes.
Ce monument romain attire le plus grand nombre de touristes, chaque année.

Qui

When talking about people, *qui* means 'who'.
When talking about things or places, *qui* means 'which'.
Sometimes, it can be used to mean 'that'.

C'est un vent froid du nord **qui** souffle en Provence.
It's a cold, north wind that blows in Provence.

C'est une ville française **qui** est très célèbre.
It's a French town which is very famous.

Ce touriste anglais, **qui** parle très bien le français, est marié avec une Française et passe ses vacances en France, chaque année.
This English tourist, who speaks French very well, is married to a French woman and spends his holidays in France every year.

Notice that:

it links two bits of a sentence together.
it is never shortened before a vowel.

Quel cadeau?

Pendant leur séjour en Provence, les Nottingley ont acheté des cadeaux pour leurs amis. Lisez les descriptions, puis essayez d'identifier les cadeaux.

Exemple: 1 C'est le cadeau que Christine a acheté pour son amie, Anne-Marie.

a)

John Banks, un ami de M. Nottingley, aime beaucoup le vin français. Alors il est facile de trouver le cadeau que M. Nottingley a acheté pour lui.

La sœur de Mme Nottingley aime les bonbons et les choses sucrées. Le cadeau que Mme Nottingley lui a acheté est une spécialité d'Aix-en-Provence.

b)

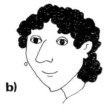

Pour son amie Hélène, qui fait collection de petites statues, Louise a trouvé quelque chose qu'elle va certainement aimer.

d)

Anne-Marie, l'amie de Christine adore faire la cuisine. Christine lui a acheté quelque chose qu'elle pourra mettre sur les pizzas et dans la salade niçoise.

e)

c)

Pour leur grand-mère, les enfants ont acheté quelque chose qu'elle pourra utiliser pour faire des omelettes aux fines herbes.

Les Nottingley ont laissé leur lapin et leur chat avec deux frères (des amis de Paul) qui aiment beaucoup le sport. Alors, ils sont sûrs d'aimer le cadeau que la famille leur a acheté.

f)

1	2	3	4	5	6
 OLIVES DE PROVENCE	 Cores du Rhone		 HERBES DE PROVENCE	 CALISSON Spécialité de la Ville d'Aix	

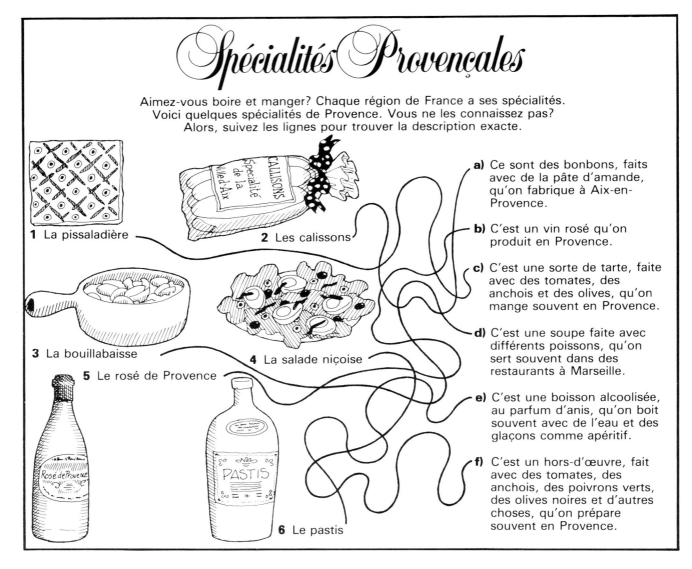

Spécialités Provençales

Aimez-vous boire et manger? Chaque région de France a ses spécialités.
Voici quelques spécialités de Provence. Vous ne les connaissez pas?
Alors, suivez les lignes pour trouver la description exacte.

1 La pissaladière

2 Les calissons

3 La bouillabaisse

4 La salade niçoise

5 Le rosé de Provence

6 Le pastis

a) Ce sont des bonbons, faits avec de la pâte d'amande, qu'on fabrique à Aix-en-Provence.

b) C'est un vin rosé qu'on produit en Provence.

c) C'est une sorte de tarte, faite avec des tomates, des anchois et des olives, qu'on mange souvent en Provence.

d) C'est une soupe faite avec différents poissons, qu'on sert souvent dans des restaurants à Marseille.

e) C'est une boisson alcoolisée, au parfum d'anis, qu'on boit souvent avec de l'eau et des glaçons comme apéritif.

f) C'est un hors-d'œuvre, fait avec des tomates, des anchois, des poivrons verts, des olives noires et d'autres choses, qu'on prépare souvent en Provence.

Que

Que in the middle of a sentence means 'that' or 'which':

> C'est le cadeau **que** Christine a acheté pour son amie.
> *It's the present, which Christine bought for her friend.*

> C'est une soupe faite avec différents poissons **qu'**on sert souvent dans des restaurants à Marseille.
> *It's a fish soup that is often served in restaurants in Marseille.*

Que can refer to people too:

> Voilà le garçon, **que** nous avons rencontré à la piscine.
> *There's the boy, (that) we met at the swimming pool this morning.*

Sometimes, 'that' is left out in English, but *que* must not be left out in French.

Notice that:

it joins two bits of a sentence together.
it is shortened to **qu'** before a vowel.

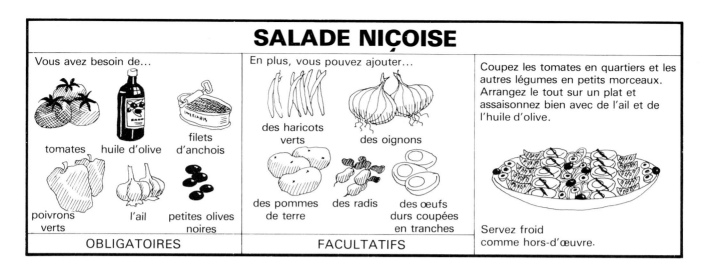

SALADE NIÇOISE

Vous avez besoin de...

tomates, huile d'olive, filets d'anchois

poivrons verts, l'ail, petites olives noires

OBLIGATOIRES

En plus, vous pouvez ajouter...

des haricots verts, des oignons

des pommes de terre, des radis, des œufs durs coupées en tranches

FACULTATIFS

Coupez les tomates en quartiers et les autres légumes en petits morceaux. Arrangez le tout sur un plat et assaisonnez bien avec de l'ail et de l'huile d'olive.

Servez froid comme hors-d'œuvre.

RESTAURANTS DE TOURISME À ARLES

	PRIX	SPÉCIALITÉS	TEL(90)
Le Marais, Avenue Sadi Carnot	35/58F	poissons	96.31.19
Les Amis, Rue de la Cavalerie	40/55F	Brasserie	96.35.69
La Pagode, Rue A.Tardieu	C	vietnamiennes	96.23.09
La Paillote, Rue du Docteur Fanton	40/60F	grillades	96.33.15
La Mamma, Rue de l'Amphithéâtre	31F	italiennes	96.11.60
Le Cheval Blanc, Bd. Georges Clemenceau	40F	—	96.05.19
F=menu à prix fixe	C=à la carte		

Que savez-vous des restaurants en France? Vrai ou faux?

1 Il n'y a pas de restaurants self-service en France.
2 Les Français ne mangent que très rarement au restaurant.
3 D'habitude, il est moins cher de prendre le menu à prix fixe que de manger à la carte.
4 Si le service n'est pas compris, il faut ajouter de 10% à 15% au prix.
5 Normalement, on mange les hors-d'œuvre à la fin du repas.
6 Quand on veut payer, il faut demander l'addition.
7 Si un plat est «en supplément» vous pouvez en prendre deux ou trois fois.
8 D'habitude, vous pouvez regarder le menu avant d'entrer dans le restaurant.

You can usually obtain a list of local restaurants from the tourist office or *Syndicat d'Initiative*. Here's an extract from the list for Arles. Choose an appropriate restaurant for each group of holiday-makers.

1 Ann Davies and Susan Black are youth-hostelling in Provence. They don't mind where they eat, so long as it's cheap.
2 M. Duval and his family like sea-food.
3 Mlle Legrand is staying at a hotel in the Bd. Georges Clemenceau. She'd like to eat in a restaurant nearby, that isn't too expensive.
4 M. et Mme Bonafous like grilled food, especially steaks.
5 Mr and Mrs Kyoto would like to try Vietnamese food.
6 John and Peter Roberts would like to eat in a place, where they can also get draught beer.

Comprenez-vous

LE MENU?

Match up these items from a menu with the descriptions in English.

1	potage	**a)**	raw vegetables (carrot, cabbage, beetroot etc) chopped up or grated
2	pommes sautées		
3	steak garni	**b)**	soup
4	haricots verts	**c)**	hard boiled egg with a mayonnaise sauce
5	crudités	**d)**	green beans
6	côte de porc	**e)**	sea-food
7	plat du jour	**f)**	pork chop
8	œuf-dur mayonnaise	**g)**	sauté potatoes
		h)	steak with a little salad and/or vegetables
9	glaces au choix	**i)**	choice of ice-cream
10	fruits de mer	**j)**	today's dish

Restaurant du VIEUX PORT

Menu touristique 45F

Oeuf dur mayonnaise
Salade niçoise
Jambon de Paris
Crudités

¼ Poulet rôti
Moules marinières
Côte de porc
Steak garni

pommes frites
haricots verts
tomates provençales
salade de saison

fromages

fruit
flan
glace

Boisson en sus   Service compris

Menu gastronomique 85F

Salade niçoise
Soupe de poisson
Crevettes mayonnaise
Hors-d'oeuvre variés avec aïoli

Cuisses de grenouille à la Provençale
Boeuf en daube
Entrecôte Maître d'hôtel
Bouillabaisse Marseillaise
Filets de sole meunière

Courgettes niçoises
tomates provençales
riz au beurre et aux tomates
Pommes frites
salade de saison

Plateau de fromages

Salade de fruits gardian
Tarte aux cerises
Cassate

Boisson en sus   Service compris

La famille Nottingley mange au restaurant

Vers la fin de son séjour en Provence, la famille Nottingley a décidé de manger au restaurant.

M. Nottingley: Bon. Je pense qu'on peut prendre le menu gastronomique. Comme ça, nous pouvons goûter aux spécialités de la région.

Paul: Mais papa, je n'aime pas les plats trop compliqués. Moi, je préfère prendre le menu touristique.

M. Nottingley: C'est comme tu veux. Mais c'est bien d'essayer autre chose de temps en temps.

Garçon: Bonsoir, M'sieurs, dames. Vous avez choisi?

M. Nottingley: Oui. On va prendre le menu gastronomique. Mais pouvez-vous nous l'expliquer un peu, s'il vous plaît?

Garçon: Oui, bien sûr. Alors, la soupe de poisson est un peu comme la bouillabaisse. C'est fait avec de différents poissons, de la tomate, de l'ail, de l'oignon et des macaroni. L'aïoli est une sorte de mayonnaise, parfumée à l'ail, bien sûr.

Mme Nottingley: Alors, pour commencer, moi, je prendrai les hors-d'œuvre variés.

M. Nottingley: Et pour moi, la soupe de poisson.

Christine: Moi, je prendrai les crevettes mayonnaise. J'aime ça.

Louise: Et pour moi, la salade niçoise. Et toi, Paul?

Paul: Er . . . je ne sais pas encore.

Garçon: Alors, comme plat principal, nous avons des cuisses de grenouille à la provençale. Elles sont préparées avec de l'huile d'olive et de l'ail et on les sert avec une sauce à la tomate. Le bœuf en daube, c'est des morceaux de bœuf avec des carottes, des oignons, de l'ail dans une sauce au vin rouge et servi avec des macaroni.

Mme Nottingley: Alors, moi, je prends ça, et comme légumes, des courgettes niçoises.

Garçon: Et pour vous, Monsieur?

M. Nottingley: Des cuisses de grenouille, s'il vous plaît, avec du riz.

Christine: Moi, je vais prendre la bouillabaisse. Toi aussi, Louise?

Louise: Non, moi, je préfère des filets de sole avec des tomates.

Garçon: Et comme boisson, Monsieur?

M. Nottingley: Une bouteille de Rosé de Provence, et puis un coca cola pour mon fils.

Garçon: Il n'a pas encore commandé, votre fils.

Mme Nottingley: Ah non, c'est vrai. Eh, bien, Paul. Tu as choisi enfin?

Paul: Oui. Moi, je prendrai le menu touristique. Du jambon, puis du poulet rôti avec des frites. À chacun son goût!

C'est pour qui?

Here are the dishes that the Nottingley family ordered, but can you remember who ordered what?

Exemple: 1 Les hors-d'œuvre variés, c'est pour Madame Nottingley.

1 Les hors-d'œuvre variés
2 La soupe de poisson
3 Le jambon
4 Les crevettes
5 La salade niçoise
6 Les cuisses de grenouille
7 Le bœuf en daube
8 Les filets de sole
9 Le poulet
10 La bouillabaisse

Now your turn

Imagine you go to the same restaurant as the Nottingleys, and work out what to say.

1 You only have 65F so say you'll have the tourist menu. Choose what you'll have to start with: *(Pour commencer)*, as the main dish: *(Comme plat principal . . .)*, and the vegetables: *(Comme légumes . . .)*. Order some mineral water to drink.

2 Today you're being treated. Ask for the best menu. Ask the waiter what one of the dishes is: *(Qu'est-ce que c'est, exactement?)*. Order a starter, a main course and vegetables and a glass of wine.

3 This time, you're with an uncle, who wants you to order for him. He wants to try typical Provençal food, so you order a *salade niçoise* and *bouillabaisse* for him. Then order what you'd like for yourself, and order a carafe of red wine and some mineral water.
Finally, ask for the bill.
(L'addition, s'il vous plaît)

4 This time order anything you like from either of the menus – money no object!

LA CAMARGUE

Pendant son séjour en Provence, Louise a fait un album de souvenirs. Voici la page qu'elle a préparée sur la Camargue.

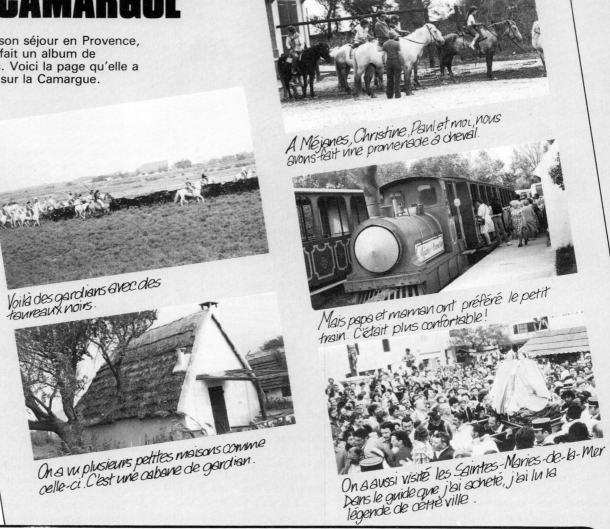

À Méjanes, Christine, Paul et moi, nous avons fait une promenade à cheval.

Voilà des gardians avec des taureaux noirs.

Mais papa et maman ont préféré le petit train. C'était plus confortable!

On a vu plusieurs petites maisons comme celle-ci. C'est une cabane de gardian.

On a aussi visité les Saintes-Maries-de-la-Mer. Dans le guide que j'ai acheté, j'ai lu la légende de cette ville.

Les Saintes-Maries-de-la-Mer

Voici la légende des Saintes-Maries qui ont donné leur nom à cette petite ville provençale au centre de la Camargue.

Environ quarante ans après Jésus Christ, Marie-Madeleine, deux autres Maries et d'autres Chrétiens venant de Jérusalem, ont été abandonnés en mer, sur un petit bateau sans voile, sans rames et sans provisions.

Après un long voyage, ils sont enfin arrivés sur une petite plage de Camargue. Les deux Maries sont restées là avec leur servante, Sara, jusqu'à leur mort.

Plus tard, à cet endroit on a construit une église et on a mis dans la crypte des statues des Saintes-Maries et de Sara. Sara est devenue la sainte patronne des gitans.

Chaque année, le 24 et le 25 mai, c'est la fête des Gitans aux Saintes-Maries-de-la-Mer. Les gitans viennent de tous les pays et beaucoup passent la nuit dans la crypte même. Le lendemain, on sort les statues de l'église et on les emmène en procession dans les rues de la ville et sur la plage jusqu'à la mer.

Avez-vous passé de bonnes vacances?

C'est la fin des vacances. Les Nottingley sont rentrés en Angleterre. Est-ce qu'ils ont passé de bonnes vacances? Qu'est-ce qu'ils ont surtout aimé et est-ce qu'il y a des choses qu'ils n'ont pas aimées?

– Monsieur Nottingley?
– Moi, j'ai beaucoup aimé la Provence. Il a fait beau presque tous les jours, et il y avait toujours quelque chose d'intéressant à voir. On a trouvé de bons petits restaurants, et on a très bien mangé en général.
– Mme Nottingley?
– Moi aussi. Je suis très contente de nos vacances. Mais, il y avait trop de monde, par exemple, en Camargue. Et un jour, on a dû attendre deux heures dans un embouteillage. Il faisait chaud, ce jour-là; c'était affreux. Mais à part ça, tout s'est bien passé. Le gîte était bien et propre et tout le monde était très gentil.
– Louise?
– Moi, j'ai surtout aimé Les Baux-de-Provence. C'est un vieux village dans la montagne. Il y a beaucoup d'artisans là, qui vendent de la poterie, des peintures, etc. Et du village, on a une vue superbe sur la vallée du Rhône.
– Christine?
– J'ai bien aimé la Camargue, malgré tous les touristes qui étaient là. J'ai aimé aussi la campagne, avec les oliviers, les vignobles, etc. Je n'ai pas beaucoup aimé Marseille, mais il faut dire, qu'en général, je n'aime pas les grandes villes, surtout quand il fait chaud.
– Et Paul?
– Moi, ce que j'ai surtout aimé c'était la course de taureaux à Arles. Puis, le musée d'Histoire Naturelle à Aix. Ça aussi, c'était intéressant.

La parole aux jeunes

Où avez-vous passé vos vacances, cette année? Avez-vous fait du camping? Êtes-vous allé à l'hôtel ou dans un gîte? Préférez-vous les vacances au bord de la mer ou à la campagne, avec votre famille ou avec des amis? Voici cinq jeunes Français qui vous parlent de leurs vacances.

Patrick Guénard
J'habite à Paris, mais j'aime passer mes vacances à la campagne ou à la montagne. À Pâques, je suis parti en vacances avec deux amis. Nous voulions apprendre à faire du ski, alors nous sommes allés dans les Alpes. Nous avons passé une semaine dans une auberge de jeunesse à Morzine. C'était fantastique! Nous nous sommes très bien amusés et nous avons fait beaucoup de progrès. D'abord je tombais tout le temps et j'avais un peu peur, mais à la fin de la semaine je pouvais vraiment faire du ski – enfin, un peu! L'année prochaine nous espérons y retourner.

Hélène Beauregard
Cette année, je suis allée en vacances avec mes parents et ma sœur, qui a treize ans. Nous avons passé deux semaines à visiter les châteaux de la Loire. Nous

sommes partis en voiture et mon père voulait voir tous les châteaux, alors on a changé d'hôtel plusieurs fois. À mon avis, c'était un peu ennuyeux! J'ai aimé les premiers châteaux – bien sûr, surtout Chambord, mais, après deux ou trois jours, nous en avions assez, ma sœur et moi! Et en plus, je n'aime pas changer d'hôtel tout le temps. On a passé les vacances à faire les valises! Ma sœur et moi, nous avons décidé, que l'année prochaine, nous allons partir en vacances au bord de la mer avec des amies.

Pascale Legivier
Cette année, nous sommes allés en Provence, mon frère Victor et moi, et nous avons passé trois semaines chez ma tante à Aix-en-Provence. Nous y sommes allés par le train, mais le voyage était un désastre. D'abord, nous avons oublié de réserver des places et nous avons dû rester debout la plupart du temps. Puis, nous n'avons pas eu le temps de composter notre billet à Paris et nous avons dû payer 50 francs à l'inspecteur. Une fois arrivés, nous avons quand même passé de bonnes vacances. Aix est une ville intéressante et nous avons fait beaucoup d'excursions dans la région.

Marc Voyard

Pendant les vacances, j'aime faire du camping. Cette année, je suis allé en Dordogne avec mes deux frères et mes parents. On n'avait pas réservé à l'avance, et tous les campings étaient complets, alors la première semaine ne s'est pas très bien passée. D'abord nous avons dû camper dans un champ et il a plu presque tout le temps. Ma mère était de très mauvaise humeur. Cependant, au début de la deuxième semaine on a commencé à avoir de la chance. Nous avons trouvé un emplacement dans un terrain de camping près de Rocamadour, où il y avait deux piscines. Il a fait très beau pendant deux semaines et tout le monde s'est bronzé.

Maryse Dupont

Pendant les grandes vacances j'aime aller au bord de la mer. Cette année, nous avons loué un gîte en Bretagne. À mon avis, les vacances dans un gîte sont idéales – sauf pour les femmes! Pendant la première semaine, maman et moi, nous avons passé tout notre temps à préparer les repas. Puis, nous avons décidé qu'on allait pique-niquer sur la plage, ou qu'on allait manger au restaurant. Après ça, tout allait mieux. On s'est baigné, on s'est bronzé et personne n'a travaillé!

Répondez pour Patrick:
1 Où aimes-tu passer les vacances?
2 Où es-tu allé cette année?
3 As-tu aimé tes vacances?
4 As-tu appris à faire du ski?
5 Est-ce que tu voudrais y retourner un jour?

Posez des questions à Hélène. Voici ses réponses:
1 Non, je suis allée avec mes parents et ma sœur.
2 Nous sommes allés au Val de Loire.
3 Nous avons voyagé en voiture.
4 Nous sommes allés dans des hôtels.
5 Non, je les ai trouvées très ennuyeuses.

Répondez pour Pascale:
1 Où êtes-vous allés, votre frère et vous?
2 Comment avez-vous voyagé?
3 Avez-vous fait bon voyage?
4 Comment avez-vous trouvé Aix?

5 Est-ce que vous avez visité d'autres endroits?

Posez des questions à Marc. Voici ses réponses:
1 Je préfère le camping.
2 Non, j'y suis allé avec ma famille.
3 La première semaine, il pleuvait tout le temps, mais après, il a fait très beau.
4 C'était près de Rocamadour.
5 Oui, il y avait deux piscines au terrain de camping.

Répondez pour Maryse:
1 Où aimes-tu passer les vacances?
2 Où es-tu allée cette année avec ta famille?
3 Qu'est-ce qui s'est passé la première semaine?
4 Qu'est-ce que vous avez décidé de faire, alors?

C'est à vous!

1 Quelle sorte de vacances préférez-vous?
2 Où êtes-vous allé l'année dernière? Voudriez-vous retourner au même endroit?
3 Avez-vous fait du camping?
4 Êtes-vous allé à hôtel ou dans un gîte?
5 Avec qui êtes-vous parti en vacances?
6 Combien de semaines êtes-vous resté?
7 Préférez-vous les vacances à la campagne, à la montagne, dans une ville ou au bord de la mer?
8 Comment avez-vous voyagé?
9 Préférez-vous les vacances en famille ou avec des amis?
10 Qu'est-ce que vous aimez faire, pendant les vacances?

Écrivez une lettre à votre correspondant(e)

Hatfield, le 4 septembre

Cher Christophe,

Aujourd'hui, c'est la rentrée, ici en Angleterre, et les grandes vacances sont finies, malheureusement.

Cette année, je suis allé au Pays de Galles avec mes parents et ma sœur. Nous sommes allés à Abersoch, c'est un petit port de pêche au nord du Pays de Galles. Nous avons loué une maison à Llanengan, un village tout près d'Abersoch. Nous avons passé des vacances formidables. Tous les matins, nous sommes allés à la plage. Nous nous sommes baignés et nous avons fait du bateau - il y a beaucoup de bateaux à Abersoch.

Un soir, il y a eu un feu d'artifice sur la plage avec de la musique. C'était fantastique! Un jour nous avons fait une excursion en montagne. Nous sommes montés au sommet de Snowdon par le petit train.

Après deux semaines, nous sommes rentrés en voiture. J'espère y retourner l'année prochaine.

Je suppose qu'en France vous êtes toujours en vacances; tu as de la chance! Raconte-moi tout ce que tu as fait pendant tes vacances.

Meilleures amitiés à toi et à toute ta famille,

James

Practise writing a letter to your penfriend about your holidays.
Include some of the following:

1 What kind of holidays you like best

J'aime les vacances Je préfère les vacances	à la campagne au bord de la mer avec des amis chez des amis en famille

2 Where you like to stay

Je préfère Je n'aime pas beaucoup J'aime Je déteste	faire du camping passer des vacances dans un gîte aller à l'hôtel aller à l'auberge de jeunesse passer des vacances dans une caravane

3 Where you went this year

Cette année,	je suis allé nous sommes allés	à + *town* en + *country* en Espagne en Italie en Écosse etc.
	nous avons visité	+ *town* + *country*

4 How you travelled there

Nous y sommes allés J'y suis allé On a voyagé	en voiture en aéroglisseur en avion par le train en vélo en autocar

5 What you did

On s'est baigné, on s'est bronzé

Nous avons	fait une excursion à ... visité ... vu ... loué ...

6 What you did and did not like

J'ai surtout aimé Je n'ai pas aimé	l'hôtel, la plage, la piscine, les autres campeurs, le feu d'artifice, les repas, les spécialités de la région etc.

7 Whether you would like to go there again

Je voudrais Je ne voudrais pas	y retourner	une autre fois l'année prochaine

SOUS TERRE - une aventure de vacances

Based on an original story written by the Nuffield Foundation French Section and published as part of En Avant Stage 4B.

Jean-Luc et Chantal Renaud passent les grandes vacances chez leurs cousins, Bernard et Solange Dupré. Bernard et Solange habitent à Souillac, une petite ville qui se trouve dans le sud-ouest du Massif Central. Le Massif Central est une région montagneuse au centre de la France. Il y a beaucoup de grottes dans cette région. Il y a les célèbres grottes de Lascaux, par exemple où on a découvert des peintures préhistoriques.

Les deux garçons, Bernard et Jean-Luc, aiment bien faire de l'escalade. Les deux filles, Chantal et Solange, n'aiment pas beaucoup l'escalade, mais elles aiment faire des promenades à vélo.

Un soir, ils regardent les prévisions de la météo dans le journal. *Aujourd'hui, dans la partie nord de la France, zone nuageuse avec pluie; dans le centre et le sud, le temps sera ensoleillé avec une température d'environ 28 degrés. Demain, il fera beau et chaud dans tout le pays.* Ils décident donc d'aller le lendemain faire une petite promenade dans la montagne.

— Bon, dit Bernard, je vais emporter une grosse corde. Jean-Luc et moi, nous ferons un peu d'escalade.

Le lendemain matin, ils sont partis de bonne heure. Après deux heures de bicyclette, ils sont fatigués et ils ont faim. Il est midi. Ils trouvent un endroit agréable au bord de la route pour pique-niquer. Soudain, ils voient un jeune homme qui court sur la route. Il s'approche des quatre amis.

— Est-ce que vous pouvez m'aider? Je suis berger. Mon chien Miraut est tombé dans un trou. Je vais chercher du secours au village.

— Oui, dit Jean-Luc. Qu'est-ce que nous pouvons faire?

— Le village se trouve à huit kilomètres d'ici. Vous avez des vélos. Est-ce que vous voulez aller au village chercher du secours?

— Oui, bien sûr, dit Jean-Luc.

— Non, attends, Jean-Luc, dit Bernard. Nous avons une corde et une lampe électrique. Nous pouvons descendre dans le trou et sauver le chien.

— Ah, merci, merci, dit le berger. Bon, venez vite. Suivez-moi.

Alors les jeunes gens ramassent vite leurs provisions et partent avec le berger. Un quart d'heure plus tard, ils doivent quitter la route pour prendre un petit chemin de montagne. Bientôt le berger dit:

— C'est là!

Jean-Luc sort la corde de son sac et l'attache autour de Bernard.

— Ça y est! dit Bernard. Je suis prêt, je peux descendre maintenant. Tenez bien la corde.

— Fais attention, Bernard, dit Solange, ça peut être dangereux, tu sais.

— Oui, je sais, je sais, répond Bernard, et il commence à descendre. Mais bientôt il crie:

— Aïe! Ma tête!

Les amis crient:

— Bernard, qu'est-ce qu'il y a?

— J'ai glissé. Tenez bien la corde, je remonte.

Quelques instants plus tard, Bernard sort du trou. Il est blessé à la tête. Il a le visage couvert de sang.

— Tu vois bien, dit Solange, tu ne peux pas descendre. C'est trop dangereux.

— Non, attends, moi je vais descendre, dit Jean-Luc. Donne-moi la lampe, Bernard.

Quelques minutes plus tard, Jean-Luc crie:

— Je vois le chien. Attendez-moi, je vais le chercher. Jean-Luc appelle le chien, mais celui-ci a peur et s'en va. Jean-Luc le suit. Soudain, le chien s'arrête et Jean-Luc le prend dans ses bras. À ce moment, il entend un bruit d'eau. Il regarde devant lui. Il est au bord d'une rivière.

— Ah, je comprends pourquoi tu n'as pas continué, mon petit Miraut. Tu n'aimes pas l'eau, hein? . . .

Puis, il pense: «De l'eau . . . de l'eau, une rivière, mais . . . où est-ce que je suis?» Il regarde autour de lui.

— Oh, ça alors, s'écrie-t-il. C'est fantastique! J'ai trouvé une grotte! Jean-Luc voudrait explorer la grotte tout de suite. Mais il pense aux autres, qui l'attendent et il retourne vite avec Miraut dans ses bras. Jean-Luc attache bien la corde autour de Miraut, et crie:

— Allez-y! Je l'ai attaché. Vous pouvez le remonter.

Puis, la corde redescend et Jean-Luc remonte lui aussi. Quand il sort du trou, Miraut est dans les bras du berger qui est très content.

— Merci Jean-Luc, dit le berger, vous êtes très gentil et très courageux.

— Dites, vous savez, j'ai trouvé quelque chose de magnifique en bas: des grottes et même une rivière!

— C'est la première fois qu'on parle de grottes ici, mais il y en a d'autres dans la région, dit le berger.

— Écoute, Bernard, dit Jean-Luc. Il est trop tard maintenant, mais nous irons bientôt les explorer, ces grottes. Nous ferons un grand tour sous terre. Ce sera formidable!

— Et vous, vous viendrez avec nous? demande Jean-Luc au berger.

— Oh, non, répond le berger, j'aurai certainement trop de travail pour pouvoir descendre. Vous irez quand?

— Oh, la semaine prochaine, nous aurons d'abord du matériel à acheter.

— Bon, dit le berger, lundi prochain je serai là à l'entrée des grottes à onze heures, pour vous aider à descendre.

Il est quatre heures, les cousins disent au revoir au berger et partent.

Une semaine se passe. Les cousins ont acheté des casques et des cordes. Le dimanche soir, ils vérifient le matériel et préparent des provisions pour le lendemain.

Le lundi matin, à neuf heures moins le quart, ils sont prêts. Ils ont mis leurs provisions dans un sac, et dans un autre sac, ils ont mis les casques, les cordes, une lampe électrique, et de gros tricots.

— Vous emportez des provisions pour une semaine, dit Madame Dupré. Où allez-vous avec tout ça?

— On va faire un tour en vélo dans la montagne, maman, dit Solange.

— Bon, mais n'oubliez pas l'heure: le dîner est à sept heures.

— Ne t'en fais pas, maman, nous serons là!

Les cousins partent.

Il est presque onze heures quand ils arrivent près du trou de la grotte. Ernest le berger est là avec Miraut. Les jeunes gens mettent leurs tricots et leurs casques. Puis, ils préparent les cordes. Jean-Luc prend une corde.

— N'oublie pas la lampe électrique, Jean-Luc, dit Bernard. Tout le monde est prêt? Bon, on y va.

Ernest attache une corde sous les bras des jeunes gens. Jean-Luc descend le premier. Ensuite, les deux filles descendent. Enfin, Bernard descend à son tour. Alors, Ernest remonte la corde et crie:

— Faites bien attention; bonne chance! À ce soir!

Les jeunes gens sont maintenant au bord de la rivière. Ils regardent autour d'eux.

— Oh! ce que c'est joli, s'écrie Solange.

— J'ai attrapé Miraut sur ce rocher. Puis, j'ai vu la rivière là-bas, dit Jean-Luc.

— Où est-ce qu'on va maintenant? demande Chantal. Bernard examine la grotte et dit:

— Nous allons par là.

Ils sont bientôt dans un couloir. Ils avancent lentement. Ils font très attention.

— Brrr! dit Solange. Il fait froid.

— C'est vrai, dit Chantal, on gèle ici.

Ils arrivent bientôt dans une autre salle où la rivière descend sous terre avec un bruit effrayant.

— Cette salle est beaucoup plus grande que la première, dit Jean-Luc.

— Et elle est beaucoup plus belle! dit Chantal.

— Oh, regarde les stalactites et les stalagmites, dit Solange.

— Ah, c'est formidable, dit Jean-Luc.

— Oui, c'est très intéressant, dit Chantal, mais moi, j'ai faim. On mange?

— D'accord, dit Bernard. Il est presque une heure. On va manger. Alors ils s'asseyent sur un rocher et commencent à manger.

— C'est drôle, un pique-nique sous terre! dit Solange.

— Qu'est-ce qu'on fait après le pique-nique? demande Chantal. On continue, Bernard?

— Oui, nous avons encore le temps d'explorer un peu, répond Bernard. Ernest sera à l'entrée de la grotte à quatre heures.

Ils ont bien mangé maintenant, et ils ont bu une tasse de café bien chaud. Ils ne sont plus fatigués.

— Allons-y, dit Bernard. On va continuer dans ce couloir. Il y aura peut-être d'autres salles, plus loin. Mais bientôt, le couloir se divise en deux.

— Bon. On va par là à gauche, dit Bernard; ça descend beaucoup trop à droite.

Mais un peu plus tard, ils doivent s'arrêter. Le couloir ne va pas plus loin. À ce moment, ils entendent un grand bruit. Ils ont très peur. Ils retournent vers l'entrée du couloir aussi vite que possible. Mais de gros rochers barrent le passage. Alors, ils essayent de pousser les rochers. Mais hélas, les rochers sont trop gros . . .

— Zut, c'est fini, nous ne pouvons plus retourner à l'entrée de la grotte, dit Bernard.

— Oh mon Dieu! Qu'est-ce que nous allons faire? s'écrie Chantal.

— Oh, j'ai peur, dit Solange, nous allons mourir ici.

— Mais non, mais non, dit Bernard. Ne t'en fais pas. Il y a certainement une autre sortie. Nous avons une corde. Nous allons descendre par là, à droite.

— Tu iras tout seul, dit Chantal, moi j'ai trop peur.

— Bon. J'y vais, dit Jean-Luc. Bernard attache la corde sous les bras de Jean-Luc. Jean-Luc descend. Bernard tient la corde. Bientôt Jean-Luc crie:

— Ça y est. Attendez. Il y a un passage un peu plus loin. Je vais l'explorer. Vous, attendez-moi là-haut.

Quelques instants plus tard, Jean-Luc est de retour.

— Eh, les copains, descendez vite, crie-t-il. J'ai vu une chose extraordinaire.

— Qu'est-ce que c'est? demande Chantal.

— Descendez et venez voir, répond Jean-Luc.

Les jeunes gens descendent et suivent Jean-Luc dans un petit couloir.

— Qu'est-ce que c'est?

— Attendez! Vous allez voir, répond Jean-Luc.

Quelques minutes plus tard, ils arrivent dans une petite salle.

— Regardez ça, dit Jean-Luc.

— Ah, c'est formidable! C'est magnifique! s'écrient les trois autres.

Ils regardent autour d'eux. La grotte est couverte de peintures.

— Venez voir, continue Jean-Luc. Il y a des chevaux, ici, et des taureaux.

— Qui est-ce qui a dessiné tous ces animaux-là? demande Solange.

— C'est formidable, dit Bernard. Nous avons trouvé des grottes préhistoriques, comme les grottes de Lascaux.

— Mais alors, dit Jean-Luc, nous avons fait une découverte importante.

— Oui, dit Bernard, mais nous devons d'abord sortir d'ici.

— C'est vrai, dit Chantal, dépêchons-nous. Ernest va nous attendre.

Les quatre cousins ne parlent plus. Ils avancent maintenant dans un couloir. Soudain, Bernard qui est en tête s'écrie:

— De la lumière! Ça y est! Voilà la sortie.

— Ah, enfin, dit Solange.

Les jeunes gens sortent sans difficultés. Ils sont très fatigués, mais très contents de revoir le ciel et le soleil. Mais, où sont-ils

maintenant? Ils enlèvent leurs casques et ils regardent autour d'eux. Bernard dit:

– Nous allons essayer de retrouver Ernest.

– C'est vrai, dit Jean-Luc. Il est quatre heures et demie. Il doit nous attendre.

– Et nos vélos?

Bernard regarde la montagne.

– Nous sommes plus près de la vallée maintenant que ce matin. Mais oui, nous sommes descendus presque tout le temps. Donc Ernest doit être un peu plus haut. On va chercher par là. Et ils voient bientôt Ernest et Miraut qui courent vers eux à toute vitesse.

– Ah, enfin, dit Ernest, vous voilà. Vous savez, vous êtes en retard, il est presque cinq heures.

– Excuse-nous, Ernest, dit Bernard. Oui, nous sommes en retard, mais ce n'est pas de notre faute.

– Par où êtes-vous sortis? demande Ernest.

– Par là, répond Bernard, vers la vallée.

– Alors, dit Ernest, qu'est-ce que vous avez trouvé?

– Des grottes, dit Chantal.

– Oui, et elles sont magnifiques! dit Jean-Luc.

Une demi-heure plus tard, les cousins sont prêts à partir. Ils ont raconté leur histoire à Ernest. Ils ont bu un verre de coca cola, et ils ont mangé quelques biscuits.

Il est presque huit heures quand ils arrivent à la maison. Ils sont très fatigués. Mme Dupré n'est pas contente.

– Vous avez vu l'heure? Le dîner est à sept heures, vous le savez bien. Où est-ce que vous êtes allés?

Les jeunes gens racontent leur journée. Quand ils ont fini, Monsieur Dupré dit:

– Écoutez-moi bien, vous avez eu une belle aventure, c'est parfait. Mais c'est fini, tout ça. Vous entendez? Vous n'irez plus tout seuls dans ces grottes, c'est trop dangereux. Demain matin, nous irons voir le directeur du musée de Lascaux.

Le lendemain matin, les jeunes gens racontent leur aventure au directeur du musée de Lascaux. Quand ils ont terminé, le directeur dit:

– C'est très intéressant, tout ça. Nous allons préparer une exploration tout de suite. Et vous serez nos guides, si vous le voulez bien.

Avez-vous bien compris?

1 Pourquoi est-ce que les garçons sont descendus dans le trou, la première fois?

a) Pour trouver des dessins préhistoriques.

b) Pour trouver des chevaux.

c) Pour aller chercher un chien.

d) Pour aller chercher le berger.

2 Pourquoi sont-ils descendus dans le trou, une deuxième fois?

a) Pour sauver le chien du berger.

b) Pour explorer les grottes.

c) Pour se baigner dans la rivière.

d) Pour retrouver une corde.

3 Qui est-ce qui est descendu dans le trou, la deuxième fois?

a) Ce sont les deux garçons qui sont descendus.

b) Ce sont les deux filles qui sont descendues.

c) Ce sont les deux filles, les deux garçons et le berger qui sont descendus.

d) Ce sont les deux filles et les deux garçons qui sont descendus.

4 Pourquoi est-ce que les jeunes gens ont dû trouver une autre sortie?

a) Parce qu'ils ont cassé une des lampes.

b) Parce qu'ils ont perdu leur corde.

c) Parce qu'Ernest n'a pas attendu ses amis.

d) Parce que de gros rochers sont tombés dans le couloir et ont barré le passage.

5 Ils ont fait une découverte importante dans la grotte: qu'est-ce que c'était?

a) Ils ont découvert des hommes préhistoriques.

b) Ils ont découvert des dessins préhistoriques.

c) Ils ont découvert une rivière.

d) Ils ont découvert un chien.

6 Où est-ce qu'ils sont sortis de la grotte?

a) Ils sont sortis au sommet de la montagne.

b) Ils sont sortis près de la vallée.

c) Ils sont sortis avec Ernest.

d) Ils ne sont pas sortis: ils sont morts sous terre.

SOMMAIRE

Now you can:

stay in a gîte or other self-catering accommodation:

Vous avez des questions à poser?
Où est ... le (la) plus proche?
Où est-ce qu'on peut obtenir du lait etc?
Est-ce qu'on a le droit de se servir des vélos etc?

Je regrette Monsieur (Madame) mais,
... la cuisinière ne marche pas.
... on a cassé des assiettes.
... on a perdu la clef.

allumer	*to light, switch on*
des allumettes	*matches*
une assiette	*plate*
un bol	*breakfast bowl*
une casserole	*saucepan*

une chaise pliante	deckchair
le chauffe-eau	water heater
un cintre	coat-hanger
des ciseaux	scissors
une clef	key
un couteau	knife
une couverture	blanket
une cuillère	spoon
une cuisinière	cooker
une fourchette	fork
un frigidaire	fridge
une machine à laver	washing machine
un ouvre-boîtes	tin opener
une poêle	frying pan
une poubelle	dustbin
une prise de courant	electric point
le(la) propriétaire	owner
le robinet	tap
une soucoupe	saucer
une tasse	cup
un verre	glass

understand and form the Imperfect Tense:

— It is a past tense that tells what used to happen:

Autrefois les Romains **habitaient** en Provence.
In the past, the Romans lived in Provence.

— and describes habits in the past:

Nous **mangions** tout le temps.
We used to eat all the time.

— It is used for descriptions in the past:

L'homme **était** grand. Il **avait** des cheveux noirs.
The man was tall. He had black hair.

— C'était + adjective is often used to describe what you thought of something:

C'était fantastique. *It was great.*
C'était affreux. *It was awful.*

1. To form the Imperfect Tense of *avoir*, first form the *nous* form of the Present Tense:

nous avons

2. Take away the *nous* and the -*ons*.

3. Add the Imperfect endings:

j'av**ais**		nous	av**ions**
tu av**ais**		vous	av**iez**
il av**ait**		ils	av**aient**
elle av**ait**		elles	av**aient**

4. Remember that there are a few exceptions:

être ⟶ j'étais etc
manger ⟶ nous mangions

buy food from supermarkets and other shops:

Je voudrais ...
Avez-vous ... , s'il vous plaît?
C'est tout.
Ça fait combien?
Le pain fantaisie, qu'est-ce que c'est exactement?
Je prendrai deux portions de ...

understand *qui* and *que* in the middle of a sentence:

with people, *qui* means *who*:

Comment s'appelle le monsieur **qui** travaille à la pharmacie?
What is the name of the man who works at the chemist?

with places and things, *qui* means *which* or *that*:

Cette ville, **qui** était autrefois une importante cité romaine, est célèbre pour ses arènes.
This town, which in the past used to be an important Roman city, is famous for its arena.

Que means *that*:

C'est un fruit, vert ou noir, **qu**'on cultive en Provence.
It's a green or black fruit that is cultivated in Provence.

C'est une région **que** beaucoup de touristes visitent chaque année.
It's a region that many tourists visit every year.

understand the menu and order a meal in a restaurant:

Vous avez choisi?
On va prendre le menu.
Pour commencer, je prendrai ...
Comme plat principal, je prendrai ...
Comme légumes, ...
Comme boisson, ...
L'addition, s'il vous plaît.

talk about your holidays:

Cette année, je suis allé(e) ...
... avec ma famille
... avec mes ami(e)s
Nous y sommes allés en voiture etc.
Nous avons visité ...
J'ai surtout aimé ...
Je voudrais y retourner une autre fois.

By now, you should be able to do and understand a great deal if you visit France or another French-speaking country. *Bonnes vacances!*

Introduction

This section brings together the grammar you have covered in Tricolore Stages 1, 2 and 3.

If you understand the grammatical rules or patterns of a language, it's a real short-cut towards learning the language. It will save you having to learn each word or expression separately.

You have already learnt a lot of French grammar and used it in speaking and writing French. In this summary it is set out so that you can refer to anything you might have forgotten. Some technical terms are used in this section and these are explained below.

noun

A **noun** is the name of someone or something. *Dog, chemist, Philip, town* are all nouns in English. *Le chien, la pharmacie, Philippe, une ville* are all nouns in French.

masculine and feminine

All nouns in French are either **masculine** or **feminine**. The **article** (word for *a* or *the*) will usually tell you the gender of a noun (whether it's masculine or feminine).

singular and plural

A **singular** noun means that there is only one thing or person. In English, *cat, teacher* and *school* are all nouns in the singular. Similarly in French, *le chat, le professeur* and *le collège* are all singular nouns. A **plural** noun means that there is more than one thing or person. For example, *pupils, books, shops* are all plural nouns in English, just as *les élèves, les livres* and *les magasins* are all plural nouns in French.

adjective

An **adjective** is a word which tells you more about a noun. In the sentence: "Leeds is a *large industrial* town" «Leeds est une *grande* ville *industrielle*», large (*grande*) and industrial (*industrielle*) are adjectives. In French, adjectives agree with the noun. That is, they are masculine, feminine, singular or plural to match the noun.

verb

Every sentence contains at least one **verb**. Most verbs express action e.g. he *buys*, she *played* (il *achète*, elle *a joué*).
Sometimes verbs describe the state of things.
e.g. Il **fait** beau.　　　*It is fine.*
　　 J'**ai** deux frères.　*I **have** two brothers.*
Verbs in French have different endings and forms depending on the person (I, you, he, she etc) and the **tense**.

regular and irregular verbs

Regular verbs follow a set pattern.

Irregular verbs follow different patterns. Some of the most commonly used verbs in French are irregular.

infinitive

This is the form of the verb which you would find in a dictionary. It means *to* speak, *to* have etc. Regular verbs in French have an **infinitive** which ends in *-er, -re* or *-ir,*
e.g. parl**er**, vend**re** or fin**ir**

subject

The **subject** of a verb is the person or thing performing the action or being described. In the sentence *Jean regarde la télé*, the subject is *Jean* because it is *Jean* who is watching television.

tense

The **tense** of the verb tells you *when* something happened. Each verb has several tenses. So far, you have learnt the Present Tense, the Perfect Tense, the Future Tense and the Imperfect Tense.

adverb

An **adverb** tells you more about the verb, often explaining *how, when* or *where* something happens. Many adverbs in English end in *-ly* and in French in *-ment.*
Il danse **lentement**. *He dances **slowly**.*

pronoun

A **pronoun** (e.g. he, she, it, them) is used in place of a noun.

preposition

A **preposition** is a word like *to, at, from, in* (*à, de, dans*).

Nouns

Masculine and feminine

All nouns in French are either masculine or feminine.

masculine singular	feminine singular
un appartement	une maison
le village	la ville
l'hôtel	l'épicerie

Nouns which describe people often have a special feminine form. Most follow one of these patterns:

1 For the feminine form, you add an **-e**:

un ami	une ami**e**
un Français	une Français**e**
un client	une client**e**
un employé de bureau	une employé**e** de bureau

2 If the masculine form ends in **-er**, you change this to **-ère**:

un ouvrier   une ouvri**ère**
un infirmier   une infirmi**ère**

3 a) Many masculine nouns which end in **-eur**, have a feminine form ending in **-euse**:

un coiffeur   une coiff**euse**
un vendeur   une vend**euse**

b) However, a few have a feminine form ending in **-rice**:

un moniteur de ski   une monit**rice** de ski
un instituteur   une institut**rice**

4 To convert some masculine nouns, you double the last letter and add an **-e**. (This is common with nouns which end in **-n**):

un lycéen   une lycée**nne**
un Parisien   une Parisie**nne**

5 The feminine forms of some masculine nouns don't follow any clear pattern. You just have to try and remember these:

un copain   une copine
un roi   une reine

Remember, not all nouns referring to people have different masculine and feminine forms:

un touriste   une touriste
un élève   une élève
un enfant   une enfant

Singular and plural

Nouns can also be **singular** (referring to just one thing or person) or **plural** (referring to more than one thing):

une chambre   des chambre**s**

In many cases, it is easy to use and recognise plural nouns because the last letter is an **-s** (Remember that this is not usually sounded in spoken French):

un ami   des ami**s**
un ouvrier   des ouvrier**s**

Again, there are a few exceptions:

1 Nouns which end in **-eau**, **-eu** or **-ou** in the singular, add an **-x** for the plural:

un château   des château**x**
un bateau   des bateau**x**
un jeu   des jeu**x**
un chou   des chou**x**

2 Most nouns which end in **-al**, change this to **-aux**:

un animal   des anim**aux**
un journal   des journ**aux**

3 Nouns which already end in **-s**, **-x**, or **-z** don't change in the plural:

un repas   des repas
le prix   les prix

4 A few nouns don't follow any clear pattern:

un œil   des yeux

Some or any

masculine singular	feminine singular	before a vowel	plural
du pain	**de la** viande	**de l'**eau	**des** poires

After a *negative*, use **de** or **d'**:

Je n'ai pas **d'**argent. *I haven't any money.*
Il n'y a plus **de** légumes. *There are no vegetables left.*

After *expressions of quantity,* use **de** or **d'**:

un kilo **de** poires   beaucoup **de** bananes
un morceau **de** fromage un paquet **de** biscuits
une portion **de** frites

Ce, cet, cette, ces

The different forms of **ce** are used instead of *le, l', la, les* for nouns that you want to point out to someone.

masculine singular	feminine singular	plural
ce chapeau **cet** anorak *(before a vowel)*	**cette** jupe **cette** écharpe *(before a vowel)*	**ces** chaussures

Ce can mean either *this* or *that*. **Ces** can mean either *these* or *those*.
If you want to be more precise you can add **-ci** and **-là**:

Est-ce que tu préfères **ce** pull-**ci** ou **ce** pull-**là**?
*Do you prefer **this** pullover or **that** pullover?*

Je vais acheter **cette** robe-**là**.
*I'm going to buy **that** dress.*

Adjectives

Agreement of adjectives

Adjectives change their form according to the noun they describe. They are then said to 'agree' with that noun. They can be masculine, feminine, singular or plural.

1 Regular adjectives

	Masculine Singular	Feminine Singular	Masculine Plural	Feminine Plural
a) Many adjectives follow this pattern.	grand intelligent fort français allemand	grande intelligente forte française allemande	grands intelligents forts français* allemands	grandes intelligentes fortes françaises allemandes
b) Adjectives which end in **-u**, **i** or **é** follow this pattern, but although the spelling changes, they don't sound any different when you say them.	bleu joli fatigué âgé	bleue jolie fatiguée âgée	bleus jolis fatigués âgés	bleues jolies fatiguées âgées
c) Adjectives which already end in **-e** (with no accent) have no different feminine form.	jaune mince stupide jeune	jaune mince stupide jeune	jaunes minces stupides jeunes	jaunes minces stupides jeunes
d) Adjectives which end in **-er** follow this pattern.	cher premier	chère première	chers premiers	chères premières
e) Adjectives which end in **-x** follow this pattern.	délicieux merveilleux	délicieuse merveilleuse	délicieux* merveilleux*	délicieuses merveilleuses
f) Some adjectives double the last letter before adding an **-e** for the feminine form.	gentil mignon gros bon	gentille mignonne grosse bonne	gentils mignons gros* bons	gentilles mignonnes grosses bonnes

2 Irregular adjectives

Many common adjectives are irregular, and each one has to be learnt separately. Here are some which you have already met.	blanc long vieux (vieil**) nouveau (nouvel**) beau (bel**)	blanche longue vieille nouvelle belle	blancs longs vieux* nouveaux beaux	blanches longues vieilles nouvelles belles

* If the adjective already ends in **-s** or **-x** in the masculine singular, it doesn't change in the plural form.

** A few adjectives have a different masculine form which is used when the following word begins with a vowel or a silent **h**

un vieil homme   un nouvel élève   un bel appareil photo

Position of adjectives

Adjectives normally follow the noun:

J'ai vu un film très **intéressant** à la télé.   Regarde cette jupe **noire**!

Some common adjectives go before the noun. The most common ones are: *grand, petit, bon, mauvais, beau, jeune, vieux, joli, gros, premier, court, long, haut.*

C'est un **petit** garçon.

Il prend le **premier** train pour Paris.

NB   All colours and adjectives describing nationality follow the noun.

Comparisons

To compare one person or thing with another, you use **plus** (more . . .) **moins** (less . . .) **aussi** (as . . .) before the adjective:

Il est | **plus**
moins
aussi | riche que mon père.

Remember to make the adjective agree in the usual way:

Jean-Luc est **plus âgé** que Nicole.

Nicole est **plus âgée** que Robert.

Jean-Luc et Nicole sont **plus âgés** que Robert.

Notice these special forms:
bon ⟶ **meilleur** *(better)*
mauvais ⟶ **pire** *(worse)*

Ce livre est **meilleur** que l'autre.

Cette maison est **meilleure** que l'autre.

Ce disque est **pire** que l'autre.

The superlative

You use the superlative when you want to say that something is the best, the greatest, the fastest, the biggest, the most expensive etc:

La Tour Eiffel est **le plus haut** monument de Paris.
The Eiffel Tower is the highest monument in Paris.

Paris est **la plus belle** ville du monde.
Paris is the most beautiful city in the world.

Les TGV sont les trains français **les plus rapides**.
The TGV are the fastest French trains.

Notice that
: you use **le, la, les** and the correct form of the adjective, depending on whether you are describing something which is masculine, feminine, singular or plural.

: if the adjective normally goes after the noun, then the superlative also follows the noun.
C'est le monument **le plus moderne** de Paris.

: if the adjective normally goes before the noun, then the superlative also goes before the noun.
C'est **le plus haut** monument de Paris.

: you usually use **plus** (meaning *most*), but you can also use **moins** (meaning *least*).

J'ai acheté ce pantalon, parce que c'était **le moins cher**.
I bought this pair of trousers, because it was the least expensive.

Here are some useful expressions:

le moins cher — *the least expensive*
le plus cher — *the most expensive*
le plus petit — *the smallest*
le plus grand — *the biggest*
le meilleur — *the best*
le pire — *the worst*

Mon, ma, mes etc

	masculine singular	feminine singular	before a vowel	plural
my	mon	ma	mon	mes
your	ton	ta	ton	tes
his, her, its	son	sa	son	ses
our	notre	notre	notre	nos
your	votre	votre	votre	vos
their	leur	leur	leur	leurs

These possessive adjectives show *who* something or somebody belongs to; they agree with the noun that follows them:

Paul mange **sa** viande. *Paul eats **his** meat.*
Marie mange **sa** viande. *Marie eats **her** meat.*
Le chien mange **sa** viande. *The dog eats **its** meat.*

Notice that **son, sa, ses** can mean *his, her* or *its*. The meaning is usually clear from the situation. Before a feminine noun beginning with a vowel, you use **mon, ton** or **son**:

Mon amie s'appelle Nicole.
Où habite **ton** amie, Françoise?
Son école est fermée aujourd'hui.

Adverbs

Adverbs are words which add some meaning to the verb. They usually tell you *how, when* or *where* something happened or *how much* something is done.

Many adverbs in English end in **-ly**, e.g. generally, happily, quietly.
Similarly, many adverbs in French end in **-ment**, e.g. généralement, heureusement, doucement.

To form an adverb in French you can often add **-ment** to the feminine singular of the adjective:

masculine singular	feminine singular
malheureux	malheureuse
lent	lente

adverb
+ ment = **malheureusement** *unfortunately*
+ ment = **lentement** *slowly*

If the masculine singular adjective ends in a vowel just add **-ment** to this:
vrai + ment = **vraiment** *really, truly*
simple + ment = **simplement** *simply*

Comparative and superlative

As with adjectives, you can use the comparative or superlative to say that something goes more quickly, more slowly, fastest or slowest:

Marc skie **plus vite** que Chantal.
Marc skis faster than Chantal.

Mais, c'est moi qui skie **le plus vite** du groupe.
But I ski the fastest in the group.

Nous sommes en retard. Allez à la gare **le plus vite** possible.
We're late. Go to the station as quickly as possible.

Notice this special form: bien ➔ **mieux**
                      well   better

Ça va **mieux** aujourd'hui?
Are you feeling better today?

Pronouns

Subject pronouns

These are used to replace a noun which is the subject of the verb.

Jeanne regarde le film.   **Elle** regarde le film.
Son père est coiffeur.   **Il** est coiffeur.

Object pronouns

These pronouns replace a noun or a phrase containing a noun, which is not the subject of the verb. They are used a lot in conversation and save you having to repeat a noun or phrase. The pronoun goes immediately before the verb, even when the sentence is a question or in the negative:

Tu **le** vois? Non, je ne **le** vois pas.

If a verb is used with an infinitive, the pronoun goes before the infinitive:

Quand est-ce que vous allez **les** voir?
Elle veut **l'**acheter tout de suite.

In the Perfect Tense, the object pronoun goes before the auxiliary verb (*avoir* or *être*):

C'est un bon film. Tu **l'**as vu?

See also section on Direct Object pronouns in the Perfect Tense.

Le, la, les

– Tu prends **ton vélo**? – Oui, je **le** prends.
– Vous prenez **votre écharpe**? – Oui, je **la** prends.
– N'oubliez pas **vos gants**! – Ça va. Je **les** porte.
– Tu as vu **Philippe** en ville? – Oui, je **l'**ai vu au café.
– Tu verras **Monique**, ce soir? – Non, je ne **la** verrai pas.

Le, la (or **l'**) can mean *it, him* or *her*.

Les means them.

These pronouns can also be used with *voici* and *voilà*:

– Tu as ta carte? – **La** voilà.
– Vous avez votre billet? – **Le** voilà.
– Où sont Philippe et Monique? – **Les** voilà.

Lui and leur

– Qu'est-ce que tu vas offrir **à ta sœur**?
– Je vais **lui** offrir un disque.
– Et **à ton frère**?
– Je vais **lui** offrir un livre.

Notice that **lui** is used to replace masculine or feminine singular nouns, often in a phrase beginning with *à*.
It usually means *to* or *for him* or *to* or *for her*.

– Tu as déjà téléphoné **à tes parents**?
– Non, mais je vais **leur** téléphoner, ce soir.

In the same way, **leur** is used to replace masculine or feminine plural nouns, often in a phrase beginning with *à* or *aux*.
It usually means *to* or *for them*.

Me, te, nous, vous

– Zut! elle **m'**a vu.
– Est-ce que tu peux **m'**acheter un timbre?
– Oui, si tu **me** donnes de l'argent.

Me (or **m'**) means *me, to* or *for me*.

– Henri..., Henri, je **te** parles. Qui **t'**a donné cet argent?

Te (or **t'**) means *you, to* or *for you*.

– Jean-Pierre vient **nous** chercher à la maison.
– Les autres **nous** attendent au café.

Nous means *us, to* or *for us*.

– Je **vous** dois combien?
– Je **vous** rendrai les skis, la semaine prochaine.

Vous means *you, to* or *for you*.

Direct Object pronouns in the Perfect Tense

When *le, la, l'* or *les* are used in the Perfect Tense, with verbs which take *avoir*, the Past Participle agrees with the pronoun:

– Où as-tu acheté **ton pull**?
– Je **l'**ai achet**é** à Paris. (*masculine singular*)
– Tu as vu **Chantal** en ville?
– Oui, je **l'**ai vu**e** au supermarché. (*feminine singular*)
– Tu as déjà écouté tes nouveaux **disques**?
– Oui, je **les** ai écout**és** dans le magasin. (*masculine plural*)
– As-tu acheté **tes chaussures** de ski?
– Non, je **les** ai lou**ées**. (*feminine plural*)

Qui and que

Qui

When talking about people, **qui** means *who*:

Voici l'infirmière, **qui** travaille à la clinique à La Rochelle.

When talking about things or places, **qui** means *which* or *that*:

C'est un vent froid du nord, **qui** souffle en Provence.
C'est une ville française, **qui** est très célèbre.

It links two parts of a sentence together, or joins two short sentences into a longer one. It can never be shortened before a vowel.

Qui relates back to a noun or phrase in the first part of the sentence.

In its own part of the sentence, **qui** is used instead of repeating the noun or phrase, and is the subject of the verb.

Que

Que in the middle of a sentence means *that* or *which*:
C'est le cadeau **que** Christine a acheté pour son amie.

C'est un plat célèbre, **qu'**on sert en Provence.

Que can refer to people too:

C'est le garçon **que** j'ai vu à Paris.

Sometimes, you would leave *that* out in English, but you can never leave **que** out in French.

Like *qui*, it links two parts of a sentence together, or joins two sentences into a longer one.
But **que** is shortened to **qu'** before a vowel.
The word or phrases which **que** replaces is the object of the verb, and not the subject:

– Qu'est-ce que c'est, comme livre?

– C'est le livre, **que** Jean m'a offert à Noël.

(**Que** refers to *le livre*. It (the book) didn't give itself to me. Jean gave it to me).

Celui-ci, celle-ci, etc

When *this* or *that* is not followed by a noun, you use **celui**, **celle**, **ceux** or **celles**.
Nous avons deux appartements à louer.
Celui-ci se trouve au centre-ville. *This one ...*
Celui-là se trouve dans la banlieue. *That one ...*

C'est ta voiture, ça? Ah non. C'est **celle** de mon père.

masculine singular	feminine singular	masculine plural	feminine plural
celui-ci *this one*	celle-ci *this one*	ceux-ci *these*	celles-ci *these*
celui-là *that one*	celle-là *that one*	ceux-là *those*	celles-là *those*

Numbers, time and dates

The numbers

1	un	**21**	vingt et un
2	deux	**22**	vingt-deux
3	trois	**30**	trente
4	quatre	**31**	trente et un
5	cinq	**40**	quarante
6	six	**41**	quarante et un
7	sept		
8	huit	**50**	cinquante
9	neuf	**51**	cinquante et un
10	dix		
11	onze	**60**	soixante
12	douze	**61**	soixante et un
13	treize		
14	quatorze	**70**	soixante-dix
15	quinze	**71**	soixante et onze
16	seize	**72**	soixante-douze
17	dix-sept	**80**	quatre-vingts
18	dix-huit	**81**	quatre-vingt-un
19	dix-neuf	**82**	quatre-vingt-deux
20	vingt		
		90	quatre-vingt-dix
		91	quatre-vingt-onze

premier(ère) *first*
deuxième *second*
troisième *third etc*

100 cent
1000 mille

Telling the time

The hours

Quelle heure est-il?	*What time is it?*
Il est une heure	*1 o'clock*
Il est deux heures	*2 o'clock etc*

Minutes past the hour

Il est trois heures cinq	*3.05*
Il est trois heures dix	*3.10 etc*

Minutes to the hour

Il est quatre heures moins cinq	*3.55 (five to four)*
Il est quatre heures moins dix	*3.50 (ten to four)*

Quarter and half hours

Il est trois heures et quart	*3.15*
Il est trois heures et demie	*3.30*
Il est quatre heures moins le quart	*3.45 (quarter to four)*

Midday and midnight

Il est midi	*12 noon*
Il est minuit	*12 midnight*
Il est midi cinq	*12.5 pm*
Il est midi et demi	*12.30 pm*

24 hour clock

Il est treize heures	*13.00*
Il est quatorze heures cinq	*14.05*
Il est quinze heures quinze	*15.15*
Il est seize heures trente	*16.30*
Il est dix-sept heures quarante-cinq	*17.45*

Days, months, dates

Les jours de la semaine

lundi	vendredi
mardi	samedi
mercredi	dimanche
jeudi	

Les mois de l'année

janvier	juillet
février	août
mars	septembre
avril	octobre
mai	novembre
juin	décembre

Les saisons

le printemps	au printemps
l'été	en été
l'automne	en automne
l'hiver	en hiver

Quel jour sommes-nous?
Quelle est la date?

le premier mars *1st March*
le dix-huit novembre *18th November*

Prepositions

À, *to* or *at*

masculine singular	feminine singular	before a vowel	plural
au parc	**à la** piscine	**à l'**épicerie **à l'**hôtel	**aux** magasins

À can be used on its own with nouns which do not have an article (le, la, les):

Il va **à** Paris.

de, *of* or *from*

masculine singular	feminine singular	before a vowel	plural
du	**de la**	**de l'**	**des**

Le train est parti **de la** gare à six heures.
Pour aller **du** centre-ville à la gare, il faut environ une demi-heure.
De can be used on its own with nouns which do not have an article (*le, la, les*):
Elle vient **de** Boulogne.

en face de, *opposite*
Le cinéma est **en face du** supermarché.

à côté de, *next to*
Le théâtre est **à côté de** l'hôtel de ville.

près de, *near*
Hermeville est **près de** Fécamp.
L'office de tourisme est **près de** la gare.

dans, *in*
Il y a trente élèves **dans** ma classe.
Le chat est **dans** le jardin.

sur, *on*
Le journal est **sur** la table.

sous, *under*
Le chien est **sous** la table.

devant, *in front of*
Rendez-vous **devant** le cinéma à 9 heures.

derrière, *behind*
Il y a un petit restaurant **derrière** le théâtre.

Prepositions with countries and towns

Je vais **à** Paris.
Je passe mes vacances **à** Montréal.

Elle va **en** France. (la France)
Il passe ses vacances **au** Canada. (le Canada)
Je prends l'avion **aux** États-Unis. (les États-Unis)
Je viens **de** Belgique. (la Belgique)
Ils viennent **du** Canada. (le Canada)
Elle vient **des** États-Unis. (les États-Unis)

Remember the main rule is:
à + town
en + country

(but there are a few exceptions, e.g. *au Canada, au Maroc, aux États-Unis* etc)

The negative

To make a sentence negative, that is, to say what is not happening or didn't happen, you put **ne . . . pas** around the verb:

Je **ne** joue **pas** au basket. *I don't play basketball.*
Il **n'**aime **pas** les maths. *He doesn't like maths.*

In the Perfect Tense **ne** and **pas** go round the auxiliary verb:

Je **ne** suis **pas** allé au cinéma, hier.
I didn't go to the cinema yesterday.

Elle **n'**a **pas** vu le film.
She didn't see the film.

Je **ne** me suis **pas** levé très tôt.
I didn't get up very early.

To tell someone not to do something, you put **ne** and **pas** round the command:

N'oublie **pas** ton billet! *Don't forget your ticket!*
Ne regardez **pas**! *Don't look!*
N'allons **pas** en ville! *Don't let's go into town!*

If two verbs are used together, the **ne** and **pas** usually go round the first verb:

Je **ne** veux **pas** faire ça.

Nous **ne** devons **pas** descendre ici.

If there is an extra pronoun before the verb, the **ne** goes before that:

Je **n'**en ai **pas**.

Il **ne** lui a **pas** téléphoné.

Elle **ne** se lève **pas** tôt.

Remember to use **de** after the negative, instead of **du**, **de la**, **des**, **un** or **une** (except with the verb *être*):

– Avez-vous du lait?

– Non, je ne vends pas **de** lait.

Here are some other negative expressions which work in the same way as **ne . . . pas**.

ne . . . plus   *no more, no longer, none left*
ne . . . rien   *nothing, not anything*
ne . . . jamais *never*

Je n'habite **plus** en France.

Il n'y a **rien** à la télé.

Je **ne** suis **jamais** allé au Canada.

The following two expressions work like **ne pas** in the Present Tense, but differ in the Perfect Tense:

ne . . . personne *nobody, not anybody*
ne . . . que   *only*

Je n'ai passé **qu'**un après-midi à Marseille.
Elle n'a vu **personne**, ce matin.

The second part (**que** or **personne**) goes after the Past Participle.
Note: **Rien**, **jamais** and **personne** can also be used on their own:

– Qu'est-ce que tu as fait, ce matin?

– **Rien** de spécial.

– Qui est dans le garage?

– **Personne**.

– Avez-vous déjà fait du ski?

– Non, **jamais**.

Question words

Qui est-ce? *Who is it?*
Quand arrivez-vous? *When are you arriving?*
Comment est-il? *What is it (he) like?*
Comment allez-vous? *How are you?*
Combien l'avez-vous payé? *How much did you pay for it?*
Combien de temps restez-vous en France? *How long are you staying in France?*
Pourquoi avez-vous fait ça? *Why did you do that?*
Qu'est-ce que c'est? *What is it?*
C'est **à quelle heure**, le spectacle «Son et Lumière»?
Quel livre voulez-vous? *Which book do you want?*
Quelle jupe avez-vous choisie? *Which skirt did you choose?*
Quels journaux lisez-vous? *Which newspapers do you read?*
Quelles matières préférez-vous? *Which school subjects do you prefer?*
Notice that **quel** changes its form, like an adjective.

Asking questions

There are three ways of asking a question in French.

You can just raise your voice in a questioning way:
Tu viens? *Are you coming?*

Vous avez choisi? *Have you decided?*

You can add **Est-ce que** to the beginning of the sentence:
Est-ce que vous restez longtemps en France? *Are you staying long in France?*

Est-ce que vous êtes allé à Paris? *Have you been to Paris?*

You can turn the verb round:
Allez-vous à la piscine? *Are you going to the swimming pool?*

Jouez-vous au badminton? *Do you play badminton?*

Notice that if the verb ends in a vowel in the 3rd person, you have to add an extra -t- when you turn it round:
Joue-t-il au football? *Does he play football?*

Marie, **a-t-elle** ton adresse? *Has Marie got your address?*

In the Perfect Tense, you just turn the auxiliary verb round:
Avez-vous vu le film au cinéma Rex? *Have you seen the film at the Rex cinema?*

As-tu écrit à Paul? *Have you written to Paul?*

Jean et Pierre, **sont-ils allés** au match hier? *Did Jean and Pierre go to the match yesterday?*

Monique, **a-t-elle téléphoné** à Chantal? *Did Monique phone Chantal?*

Verbs – some special uses

Il faut/il ne faut pas

This verb does not change form in the Present Tense and is followed by an infinitive:

Il faut composter votre billet.
You must (It's necessary to) stamp your ticket.

Il faut tourner à droite ici. *You have to turn right here.*

Il ne faut pas stationner ici. *You are not allowed to park here.*

Venir de

To say something has just happened, you use the Present Tense of **venir** + **de** + the infinitive:

Je **viens de** déjeuner. *I've just had lunch.*

Elle **vient de** téléphoner. *She's just phoned.*

Vous **venez d'**arriver? *Have you just arrived?*

Ils **viennent de** partir. *They've just left.*

avoir

In French, **avoir** is used for certain expressions where the verb *to be* is used in English:

Quel âge **as**-tu? *How old are you?*

J'**ai** quatorze ans. *I'm fourteen.*

J'**ai** chaud. *I'm hot.*

Il **a** froid. *He's cold.*

Elle **a** soif. *She's thirsty.*

Ils **ont** faim. *They're hungry.*

J'**ai** mal à la tête. *I've got a headache.*

Elle **a** mal aux dents. *She's got toothache.*

Il **a** mal au pied. *His foot hurts.*

faire

The verb **faire** is used with weather expressions:

Il **fait** beau. *The weather's fine.*

Il **fait** mauvais. *The weather's bad.*

Il **fait** chaud. *It's hot.*

Il **fait** froid. *It's cold.*

It is also used to describe some activities and sports:

faire des courses   *to go shopping*

faire du vélo *to go cycling*

faire de la voile   *to go sailing*

faire de l'équitation   *to go horse-riding*

faire de la gymnastique   *to do gymnastics*

Verb + infinitive

Some verbs are nearly always used with the infinitive of another verb, e.g. **pouvoir**, **devoir** and **vouloir**.

Est-ce que **je peux** vous **aider**?   *Can I help you?*

Pour la Tour Eiffel, **vous devez prendre** le métro à Bir-Hakeim.   *For the Eiffel Tower, you have to take the* métro *to Bir-Hakeim.*

Voulez-vous jouer au tennis?   *Do you want to play tennis?*

aller + infinitive

You can use the Present Tense of the verb *aller* followed by an infinitive to describe what you are going to do:

Qu'est-ce que vous **allez faire** ce week-end? *What are you going to do this week-end?*

Je **vais passer** le week-end à Paris. *I'm going to spend the week-end in Paris.*

Verbs

The Present Tense

The Present Tense describes what is happening now. There are three main types of regular verbs in

French. Here's how they form their Present Tense:

Regular verbs with an infinitive ending in -**er**

jouer *to play*

je jou**e**	nous jou**ons**
tu jou**es**	vous jou**ez**
il jou**e**	ils jou**ent**
elle jou**e**	elles jou**ent**
on jou**e**	

Some other -**er** verbs

aimer, *to like, love*
arriver, *to arrive*
habiter, *to live in*
travailler, *to work*
regarder, *to look at, watch*
écouter, *to listen to*

Regular verbs with an infinitive in -**re**

répondre *to reply*

je répon**ds**	nous répon**dons**
tu répon**ds**	vous répon**dez**
il répon**d**	ils répon**dent**
elle répon**d**	elles répon**dent**
on répon**d**	

Some other -**re** verbs

attendre, *to wait for*
descendre, *to do down*
rendre, *to return, give back*
vendre, *to sell*

Regular verbs with an infinitive in -**ir**

finir *to finish*

je fin**is**	nous fin**issons**
tu fin**is**	vous fin**issez**
il fin**it**	ils fin**issent**
elle fin**it**	elles fin**issent**
on fin**it**	

Some other -**ir** verbs

choisir, *to choose*
remplir, *to fill (in)*
punir, *to punish*

Some -**ir** verbs follow a different pattern

sortir, *to go out*

je sor**s**	nous sor**tons**
tu sor**s**	vous sor**tez**
il sor**t**	ils sor**tent**
elle sor**t**	elles sor**tent**
on sor**t**	

Some other -**ir** verbs like *sortir*

partir, *to leave*
dormir, *to sleep*
sentir, *to feel*

Many common French verbs are irregular. These are listed in the verb table on pages 189 – 191.

Reflexive verbs

Reflexive verbs are listed in a dictionary with the pronoun **se** in front of the infinitive, e.g. **se lever**. The **se** means *self* and these verbs often express the idea of *doing something to oneself.*

Many reflexive verbs are regular -**er** verbs:

se laver, *to wash (oneself)*

je **me** lave	nous **nous** lavons
tu **te** laves	vous **vous** lavez
il **se** lave	ils **se** lavent
elle **se** lave	elles **se** lavent
on **se** lave	

Other common reflexive verbs:

s'amuser, *to enjoy oneself*
se coucher, *to go to bed*
se dépêcher, *to hurry*
s'habiller, *to dress*
se lever, *to get up*
se réveiller, *to wake up*

Imperative

To tell someone to do something in French, you use the imperative or command form. In most cases you just leave out *tu* or *vous* and use the verb by itself. With -*er* verbs, you take the final -**s** off the *tu* form of the verb:

Finis ce travail!	**Finissez** ce travail!
Regarde!	**Regardez!**
Attends!	**Attendez!**

You can use the imperative form of *nous* to suggest doing something:

Allons au cinéma! *Let's go to the cinema!*
Restons en France! *Let's stay in France!*

The Perfect Tense

The Perfect Tense is used to describe what happened in the past; an action which is completed and is not happening now:

L'année dernière, il **a passé** ses vacances en France.
Last year, he spent his holiday in France.

Hier, il **a fait** beau. *Yesterday it (the weather) was fine.*

The Perfect Tense is always made up of an auxiliary verb (*avoir or être*) and a Past Participle.

The Perfect Tense with *avoir*

Most verbs form the Perfect Tense with **avoir**.

Perfect Tense of regular -**er** verbs

travailler **travaillé**

j'ai travaillé	nous avons travaillé
tu as travaillé	vous avez travaillé
il a travaillé	ils ont travaillé
elle a travaillé	elles ont travaillé
on a travaillé	

Perfect Tense of regular -**re** verbs

attendre **attendu**

j'ai attendu	nous avons attendu
tu as attendu	vous avez attendu
il a attendu	ils ont attendu
elle a attendu	elles ont attendu
on a attendu	

Perfect Tense of regular -**ir** verbs

choisir **choisi**

j'ai choisi	nous avons choisi
tu as choisi	vous avez choisi
il a choisi	ils ont choisi
elle a choisi	elles ont choisi
on a choisi	

Notice that the Past Participle doesn't change to agree with the subject.
A lot of verbs have irregular Past Participles. See the verb table on pages 189 – 191.

The Perfect Tense with *être*

13 common verbs form the Perfect Tense with **être**:

aller (allé), *to go*
venir (venu), *to come*

arriver (arrivé), *to arrive*
partir (parti), *to leave*

entrer (entré), *to go in*
sortir (sorti), *to go out*

monter (monté), *to go up*
descendre (descendu), *to go down*

rester (resté), *to stay*
tomber (tombé), *to fall*

naître (né), *to be born*
mourir (mort), *to die*

retourner (retourné), *to return*

When you form the Perfect Tense with **être**, the Past Participle must agree with the subject of the verb:

je suis allé(e)	nous sommes allé(e)s
tu es allé(e)	vous êtes allé(e)(s)
il est allé	ils sont allés
elle est allée	elles sont allées
on est allé	

Note:
If the **e** is in brackets, only add it if the subject is feminine.
If the **s** is in brackets, only add it if the subject is plural:

Tu es allé au cinéma hier, Jean?
Tu es allé**e** au cinéma hier, Nicole?
Vous êtes allé au cinéma hier, Monsieur?
Vous êtes allé**e** au cinéma hier, Madame?
Vous êtes allé**s** au cinéma hier, Jean et Pierre?
Vous êtes allé**es** au cinéma hier, Nicole et Sylvie?

The Perfect Tense of reflexive verbs

All reflexive verbs form the Perfect Tense with **être**:

je **me suis** levé(e)	nous **nous sommes** levé(e)s
tu **t'es** levé(e)	vous **vous êtes** levé(e)(s)
il **s'est** levé	ils **se sont** levés
elle **s'est** levée	elles **se sont** levées
on **s'est** levé	

The Future Tense

The Future Tense is used to describe what will (or will not) happen at some future time:

L'année prochaine, je **passerai** mes vacances à Paris.
Next year, I'll spend my holidays in Paris.

Qu'est-ce que tu **feras** quand tu quitteras l'école?
What will you do, when you leave school?

The endings for the Future Tense are always the same:

je . . . **ai**		nous . . . **ons**	
tu . . . **as**		vous . . . **ez**	
il			
elle . . . **a**		ils	. . . **ont**
on		elles	

Regular -er and -ir verbs
To form the Future Tense of these verbs, you just add the endings to the infinitive of the verb:

travailler	je travailler**ai**	partir	nous partir**ons**
donner	tu donner**as**	jouer	vous jouer**ez**
finir	il finir**a**	sortir	ils sortir**ont**

Regular -re verbs
To form the Future Tense, you take the final **-e** off the infinitive and add the endings:

prendr¢ je prendrai
attendr¢ elles attendront etc

Irregular verbs
Some common verbs don't form the first part of the verb (the future stem) in this way. But they still have the same endings:

acheter	j'**achèterai**	être	je **serai**
aller	j'**irai**	pouvoir	je **pourrai**
avoir	j'**aurai**	venir	je **viendrai**
envoyer	j'**enverrai**	voir	je **verrai**

You will notice that, in all cases, the endings are added to a stem which ends in **-r**. This means that you will hear an 'r' sound whenever the Future Tense is used.

Expressions of future time

The following expressions of time are often used with the Future Tense:

demain *tomorrow*

après-demain *the day after tomorrow*

la semaine prochaine *next week*

l'année prochaine *next year*

dans dix ans *in ten years*

The Imperfect Tense

The Imperfect Tense is another past tense. It is used to describe something that used to happen frequently or regularly in the past:

Quand j'**étais** petit, j'**allais** chez mes grands-parents, tous les week-ends.
When I was small, I used to go to my grandparents every weekend.

It is also used for description in the past:

Quand j'**étais** en vacances, il **faisait** beau tous les jours.
When I was on holiday, the weather was fine every day.

L'homme, comment **était-il**?
What was the man like?

Est-ce qu'il **portait** des lunettes?
Did he wear glasses?

It describes something that lasted for a long period of time:

En ce temps-là, nous **habitions** à Marseille.
At that time, we lived in Marseille.

Mon père **travaillait** comme pêcheur.
My father worked as a fisherman.

C'était + adjective can be used to say what you thought of something:

C'était magnifique.   **C'était** affreux.
It was great.   *It was awful.*

The endings for the Imperfect Tense are the same for all verbs in French:

je . . . **ais**		nous . . . **ions**	
tu . . . **ais**		vous . . . **iez**	
il			
elle . . . **ait**		ils	. . . **aient**
on		elles	

To form the Imperfect Tense, you take the *nous* form of the Present Tense: *Nous allons*

Take away the *nous* and the *-ons* ending. This leaves the Imperfect stem *all*

Add the Imperfect endings:

j'all**ais**		nous all**ions**
tu all**ais**		vous all**iez**
il		
elle all**ait**		ils
on		elles all**aient**

Nearly all verbs form the Imperfect Tense in this way, but there are a few exceptions.

A few verbs form the Imperfect stem (the bit before the endings) in a different way, but the endings are always the same.
The most important exception is **être**. The Imperfect stem is **ét**...

j'**étais**		nous **étions**
tu **étais**		vous **étiez**
il		
elle **était**		ils
on		elles **étaient**

In the Present Tense, verbs like **manger**, **ranger** etc take an extra 'e' in the *nous* form. This is to make the 'g' sound soft (like a 'j' sound). The extra 'e' isn't needed though, before 'i' and 'e':

je **mangeais**		nous **mangions**
tu **mangeais**		vous **mangiez**
il		
elle **mangeait**		ils
on		elles **mangeaient**

Infinitive Imperative!	Present Tense	Perfect Tense	Future Tense	Imperfect Tense
acheter, *to buy*	j'achète	j'ai acheté	j'achèterai	j'achetais
	tu achètes	tu as acheté	tu achèteras	tu achetais
	il achète	il a acheté	il achètera	il achetait
achète!	nous achetons	nous avons acheté	nous achèterons	nous achetions
achetons!	vous achetez	vous avez acheté	vous achèterez	vous achetiez
achetez!	ils achètent	ils ont acheté	ils achèteront	ils achetaient
aller, *to go*	je vais	je suis allé(e)	j'irai	j'allais
	tu vas	tu es allé(e)	tu iras	tu allais
	il va	il est allé	il ira	il allait
va!	nous allons	elle est allée	nous irons	nous allions
allons!	vous allez	nous sommes allé(e)s	vous irez	vous alliez
allez!	ils vont	vous êtes allé(e)(s)	ils iront	ils allaient
		ils sont allés		
		elles sont allées		

apprendre, *to learn*   see **prendre**

Infinitive Imperative!	Present Tense	Perfect Tense	Future Tense	Imperfect Tense
avoir, *to have*	j'ai	j'ai eu	j'aurai	j'avais
	tu as	tu as eu	tu auras	tu avais
	il a	il a eu	il aura	il avait
aie!	nous avons	nous avons eu	nous aurons	nous avions
ayons!	vous avez	vous avez eu	vous aurez	vous aviez
ayez!	ils ont	ils ont eu	ils auront	ils avaient
boire, *to drink*	je bois	j'ai bu	je boirai	je buvais
	tu bois	tu as bu	tu boiras	tu buvais
	il boit	il a bu	il boira	il buvait
bois!	nous buvons	nous avons bu	nous boirons	nous buvions
buvons!	vous buvez	vous avez bu	vous boirez	vous buviez
buvez!	ils boivent	ils ont bu	ils boiront	ils buvaient

comprendre, *to understand*   see **prendre**

Infinitive Imperative!	Present Tense	Perfect Tense	Future Tense	Imperfect Tense
connaître, *to know*	je connais	j'ai connu	je connaîtrai	je connaissais
	tu connais	tu as connu	tu connaîtras	tu connaissais
	il connaît	il a connu	il connaîtra	il connaissait
connais!	nous connaissons	nous avons connu	nous connaîtrons	nous connaissions
connaissons!	vous connaissez	vous avez connu	vous connaîtrez	vous connaissiez
connaissez!	ils connaissent	ils ont connu	ils connaîtront	ils connaissaient
courir, *to run*	je cours	j'ai couru	je courrai	je courais
	tu cours	tu as couru	tu courras	tu courais
	il court	il a couru	il courra	il courait
cours!	nous courons	nous avons couru	nous courrons	nous courions
courons!	vous courez	vous avez couru	vous courrez	vous couriez
courez!	ils courent	ils ont couru	ils courront	ils couraient
croire, *to believe, to think*	je crois	j'ai cru	je croirai	je croyais
	to crois	tu as cru	tu croiras	tu croyais
	il croit	il a cru	il croira	il croyait
crois!	nous croyons	nous avons cru	nous croirons	nous croyions
croyons!	vous croyez	vous avez cru	vous croirez	vous croyiez
croyez!	ils croient	ils ont cru	ils croiront	ils croyaient
devoir, *to have to*	je dois	j'ai dû	je devrai	je devais
	tu dois	tu as dû	tu devras	tu devais
	il doit	il a dû	il devra	il devait
dois!	nous devons	nous avons dû	nous devrons	nous devions
devons!	vous devez	vous avez dû	vous devrez	vous deviez
devez!	ils doivent	ils ont dû	ils devront	ils devaient
dire, *to say*	je dis	j'ai dit	je dirai	je disais
	tu dis	tu as dit	tu diras	tu disais
	il dit	il a dit	il dira	il disait
dis!	nous disons	nous avons dit	nous dirons	nous disions
disons!	vous dites	vous avez dit	vous direz	vous disiez
dites!	ils disent	ils ont dit	ils diront	ils disaient

dormir, *to sleep* dors! dormons! dormez!	je dors tu dors il dort nous dormons vous dormez ils dorment	j'ai dormi tu as dormi il a dormi nous avons dormi vous avez dormi ils ont dormi	je dormirai tu dormiras il dormira nous dormirons vous dormirez ils dormiront	je dormais tu dormais il dormait nous dormions vous dormiez ils dormaient
écrire, *to write* écris! écrivons! écrivez!	j'écris tu écris il écrit nous écrivons vous écrivez ils écrivent	j'ai écrit tu as écrit il a écrit nous avons écrit vous avez écrit ils ont écrit	j'écrirai tu écriras il écrira nous écrirons vous écrirez ils écriront	j'écrivais tu écrivais il écrivait nous écrivions vous écriviez ils écrivaient
envoyer, *to send* envoie! envoyons! envoyez!	j'envoie tu envoies il envoie nous envoyons vous envoyez ils envoient	j'ai envoyé etc	j'enverrai etc	j'envoyais tu envoyais il envoyait nous envoyions vous envoyiez ils envoyaient
espérer, *to hope* espère! espérons! espérez!	j'espère tu espères il espère nous espérons vous espérez ils espèrent	j'ai espéré tu as espéré il a espéré nous avons espéré vous avez espéré ils ont espéré	j'espérerai tu espéreras il espérera nous espérerons vous espérerez ils espéreront	j'espérais tu espérais il espérait nous espérions vous espériez ils espéraient
essayer, *to try* essaie! essayons! essayez!	j'essaie tu essaies il essaie nous essayons vous essayez ils essaient	j'ai essayé etc	j'essaierai etc	j'essayais tu essayais il essayait nous essayions vous essayiez ils essayaient
être, *to be* sois! soyons! soyez!	je suis tu es il est nous sommes vous êtes ils sont	j'ai été tu as été il a été nous avons été vous avez été ils ont été	je serai tu seras il sera nous serons vous serez ils seront	j'étais tu étais il était nous étions vous étiez ils étaient
faire, *to do, make* fais! faisons! faites!	je fais tu fais il fait nous faisons vous faites ils font	j'ai fait tu as fait il a fait nous avons fait vous avez fait ils ont fait	je ferai tu feras il fera nous ferons vous ferez ils feront	je faisais tu faisais il faisait nous faisions vous faisiez ils faisaient
se lever, *to get up* lève-toi! levons-nous! levez-vous!	je me lève tu te lèves il se lève nous nous levons vous vous levez ils se lèvent	je me suis levé(e) tu t'es levé(e) il s'est levé elle s'est levée nous nous sommes levé(e)s vous vous êtes levé(e)(s) ils se sont levés elles se sont levées	je me lèverai tu te lèveras il se lèvera nous nous lèverons vous vous lèverez ils se lèveront	je me levais tu te levais il se levait nous nous levions vous vous leviez ils se levaient
lire, *to read* lis! lisons! lisez!	je lis tu lis il lit nous lisons vous lisez ils lisent	j'ai lu tu as lu il a lu nous avons lu vous avez lu ils ont lu	je lirai etc	je lisais tu lisais il lisait nous lisions vous lisiez ils lisaient
mettre, *to put,* *to put on* mets! mettons! mettez!	je mets tu mets il met nous mettons vous mettez ils mettent	j'ai mis tu as mis il a mis nous avons mis vous avez mis ils ont mis	je mettrai tu mettras il mettra nous mettrons vous mettrez ils mettront	je mettais tu mettais il mettait nous mettions vous mettiez ils mettaient

ouvrir,	j'ouvre	j'ai ouvert	j'ouvrirai	j'ouvrais
to open	tu ouvres	tu as ouvert	tu ouvriras	tu ouvrais
	il ouvre	il a ouvert	il ouvrira	il ouvrait
ouvre!	nous ouvrons	nous avons ouvert	nous ouvrirons	nous ouvrions
ouvrons!	vous ouvrez	vous avez ouvert	vous ouvrirez	vous ouvriez
ouvrez!	ils ouvrent	ils ont ouvert	ils ouvriront	ils ouvraient
partir,	je pars	je suis parti(e)	je partirai	je partais
to leave,	tu pars	tu es parti(e)	tu partiras	tu partais
to depart	il part	il est parti	il partira	il partait
pars!	nous partons	elle est partie	nous partirons	nous partions
partons!	vous partez	nous sommes parti(e)s	vous partirez	vous partiez
partez!	ils partent	vous êtes parti(e)(s)	ils partiront	ils partaient
		ils sont partis		
		elles sont parties		
pouvoir,	je peux	j'ai pu	je pourrai	je pouvais
to be able	tu peux	tu as pu	tu pourras	tu pouvais
(I can etc)	il peut	il a pu	il pourra	il pouvait
	nous pouvons	nous avons pu	nous pourrons	nous pouvions
	vous pouvez	vous avez pu	vous pourrez	vous pouviez
	ils peuvent	ils ont pu	ils pourront	ils pouvaient
prendre,	je prends	j'ai pris	je prendrai	je prenais
to take	tu prends	tu as pris	tu prendras	tu prenais
	il prend	il a pris	il prendra	il prenait
prends!	nous prenons	nous avons pris	nous prendrons	nous prenions
prenons!	vous prenez	vous avez pris	vous prendrez	vous preniez
prenez!	ils prennent	ils ont pris	ils prendront	ils prenaient
recevoir,	je reçois	j'ai reçu	je recevrai	je recevais
to receive	tu reçois	tu as reçu	tu recevras	tu recevais
	il reçoit	il a reçu	il recevra	il recevait
reçois!	nous recevons	nous avons reçu	nous recevrons	nous recevions
recevons!	vous recevez	vous avez reçu	vous recevrez	vous receviez
recevez!	ils reçoivent	ils ont reçu	ils recevront	ils recevaient
savoir,	je sais	j'ai su	je saurai	je savais
to know	tu sais	tu as su	tu sauras	tu savais
	il sait	il a su	il saura	il savait
sache!	nous savons	nous avons su	nous saurons	nous savions
sachons!	vous savez	vous avez su	vous saurez	vous saviez
sachez!	ils savent	ils ont su	ils sauront	ils savaient

sortir, *to go out*   see **partir**

venir,	je viens	je suis venu(e)	je viendrai	je venais
to come	tu viens	tu es venu(e)	tu viendras	tu venais
	il vient	il est venu	il viendra	il venait
viens!	nous venons	elle est venue	nous viendrons	nous venions
venons!	vous venez	nous sommes venu(e)s	vous viendrez	vous veniez
venez!	ils viennent	vous êtes venu(e)(s)	ils viendront	ils venaient
		ils sont venus		
		elles sont venues		
voir,	je vois	j'ai vu	je verrai	je voyais
to see	tu vois	tu as vu	tu verras	tu voyais
	il voit	il a vu	il verra	il voyait
vois!	nous voyons	nous avons vu	nous verrons	nous voyions
voyons!	vous voyez	vous avez vu	vous verrez	vous voyiez
voyez!	ils voient	ils ont vu	ils verront	ils voyaient
vouloir,	je veux	j'ai voulu	je voudrai	je voulais
to want	tu veux	tu as voulu	tu voudras	tu voulais
	il veut	il a voulu	il voudra	il voulait
veuille!	nous voulons	nous avons voulu	nous voudrons	nous voulions
veuillons!	vous voulez	vous avez voulu	vous voudrez	vous vouliez
veuillez!	ils veulent	ils ont voulu	ils voudront	ils voulaient

Vocabulary

A

à (au, à la, à l', aux) at, in, to
abandonné en mer abandonned at sea
une abbaye abbey
abominable dreadful
d'abord (at) first
aboyer to bark
abriter to shelter
absolument absolutely
accompagner to accompany
d'accord OK, agreed
accrocher to fix, hook
accueillant welcoming
acheter to buy
achever to complete
acquérir to acquire
un acrobate acrobat
l'addition f bill
admis admitted
un(e) adolescent teenager
adorer to love
une adresse address
s'adresser à to enquire at, to apply to
une aérogare air terminal
un aéroglisseur hovercraft
un aéroport airport
les affaires f pl things
une affiche poster
affiché displayed
affreux (-euse) awful
l'Afrique f Africa
à l'âge de at the age of
une agence de voyages travel agency
un agent de police policeman
il s'agit de it's about, connected with
agréable pleasant
agricole agricultural
aider to help
~ à la maison to help out at home
un aigle eagle
l'ail m garlic
aimable friendly, kind
aimer to like, love
aîné(e) oldest
ainsi que just as
ajouter to add
l'alcool m alcohol
l'alcootest m breathalyser
alimentation f food, food shop (grocers)
l'Allemagne f Germany
allemand German
aller to go
un aller-retour return ticket
un aller simple single ticket
allez-y go on
s'allumer to light up
des allumettes f pl matches
alors well, so, in that case
l'alpinisme m mountaineering
alsacien of, in or from Alsace

l'Alsacien a French and German dialect spoken in parts of Alsace
aménagé equipped
une amende fine
un(e) ami(e) friend
amitiés best wishes
l'amitié f friendship
l'amour m love
amusant fun, entertaining
s'amuser to have a good time
un an year
des anchois m pl anchovies
ancien old, former
anglais English
l'Angleterre f England
un animal domestique pet
animé lively
une année year
un anniversaire birthday
l'annuaire téléphonique telephone directory
un anorak anorak
antique ancient
août August
à l'appareil on the phone
l'appareil m machine, apparatus
un appareil-photo camera
un appartement flat
appartenir to belong to
un appel call
s'appeler to be called
une appendicite appendicitis
apporter to bring
apprécier to appreciate
apprendre to learn
s'approcher de to approach
appuyer to press
après after
après-demain day after tomorrow
l'après-midi m afternoon
un aqueduc aqueduct
un arbre tree
une arche arch
l'architecture f architecture
les arènes f pl arena
l'argent m money
~ de poche m pocket money
l'armée f army
l'armoire f wardrobe
un arrêt d'autobus bus stop
arrêté arrested
s'arrêter to stop
(en) arrière (at the) rear, back(wards)
l'arrivée f arrival
arriver to arrive
un article article
un(e) artiste artist
un ascenseur lift
des asperges f pl asparagus
assassiner to murder
s'asseoir to sit down
assez enough
une assiette plate
assis sitting
associer to associate
assurer to assure

un atelier workshop
l'atelier-théâtre m theatre workshop
l'athlétisme m athletics
attaqué attacked
attendre to wait
attirer to attract
~ votre attention sur to draw your attention to
attraper to catch
une auberge de jeunesse youth hostel
aubergiste, le père ~ la mère ~ youth hostel warden
au-dessous de less than, under, below
aujourd'hui today
au lieu de instead of
auparavant beforehand
auprès de through, by
Au revoir Good-bye
aussi as well, also
un autobus bus
un autocar coach
l'automne m autumn
un(e) automobiliste car driver
une autoroute motorway
en auto-stop by hitch-hiking
autour around
autre other
autrefois formerly
l'Autriche f Austria
une avalanche avalanche
à l'avance in advance
avancer to come or go forward
avant before
avant-hier day before yesterday
avec with
une avenue avenue
une averse shower (rain)
avertir to warn, notify
un(e) aveugle blind person
un avion plane
~ à réaction jet plane
un avis opinion
avoir to have
en ~ assez to have had enough
~ besoin de to need
~ faim to be hungry
~ le droit de to have the right to
~ lieu to take place
~ mal à to have a pain
~ peur to be afraid
~ raison to be right
~ soif to be thirsty
avril April

B

le babyfoot table football
le badminton badminton
les bagages m pl luggage
une baguette French loaf
se baigner to bathe
un bal dance

le balcon balcony
une balise marker, sign
un ballon ball (inflatable)
une banane banana
un banc bench
une bande tape
une bande dessinée strip cartoon
la banlieue suburbs
une banque bank
une barbe beard
un barrage dam
barrer to block
bas(basse) low
un bassin pool
un bateau boat
un bâtiment building
un bâton ski pole
la batterie car battery
battre le record to beat the record
beau (bel, belle) beautiful
beaucoup a lot of, many
~ de monde a lot of people
la Belgique Belgium
un berger shepherd
le beurre butter
une bibliothèque library
bien good, well
~ entendu of course
~ sûr of course
bientôt soon
la bienvenue welcome
la bière beer
des bijoux m pl jewellery
un billet ticket; bank note
la biologie biology
un biscuit biscuit
bizarre odd
blanc white
blessé injured
bleu blue
~ marine navy blue
le bloc sanitaire washing facilities
boire to drink
le bois wood
une boisson drink
~ (non-)alcoolisée (non-) alcoholic drink
une boîte box, tin
en ~ tinned
~ aux lettres letter box
~ de couleurs tin of paints
~ de nuit night club
un bol bowl
bon good
en ~ état in good condition
~ voyage! have a good journey
un bonbon sweet
Bonjour! Hello! Good morning!
bonne chance! good luck!
de bonne heure early
Bonne nuit! Good night!
bonne route! have a good journey
la bonne volonté good will
un bonnet woolly hat
au bord de la mer at the seaside
les bottes f pl boots, snow boots
la bouche mouth

la ~ du métro *métro* entrance
le **boucher** butcher
la **boucherie** butcher's shop
la **bouillabaisse** provençal fish soup
le **boulanger** baker
une **boulangerie** bakery
une **boum** party
un **bouquet** bouquet, bunch
le **bout** end
une **bouteille** bottle
une **boutique** small shop
un **bouton** button; knob
la **boxe** boxing
brancher to plug in
le **bras** arm
une **brasserie** large café where
    draught beer is sold
la **Bretagne** Brittany
le **bricolage** do-it-yourself type
    activities
briller to shine
britannique British
une **brochure** brochure
se **bronzer** to get brown
une **brosse à dents** toothbrush
le **brouillard** fog
un **bruit** noise
la **brume** mist
un **buisson** bush
un **bureau** office
    ~ **de poste** post-office
    ~ **de renseignements** information
        office
    ~ **de tabac** tobacconist's
une **buvette** refreshment bar

C

ça (cela) that, it
    ~ **m'est égal** it's all the same
        to me
    ~ **y est** that's it; it's done
une **cabane** hut
la **cabine d'essayage** changing room
une **cabine téléphonique** public call box
un **cabinet de toilette** washing facilities
    (e.g. in hotel)
cache-cache hide and seek
cacher to hide
se **cacher** to hide oneself
un **cadeau** present
    ~ **de mariage** wedding present
un **cadre** setting; manager; frame
    ~ **de verdure** green setting
un **café** café; coffee
un **café crème** coffee with cream
    ~ **moulu** ground coffee
un **cahier** exercise book
une **caisse** box for money; cash
    office; check out
calme quiet
un(e) **camarade** friend
cambrioler to burgle
la **campagne** countryside

à la ~ in the country
un **campeur** camper
un **camping (terrain de)** campsite
le **Canada** Canada
une **canne à pêche** fishing rod
la **capitale** capital
un **car** coach
une **carafe** carafe, jug
une **caravane** caravan
un **carnet** book of tickets; notebook
une **carotte** carrot
un **carrefour** crossroads
une **carrière** career
une **carte** map
    ~ **d'adhérant** membership card
    ~ **postale** post-card
cas (dans ce ~) (in this) case
une **cascade** waterfall
un **casque** helmet
(se) **casser** to break (itself)
une **casserole** saucepan
une **cassette** cassette
une **cathédrale** cathedral
une **cave** cave, cellar
un **caveau** wine cellar
ce (cet, cette, ces) this, that
céder la priorité to give way
célèbre famous
celui (celle) the one
celui-ci (celle-ci) this one
celui-là (celle-là) that one
cent hundred
le **centre** centre
le **centre-ville** town centre
cependant however
une **cerise** cherry
certain certain, some
certainement certainly
c'est it is
c'est-à-dire that's to say
c'était it was
ceux (celles) those
chacun each
une **chaise** chair
une **chaise pliante** deck chair
une **chambre** bedroom
un **champ** field
le **champagne** champagne
un **champignon** mushroom
un **championnat** championship
la **chance** luck
le **changement** changing
changer to change
chanter to sing
un **chanteur** singer
un **chapeau** hat
chaque each, every
une **charcuterie** pork butcher's and
    delicatessen
charger to load
la **chasse** hunting
un **chat** cat
un **château** castle
    ~ **fort** fortress
chaud hot
le **chauffage central** central heating
un **chauffe-eau** water heater

un **chauffeur de taxi** taxi driver
la **chaussée** ground, pavement
des **chaussettes** *f pl* socks
des **chaussures** *f pl* shoes
    ~ **de ski** *f pl* ski boots
le **chef-lieu** main town in
    département
le **chemin** way
    ~ **de fer** railway
une **chemise** shirt
un **chèque de voyage** travel cheque
cher dear, expensive; dear
chercher to look for
chéri(e) darling
un **cheval** horse
les **cheveux** *m pl* hair
chez for, with, at someone's
    house
chic smart
chic! great!
un **chien** dog
la **chimie** chemistry
les **chips** *m pl* crisps
un **chocolat** cup of drinking chocolate;
    chocolate
la **chocolaterie** chocolate factory
choisir to choose
le **choix** choice
en **chômage** unemployed
la **chorale** choir
une **chose** thing
un **chou** cabbage
la **choucroute** sauerkraut
chouette! nice, great!
un **chou-fleur** cauliflower
une **chute de neige** snowfall
le **ciel** sky
une **cigarette** cigarette
une **cigogne** stork
une **cimetière** cemetery
un **cinéma** cinema
un **cinémathèque** film library
cinquante fifty
un **cintre** coat-hanger
un **circuit** tour
la **circulation** traffic
circuler to run, be in operation
des **ciseaux** *m pl* scissors
un **citron** lemon
une **clarinette** clarinet
la **classe** class
classique classical
une **clef** key
un(e) **client(e)** customer
le **climat** climate
la **climatisation** air-conditioning
un **club de jeunes** youth club
le **code de la route** highway code
un **coiffeur** hairdresser
le **coin** corner
collectif for a group
collectionner to collect
un **collège** school (11-15)
un **collier** collar; necklace
une **colline** hill
une **colonie de vacances** children's
    holiday camp

combien how much, how many?
comique funny, comedy (film)
commander to order
comme like
comme ci comme ça so-so
commémorer to commemorate
le **commencement** beginning
commencer to begin, start
comment how
un **commerçant** shopkeeper
le **commissariat de police** police station
un **compartiment** compartment
complet full
compléter to complete
un **complexe sportif** sports complex
compliqué complicated
composter to date-stamp
comprenant including
comprendre to understand
compris included
    service ~ service charge included
    service non ~ service charge not
        included
    tout ~ everything included
un **compte** account
compter to count
le **comptoir** counter
un **concert** concert
un(e) **concierge** caretaker
un **concours** competition
le **conducteur** driver
conduire to drive
sous la **conduite de** escorted by
une **conférence** lecture
un **conférencier** lecturer
la **confiture** jam
le **confort** comfort
confortable comfortable
connaître to know, be
    acquainted with
connu well-known
consigné carry a deposit
construire to build, construct
consulter to consult
content happy, pleased
le **contenu** contents
continuer to continue
contre against
un **contrôleur** ticket inspector
convenir to suit, be suitable
un **copain (une copine)** friend
une **corde** rope
le **corps** body
une **correspondance** connection
un(e) **correspondant(e)** penfriend
corriger to correct
un **costume** outfit
la **côte** coast
une **côte de porc** pork chop
un **côté** side
    à **côté de** next to
le **cou** neck
se **coucher** to go to bed, to lie down
une **couleur** colour
un **couloir** corridor
un **coup de main (donner ~)** to give a
    (helping) hand

couper to cut
une cour (school) yard, grounds
en courant running
des courgettes *f pl* courgettes
courir to run
le courrier post, mail
un cours lesson
   ~ de ski ski class
   au ~ des années in the course of time
une course race
   ~ de taureaux bull fight
court short
un cousin cousin
un couteau knife
coûter to cost
la couture sewing, dressmaking
couvert covered, overcast
une couverture blanket
une cravate tie
un crayon pencil
créer to create something
une crème solaire sun-tan cream
la crémerie dairy
crever to puncture (tyre)
des crevettes *f pl* prawns, shrimps
un cri shout
crier to shout
critiquer to criticise
croire to believe
croisé crossed
un croissant croissant
les crudités raw vegetables served as a first course
une cuillère spoon
une cuisine kitchen
la cuisine française French cooking
un cuisinier cook, chef
une cuisinière cooker
des cuisses de grenouille frog's legs
bien cuit well cooked
cultiver to grow, cultivate
la culture culture, cultivation
curatif beneficial
une curiosité place of interest
un cycliste cyclist

D

le dactylo typing
une dame lady
à damiers jaunes et noirs yellow and black checked
dangereux dangerous
dans in
une danse dance
danser to dance
de of, from
un débat debate
debout standing up
le début beginning
un débutant beginner
décembre December

décider to decide
décontracté casual, relaxed
décorer to decorate
une découverte discovery
découvrir to discover
décrire to describe
défense de... it is forbidden...
un défilé procession
se dégager to free oneself
un degré degree
la dégustation tasting (of wines) etc
dehors outside
déjà already
le déjeuner lunch
déjeuner to have lunch
délicieux delicious
demain tomorrow
sur demande on request
une demeure dwelling, place of residence
demi half
un demi-litre half a litre
un(e) demi-pensionnaire pupil who has lunch at school
la dent tooth
le dentifrice toothpaste
le départ departure
un département administrative area of France
se dépêcher to hurry
ça dépend it depends
une dépense expense
un dépliant leaflet
depuis since, for
dernier(-ière) last
derrière behind
un désavantage disadvantage
descendre to go down, to get off (bus, *métro*)
désirer to want
désolé very sorry
le dessert sweet, dessert
le dessin art
la destination destination
détester to hate
un détour detour
devant in front of
devenir to become
une déviation diversion
deviner to guess
la devise currency
devoir to have to, must
les devoirs *m pl* homework
une diapositive slide
différent different
difficile difficult
une difficulté difficulty
diffusé transmitted
dimanche Sunday
le dîner dinner
un diplôme diploma, qualification
diplômé qualified
dire to say
le directeur manager, headmaster
la direction direction; management
une discothèque discothèque, place where you listen to records

discuter to discuss
disparaître to disappear
un disque record
la distance distance
une distraction entertainment
distribuer to give out
Dites-donc (Dis-donc) Tell me now, look here
diviser to divide
divorcé divorced
dix ten
un documentaire documentary (film)
un doigt finger
c'est dommage it's a pity
donc therefore
donner to give
   ~ l'alerte to raise the alarm
dormir to sleep
un dortoir dormitory
le dos back
une douche shower
sans doute without doubt
doux mild
douze twelve
la douzaine dozen
un drapeau flag
les draps *m pl* sheets
une droguerie general household shop
un droit a right
les droits d'entrée *m pl* entrance fee
droite right
   à ~ on the right
drôle funny
   pas ~ not much fun
un duc duke
la durée duration
durer to last

E

l'eau *f* water
   ~ minérale mineral water
   ~ potable drinking water
une échappée escape
   une belle ~ a narrow escape
s'échapper to escape
une écharpe scarf
l'éclairage *m* lighting
une éclaircie sunny period
une école school
l'Écosse *f* Scotland
écouter to listen to
s'écrier to exclaim
écrire to write
l'éducation physique physical education
en effet as a matter of fact, indeed
effrayant terrifying
une église church
les égouts *m pl* sewers
un électricien electrician
l'électricité *f* electricity
un électrophone record player
élégant elegant

un éléphant elephant
l'élevage *m* stock farming
un(e) élève pupil
les émaux *m pl* enamelling
embaucher to take on
un embouteillage traffic jam
embrasser to kiss
une émission broadcast
emmener to take
un empereur emperor
un emplacement site
un emploi job
   ~ du temps timetable
un(e) employé(e) employee
   ~ de bureau office worker
employer to use
emporter to carry away
emprunter to borrow
en in
encore again, more
encore de some more
pas encore not yet
s'endormir to fall asleep
un endroit place
l'énergie hydroélectrique hydro-electric power
un(e) enfant child
enfermé imprisoned
enfin finally, at last, in that case
un ennui worry, problem
ennuyeux boring
un enregistrement recording
ensemble together
ensoleillé sunny
ensuite then, next
entendre to hear
entier complete
entouré de surrounded by
entre between
l'entrée *f* entrance
entrer (dans) to go (in)
environ about
les environs *m pl* the surrounding area
envoyer to send
une épicerie grocer's shop
un épicier grocer
une époque time, period, era
une équipe team
l'équipe de tournage camera crew
équipé equipped
l'équitation *f* horse-riding
une erreur mistake
une escalade climb
un escalier staircase
l'escrime *f* fencing
l'espace *m* space
l'Espagne *f* Spain
espagnol Spanish
espérer to hope
essayer to try
l'essence *f* petrol
essuyer to dry up, to wipe
l'est *m* east
est-ce que...? question form, *see p. 185*
et and
un étage floor, storey

un étalage stand, booth, stall
les États-Unis *m pl* United States
l'été *m* summer
s'étendre to stretch out
une étoile star
étranger foreign
un étranger foreigner
à l'étranger abroad
être to be
~ prié de to be asked to
~ sûr de to be sure of
étroit narrow
les études *f pl* studies
un étudiant student
européen European
eux them
éviter avoid
un examen exam
l'excès de vitesse exceeding the
speed limit
une excursion trip, excursion
par exemple for example
un exercice exercise
expliquer to explain
une exposition exhibition
un express inter-city train
un extrait extract
extraordinaire extraordinary,
amazing

F

un fabricant manufacturer
une fabrique factory
en face de opposite
fâché angry
facile easy
facilement easily
un facteur postman
facultatif optional, by request
faire to do, go, make
~ des achats to go shopping
~ l'ascension de to climb
(a mountain, tower etc)
~ du camping to go camping
~ la connaissance to get to
know
~ des courses to go shopping
~ la cuisine to do the cooking
~ des économies to economise
~ de l'escalade to go climbing
~ du lèche-vitrine to go window
shopping
~ la lessive to do the washing
~ la liaison to link up
~ mal à to hurt
~ le ménage to do the housework
~ partie de to be or form a
part of something
~ des photos to take photographs
~ un portrait to do a portrait
of someone
~ du progrès to make progress
~ une promenade to go for a walk

~ signe à to give a signal to,
to attract someone's
attention
~ du ski to go skiing
~ un tour to go for a walk,
tour around
~ la vaisselle to do the
washing up
~ les valises to pack
~ du vélo to go cycling
~ de la voile to go sailing
il fait beau it's fine
faits divers news-in-brief
la famille family
fantastique fantastic
fatigant tiring
fatigué tired
un faucon falcon
il faut you need, it is necessary
la faute fault
un fauteuil armchair
faux false, untrue
félicitations congratulations
une femme woman; wife
la fenêtre window
le fer iron
une ferme farm
fermé closed
fermer to close; to turn off
~ la porte à clef to lock up
le festival festival
une fête Saint's day; special holiday;
party
une fête foraine fair
le(s) feu(x) *m (pl)* traffic lights
le feu rouge red light
le feu vert green light
un feu d'artifice firework display
une feuille sheet of paper, page; leaf
février February
la ficelle string
une ficelle type of French loaf
une fiche form; sheet of paper
une fille girl; daughter
un film film
un fils(unique) (only) son
la fin end
finalement finally
finir to finish
la flânerie strolling, wandering
une fleur flower
un fleuve river
le flipper pinball machine
une flûte flute
une foire fair
une fois time, once
foncé dark
une fontaine fountain
le foot(ball) football
une forêt forest
un forfait remontées mécaniques
lift pass
en forme in good form
formidable great, terrific
un formulaire form
fort(en) strong, good (at)
fou (folle) mad

un foulard headscarf
une fourchette fork
frais cool; fresh
une fraise strawberry
une framboise raspberry
le français French
la France France
francophone French-speaking
frapper to knock
fréquenté (well-) used
un frère brother
un frigidaire refrigerator
frisé curly
des frites *f pl* chips
froid cold
un fromage cheese
la frontière border, frontier
un fruit fruit
les fruits de mer *m pl* seafood
fumer to smoke
(non-) fumeurs compartment for (non-)
smokers
furieux furious
un fusil de chasse shotgun

G

gagner to earn, win
Galles, pays de ~ Wales
les gants *m pl* gloves
un garage garage
un garçon boy
garder to keep, look after
le gardien warden
une gare station
~ routière coach, or bus
station
en ~ in the station
garer to park
une gargouille gargoyle
un gâteau cake
gauche left
à ~ on the left
le gaz gas
il gèle it's freezing
gelé icy
un gendarme armed policeman
la gendarmerie police
un général general
généralement usually
le genou knee
le genre kind, sort, type
les gens *m pl* people
gentil nice
gentiment kindly
la géographie geography
un gitan gypsy
une glace ice-cream
un glacier glacier
un glaçon ice cube
glisser to slide, slip
le golf golf
une gomme rubber
la gorge throat

un gorille gorilla
goûter to taste
le goûter tea
un gouvernement government
grand large, tall, great
la Grande-Bretagne Great Britain
une grand-mère grandmother
la grand-messe high mass
un grand-père grandfather
les grands-parents *m pl* grandparents
gratuit free of charge
grave serious
gravement seriously
grillade *f* grilled meat
la grippe flu
gris grey
gros big
une grotte cave
un groupe group
le guépard cheetah
la guerre war
la première ~ mondiale
First World War
le guichet ticket office
un guide guide book;
mountain guide
la guitare guitar
la gymnastique gymnastics

H

s'habiller to get dressed
un habitant inhabitant
habiter to live
d'habitude usually, normally
les haricots (verts) *m pl* (green) beans
par hasard by any chance
haut high
d'en haut from above
Haut les mains! Hands up!
un haut-parleur loud-speaker
héberger to accommodate
hélas alas, unfortunately
un hélicoptère helicopter
les herbes *f pl* herbs
l'heure *f* time
à ~ on time
les heures d'affluence *f pl* rush hour
les heures de visite *f pl* visiting times
heureusement fortunately
heureux happy
Heureux de faire votre connaissance
Pleased to meet you
hier yesterday
une histoire story
l'histoire *f* history
l'hiver *m* winter
une HLM (habitation à loyer modéré)
council house or flat
hollandais dutch
un homme man
~ de science scientist
un hôpital hospital
un horaire timetable

les **horaires** _m pl_ times
une **horloge (astronomique)** (astronomical)
  clock
un **hôtel** hotel
  l'hôtel de ville _m_ town hall
une **hôtesse d'accueil** hotel receptionist
le **houblon** hops
  l'huile _f_ oil
  l'huile d'olive _f_ olive oil
  huit eight
  humide wet

I

  ici here
une **idée** idea
  il y a there is, there are
  il y a trois ans three years ago
une **île** island
  illuminé illuminated
  illuminer to light up
  illustré illustrated
  immatriculé registered (car)
  immédiatement immediately
un **immeuble** block of flats, office
  block
un **imperméable** raincoat
  important important
une **impression** impression
  impressionnant impressive
  imprudent foolhardy, careless
un **incendie** fire
  inconnu unknown
  indiquer to point out
  individuellement individually
  industriel industrial
une **infirmière** nurse
  s'informer sur to find out about
un **ingénieur** engineer
un **inspecteur de police** police inspector
un(e) **instituteur (-trice)** primary
  school teacher
  l'instruction civique _f_ general
  studies, current affairs etc.
  l'instruction religieuse _f_
  religious education
un **instrument de musique** musical
  instrument
  insupportable unbearable
  intelligent intelligent
  interdit forbidden
  intéressant interesting
  s'intéresser à to be interested in
un **internat** boarding school
un(e) **interne** boarder
  l'intérieur _m_ inside
  l'interprète _m/f_ interpreter
  interroger to question
  inutile pointless, useless
  l'inventaire _m_ inventory
  inviter to invite
  l'Irlande _f_ Ireland
  l'Italie _f_ Italy

J

une **jambe** leg
le **jambon** ham
  janvier January
un **jardin** garden
  jaune yellow
un **jean** pair of jeans
  se jeter to flow into
un **jeton** special coin for use
  with some telephones
un **jeu** game
  ~ de cartes pack of cards
  ~ de société indoor (usu. card
  or board) game
  jeudi Thursday
  jeune young
une **jeune fille** girl
les **jeunes** _m pl_ young people
des **jeunes gens** _m pl_ young people
la **Joconde** Mona Lisa
une **joie** joy
  joli pretty
  jouer to play
  ~ aux cartes to play cards
  ~ aux échecs to play chess
un **joueur** player
un **jour** day
  un ~ férié public holiday
  le jour se lève it's sunrise
un **journal** newspaper
un **journaliste** journalist
une **journée** day
  juillet July
  juin June
une **jupe** skirt
un **jus de fruit** fruit juice
  jusqu'à up to, until

K

le **karaté** karate
un **kilo** kilogram
un **kiosque** kiosk, stand
le **kougelhopf** type of cake eaten in
  Alsace

L

  là there
  là-bas there, over there
  là-haut up there
un **laboratoire** laboratory
  ~ de langues language
  laboratory
un **lac** lake
le **lac Léman** Lake Geneva
  laid ugly
  laisser to leave
  ~ tomber to drop

le **lait** milk
une **laitue** lettuce
une **lampe de poche** torch
une **lampe électrique** torch
  lancer to throw, launch
une **langue** language
un **lapin** rabbit
  laquelle which
  large wide
un **lavabo** wash basin
  laver to wash
une **leçon** lesson
la **lecture** reading
une **légende** legend
un **légume** vegetable
le **lendemain** the next day
  lentement slowly
la **lessive** washing
une **lettre** letter
  leur their
  se lever to get up
  en liberté in their natural
  environment
une **librairie** bookshop
  libre free
un **lieu** place
une **ligne** line
la **limonade** lemonade
une **liqueur** liqueur
  lire to read
une **liste** list
un **lit** bed
un **litre** litre
un **livre** book
une **livre** pound
  localisé confined to one area
un(e) **locataire** tenant
  la **location** (for) hire, reservation
  (of tickets etc)
  loger à to stay at
  loin far
les **loisirs** _m pl_ leisure
  Londres London
  long(ue) long
  le long de along
la **longueur** length
  longtemps for a long time
  lorsque when
la **Loterie Nationale** State lottery
  louer to hire
  lourd heavy
une **luge** toboggan
  lui to or from him, her, it
  lui-même himself
une **lumière** light
  lundi Monday
la **lune** moon
les **lunettes** _f pl_ glasses; ski goggles
  ~ de soleil sunglasses
le **Luxembourg** Luxembourg
un **lycée** senior school (15 +)
un(e) **lycéen(ne)** pupil at a _lycée_

M

les **macaroni** macaroni
la **machine à faire la vaisselle**
  dishwasher
la **machine à laver** washing machine
le **machiniste** bus driver
un **maçon** builder
  madame Mrs
  mademoiselle (_pl_ mesdemoiselles) Miss
un **magasin** shop
  grand ~ department store
  ~ de sports sports shop
un **magazine** magazine
un **magnétophone** tape recorder
  magnifique splendid, magnificent
  mai May
un **maillot de bain** swimming costume
la **main** hand
  à la main by hand
  maintenant now
  mais but
une **maison** house
  ~ des jeunes youth centre
un(e) **maître-nageur** swimming instructor,
  life-saver
  en majuscules in capital letters
  • **malade** ill
  malgré in spite of
  malheureusement unfortunately
  maman Mum
la **Manche** English Channel
  manger to eat
  manquer to miss
un **manteau** coat
  manuel practical
un(e) **marchand(e)** shopkeeper
un **marché** market
  ~ aux puces flea market
  marcher to walk
  mardi Tuesday
  mardi gras Shrove Tuesday
un **mari** husband
le **mariage** wedding
  marié avec married to
un **marquis** marquis
  marron brown
  mars March
  masqué masked
un **match (de football)** (football) match
un **matelas pneumatique** lilo
le **matériel** equipment
les **maths** _f pl_ maths
une **matière** school subject
le **matin** morning
la **matinée** morning
  mauvais bad
  de mauvaise humeur in a bad mood
  me me, to me
un **mécanicien** mechanic
  méchant naughty, fierce
un **médecin** doctor
un **médicament** medication, drugs
  meilleur better
un **melon** melon
  même same

en ~ temps at the same time
menacer to threaten
le menu à prix fixe fixed price menu
la mer sea
~ Méditerranée Mediterranean sea
merci (beaucoup) thank you (very much)
mercredi Wednesday
une mère mother
merveilleux marvellous
(en) métal (in) metal
la météo weather
un métier trade, occupation
un mètre metre
le métro Paris underground
mettre to put, place
~ la table to lay the table
meublé(e) furnished
des meubles m pl furniture
le micro microphone
un micro-ordinateur micro-computer
midi midday
mieux better
mignon sweet, nice
le milieu (de) middle (of)
mille thousand
un million million
mince slim
minuit midnight
une minute minute
mixte mixed
à la mode fashionable
le modélisme model-making
modéré moderate
moderne modern
moi I, myself, me
moi-même myself
moins less
~ de less than
au ~ at least
un mois month
la moitié half
un moment moment
mon (ma, mes) my
le monde world
tout le ~ everybody
un(e) moniteur (-rice) assistant, helper, instructor
~ de ski ski instructor
la monnaie change
Monsieur (pl Messieurs) Sir, gentleman
une montagne mountain
la montée uphill pull
monter to go up, get on (bus, métro)
une montre watch
montrer to show
un monument sight, famous building
le morceau piece
mort(e) dead
un mot word
un motard traffic policeman (on motorbike)
la moto motorcycling
une moto motorbike

mots croisés m pl crossword
un mouchoir handkerchief
un moulin windmill
mourir to die
une moustache moustache
un mouton sheep
moyen intermediate, average
de moyenne on average
un mur wall
un musée museum
un musicien musician
la musique music
mystérieux mysterious

N

nager to swim
naître to be born
une nappe tablecloth
la natation swimming
naturellement of course
nécessaire necessary
n'est-ce pas? isn't it? don't you think?
ne ... jamais never
ne ... ni ... ni neither ... nor
ne ... pas not
ne ... que only
Ne t'en fais pas Don't worry
né(e) born (from naître)
la neige snow
nettoyer to clean, sweep
neuf (neuve) new
le nez nose
ni nor
n'importe quel any
un niveau level
nocturne by night
Noël Christmas
noir black
un nom name
le nombre number
nombreux numerous
nommer to name
non no
non plus neither, no more, either
le nord north
notre (nos) our
novembre November
nous we, us
nouveau (nouvel, nouvelle) new
de (à) ~ again
les nouvelles f pl news
un nuage cloud
nuageux cloudy
une nuit night
la nuit at night
un numéro number

O

un objet object
obligatoire compulsory
obligatoirement compulsorily, by law
obtenir to obtain
occupé busy
s'occuper de to sort something out, to busy oneself with
octobre October
un oeil (pl les yeux) eye
un œuf egg
~ dur hard-boiled egg
une œuvre work
on m'a offert ... I was given ...
un office de tourisme tourist office
offrir to offer, to give
un oignon onion
un oiseau bird
un olivier olive tree
une omelette omelette
on one, we, people (in general)
un oncle uncle
onze eleven
l'orage m storm
une orange orange
un orangina fizzy orange
un orchestre orchestra, band
ordinaire ordinary; lower grade petrol
un ordinateur computer
une ordonnance prescription
par ordre d'importance in order of importance
l'oreille f ear
organiser to organise
où where
ou or
oublier to forget
l'ouest m west
oui yes
d'outre-mer overseas
ouvert open
~ au public open to the public
l'ouverture f opening times
un ouvre-boîtes tin opener
un ouvre-bouteilles bottle opener
un ouvrier manual worker
ouvrir to open

P

le pain bread
~ au chocolat bread roll with chocolate inside
~ fantaisie fancy loaf
une paire pair
un palais palace
~ des sports sports stadium
un pamplemousse grapefruit
un panier basket
un panneau sign, board
un pansement bandage, dressing

un pantalon pair of trousers
une papeterie stationer's
le papier paper
Pâques Easter
un paquet packet
par by
un paradis paradise
il paraît que it appears that
paraître to appear
un parapluie umbrella
un parc park
un parc zoologique zoo
parce que because
le parcours distance covered
pardon excuse me, I'm sorry
les parents m pl parents, relations
parfait perfect
parfois at times
le parfum perfume
au parfum de flavoured with
un(e) parisien(ne) person who lives in Paris
un parking car park
parler to speak
la parole word
~ aux jeunes let young people speak
un(e) partenaire partner
participer to participate in
une partie part, match or game
~ de boules a game of bowls
partir to leave
à ~ de from
partout everywhere
pas du tout not at all
pas grand'chose not much
pas mal not bad, quite a few
pas tellement not much
un passeport passport
passer to spend (time), to pass
~ l'aspirateur to do the hoovering
un passe-temps hobby, pastime
se passionner pour to be greatly interested in
le pastis aniseed-flavoured alcoholic drink
la pâte d'amandes almond paste
le pâté pâté
le patin à glace ice-skating
le patin (à roulettes) (roller) skating
une patinoire skating rink
une pâtisserie cake shop
le patron boss, owner
pauvre poor
payer to pay for
un pays country; area, place
le Pays de Galles Wales
le paysage landscape
en P.C.V. with reverse charges
à péage toll
la peau skin
une peau de banane banana skin
la pêche fishing; peach
peindre to paint
la peinture painting, art
~ sur soie painting on silk
une pellicule film

la **pelouse** lawn
pendant during
penser (de) to think (of)
la **pension complète** full board
la **Pentecôte** Whitsun
la **perche** pole vaulting
perdre to lose
un **père** father
une **perle** pearl
permanent permanent, on all the time
permettre to allow
un **permis de conduire** driving licence
une **personne** person
(ne) **personne** nobody, no-one
peser to weigh
petit small, little
le ~ **déjeuner** breakfast
une **petite Tour Eiffel** model of the Eiffel Tower
les **petites annonces** f pl small ads.
les **petits pois** m pl peas
un **peu** a little, few
à **peu près** more or less
peut-être perhaps
une **pharmacie** chemist's
un **pharmacien** chemist
une **photo** photo
le **photographe, chez le** ~ at the photographer's
une **phrase** sentence
la **physique** physics
le **piano** piano
une **pièce** play
un **pied** foot
à **pied** on foot
une **pierre** stone
un **piéton** pedestrian
une **pile** battery
un **pilote de courses** racing driver
le **ping-pong** table tennis
un **pique-nique** picnic
pique-niquer to picnic
un **piquet** post, pole
une **piscine** swimming pool
la **pissaladière** onion and tomato flan with anchovies or sardines
une **piste** ski run
pittoresque picturesque
une **pizza** pizza
une **place** square; seat
sur **place** on the spot
la **plage** beach
la **plaisance** pleasure
de **plaisance** for pleasure or holiday purposes
un **plaisir** pleasure
avec **plaisir** with pleasure
Ça me plaît I like it
Ça te/vous plaît? Do you like (it)?
le **plafond** ceiling
un **plan (de la ville)** map, town plan
un **plan des pistes** ski map
une **planche à voile** wind-surf board
le **plancher** floor
une **planète** planet
une **plante** plant

(en) **plastique** (in) plastic
un **plat** dish
le **plat principal** main course
un **plateau** tray
plein full
le ~, **s'il vous plaît** a full tank, please
faites le ~ fill it up
le ~ **air** open air
il **pleut** it's raining
plier to fold
un **plombier** plumber
un **pneu** tyre
un **pneu crevé** puncture
la **pluie** rain
la **plupart** most
le(la) **plus ...** superlative (see p. 181)
plus de more than
plus ou moins more or less
ne **plus** no more, no longer
plusieurs several
plutôt rather
une **poêle** frying pan
un **poids lourd** heavy lorry
un **point** point
la **pointure** size (shoes)
une **poire** pear
le **poisson** fish
le **poivre** pepper
un **poivron vert** green pepper
policier thriller, about crime
une **pomme** apple
~ **de terre** potato
les **pompiers** m pl firemen
un **pont** bridge
populaire popular
le **porc** pork
le **port** port
un ~ **de pêche** fishing port
une **porte** door
un **porte-monnaie** purse
porter to wear
une **portion de** portion of
un **portrait** portrait
poser une question to ask a question
posséder to possess
la **poste** post-office
le **poste** (telephone) extension
un **poste de télévision** television set
un **pot** jar
le **pot-au-feu** casserole dish containing stewing steak
le **potage** soup
la **poterie** pottery
une **poubelle** dustbin
le **poulet (rôti)** roast chicken
pour for
pourpre purple
pourquoi? why?
on pourrait we could (from **pouvoir**)
poursuivre leur enquête to continue their enquiries
pousser to push
pouvoir to be able, can
pratique practical
pratiquer to practise

préchauffée heated
précis exact
la **Préfecture** chief town of a region
préférer to prefer
premier(-ière) first
prendre to take
~ **un bain** to have a bath
~ **un verre** to have a drink
un **prénom** Christian name
préparer to prepare
près near, nearby
un **verre** to have a drink
présenter to present, to show
se **présenter** to introduce yourself, to present yourself
un **président** president
presque nearly, almost
pressé in a hurry
la **pression** pressure
prêt ready
prêter to lend
prévenir to warn, notify
les **prévisions de la météo** f pl weather forecast
prie, Je vous en ~ It was a pleasure; That's all right
principal main
le **printemps** Spring
la **priorité à droite** priority to traffic on the right
une **prise de courant** electric point
une **prison** prison
le **prix** price; prize
prix net price including service
probablement probably
prochain next
proche near, close
un **produit** product
un **professeur** secondary school teacher
profond deep
le **programme** programme
un **programmeur** computer programmer
un **projecteur** projector
un **projet** plan
des **projets (de vacances)** (holiday) plans
une **promenade** walk, trip
se **promener** to go for a walk
propre clean; own
un(e) **propriétaire** owner
la **propriété** property
un **prospectus** guide book, pamphlet
les **provisions** f pl food, supplies
la **prudence** caution
une **prune** plum
le **public** general public
puis then, next
un **pull** jumper

Q

un **quai** platform; quay
quand when
quand même all the same

quarante forty
un **quartier** quarter (part of a town)
quatorze fourteen
quatre four
quatre-vingt-huit eighty eight
quatre-vingt-dix ninety
quatrième fourth
que that, which, whom, than
quel(le) which, what
Quel toupet! What a cheek!
quelque chose something
quelqu'un someone
quelquefois sometimes
Qu'est-ce que ... What ...?
Qu'est-ce que c'est? What is it?
Qu'est-ce qu'il y a? What's the matter?
une **question** question
la **queue** tail
qui who, which
une **quincaillerie** hardware shop
quinze fifteen
quinze jours fortnight
quitter to leave
quoi what
un **quotidien** daily paper

R

raccrocher to hang up
raconter to tell
la **radio** radio
un **radis** radish
une **raffinerie** refinery
du **raisin** grapes
ralentir to slow down
ramasser to pick up
une **rame** oar
ramener à la surface to bring to the surface
une **randonnée** hike, long walk
ranger to tidy up
rapide fast
un **rapide** express train
rapidement quickly
rappeler to call back
rapporter to bring back
les **rapports** m pl dealings, relationships
une **raquette de tennis** tennis racket
rarement rarely
RATP Paris transport system
le **rayon** department
récemment recently
une **réceptionniste** receptionist
une **recette** recipe
le **receveur** (bus) conductor
recevoir to receive
rechercher to look for
la **récréation** break
un **reçu** receipt
reculer to reverse
une **réduction** reduction
réduit reduced

regarder to look at, watch
un **régime** diet
une **région** region
régional regional
une **règle** rule; ruler
régler to adjust
regretter to be sorry
régulièrement regularly
une **reine** queen
relier to link, join up
remarquer to notice, observe
rembourser to reimburse, to refund
remercier to thank
une **remontée mécanique** ski lift
les **remparts** m pl ramparts
remplir to fill (in)
rencontrer to meet
un **rendez-vous** meeting place, appointment
rendre to return something, to give back
un **renseignement** piece of information
la **rentrée** return to school after holidays
rentrer to go home
un **repas** meal
repasser to iron
répondre to reply, to answer for
une **réponse** reply
se **reposer** to rest, to relax
un **représentant** representative
une **représentation** performance
réputé well-known
le **réseau** network
réserver reserve
un **restaurant** restaurant
me **reste de l'argent** if I have any money left
rester to stay
le **résultat** result
en **retard** late
retenu held
le **retour** return (journey)
retourner to go back
à la **retraite** retired
retrouver to find again
une **réunion** meeting
la **réussite** success
un **réveil** alarm clock
se **réveiller** to wake up
revenir to come back
rêver to dream
revivre to relive
au **revoir** good-bye
le **rez-de-chaussée** ground floor
le **rhume** cold
riche rich
les **rideaux** m pl curtains
rien nothing
de **~** it's nothing
rire to laugh
un **risque** risk
risquer to run the risk
la **rive** bank (of a river etc)
une **rivière** river
le **riz** rice

une **robe** dress
le **robinet** tap
un **rocher** rock
un **roi** king
les **Romains** the Romans
le **roman** novel
un **rond-point** roundabout
une **rose** rose
rose pink
un **rôti de veau** joint of veal
rouge red
rouler to run, drive
la **route** road, route
en **route** on the way
routier road (adj)
une **rue** street
le **rugby** rugby
les **ruines romaines** f pl Roman ruins
rural rural, in the country

S

le **sac** bag
~ à dos rucksack
~ à main handbag
~ de couchage sleeping bag
sage good, obedient
sain et sauf safe and sound
une **sainte** saint
saisir to seize, snatch
la **saison** season
la **salade** green salad
une **salle** room
~ à manger dining room
~ d'attente waiting room
~ de bains bathroom
~ de classe classroom
~ de réunion large meeting room
~ de séjour living room
le **salon** lounge
~ de télévision TV room
Salut! Hi!
samedi Saturday
un **sandwich** sandwich
le **sang** blood
sans without
la **santé** health
des **sardines** f pl sardines
une **sauce** sauce, gravy
une **saucisse** sausage
un **saucisson** continental sausage
sauf except
sauvage wild
sauver to save
savoir to know about
le **savon** soap
la **science-fiction** science-fiction
les **sciences** f pl science
scolaire to do with school
un **sculpteur** sculptor
se **tromper** to make a mistake
une **séance** performance
sec dry

une **secrétaire** secretary
une **section** section
la **sécurité** safety
seize sixteen
un **séjour** stay, visit
le **sel** salt
un **self-service** self-service restaurant
selon according to
une **semaine** week
le **sens** sense; direction
sensationnel fantastic
un **sentier** path
séparer to separate
septembre September
sérieux (-euse) serious
une **serveuse** waitress
le **service** service charge
le **service de sécurité** rescue service
une **serviette** towel
servir to serve
seul single, alone
seulement only
le **shampooing** shampoo
un **short** pair of shorts
si if; yes (to reaffirm something)
s'il vous plaît please
un **siècle** century
un **siège** seat
une **signalisation** sign
signer to sign
silencieusement silently
la **simplicité** simplicity
un **singe** monkey
sinon otherwise
situé(e) situated
le **ski de fond** cross-country skiing
le **ski de piste** alpine skiing
un(e) **skieur(-euse)** skier
SNCF French railways
une **sœur** sister
soigner to take care of
un **soir** evening
la **soirée** evening
soit ... soit either ... or
soixante sixty
un **soldat** soldier
le **soleil** sun
le **sommet** top, summit, peak
son (sa, ses) his, her, its
le **son** sound
sonner to ring
une **sorte** sort, type
une **sortie** exit; excursion
~ de secours emergency exit
sortir to go out
une **soucoupe** saucer
soudain suddenly
souffler to blow
souhaiter to wish
soupçonner to suspect
une **soupe** soup
le **souper** supper
sourire to smile
une **souris** mouse
sous under
le **sous-sol** basement
un **souvenir** souvenir, memory

souvent often
soyez (aimable) be (kind enough to)
le **sparadrap** elastoplast
un **spectacle** show, display
le **sport** sport
sportif (-ve) sporty, athletic
les **sports d'hiver** m pl winter sports
les **sports nautiques** m pl water sports
un **stade** stadium
un **stage** course
une **station (de métro)** (métro) station
une **station-service** petrol station
une **station de ski** ski resort
stationner to park
le **steak** steak
la **sténo(graphie)** shorthand
stupide stupid
un **stylo** pen
le **succès** success
le **sucre** sugar
sucré sweet
le **sud** south
ça suffit! that's enough!
la **Suisse** Switzerland
suivant following
suivre to follow
le **sujet** subject
super 4-star petrol
un **supermarché** supermarket
un **supplément** supplement
supplémentaire extra, additional
sur on
sûr certain
sûrement certainly
surtout above all, especially
sympa(thique) good, nice
un **Syndicat d'Initiative** tourist office
un **système** system

T

un **tabac** tobacconist's
une **table** table
un **tableau** picture
une **tablette de chocolat** a bar of chocolate
la **taille** size
tais-toi! be quiet!
tant so many
~ pis! too bad!
une **tante** aunt
tard late
plus ~ later
le **tarif** price, fare
une **tarte** tart
une **tartine** piece of bread and butter and/or jam
une **tasse** cup
un **taureau** bull
un **taxi** taxi
un **technicien** technician
un **TEE (Trans-Europe-Express)** fast continental train
une **télécabine** cable car

un téléphérique cable car
un téléphone de secours emergency telephone
téléphoner to telephone
un télésiège chair lift
un téléski drag lift
la télévision television
tellement so much
   pas ~ not much
un témoin witness
temporaire temporary
le temps weather; time
   de ~ en ~ from time to time
   le ~ libre free time
tendu tense
tenez here
le tennis tennis
une tente tent
terminer to end, complete
un terrain (de rugby) (rugby) ground
la terrasse outside area in front of a café
la terre earth
   par ~ on the floor
la tête head
   en ~ de at the front of
le thé tea
un théâtre theatre
un ticket ticket
un tigre tiger
un timbre stamp
timide shy
le tir shooting
un tirage au sort lottery
tirer to pull, drag
le tissage weaving
toi you
les toilettes f pl toilets
un toit roof
une tomate tomato
un tombeau tomb
tomber to fall
   ~ amoureux to fall in love
   ~ en panne to break down
ton (ta, tes) your
un torchon tea-towel
tôt early
toujours always
le tour turn
une tour tower
la tour de l'horloge clock tower
le tourisme tourism
un(e) touriste tourist
tourner to turn
   ~ un film to make a film
un tournesol sunflower
tous les jours every day
la Toussaint All Saint's Day
tout all, every, everything
   ~ à coup suddenly
   ~ d'un coup suddenly
   ~ droit straight ahead
   ~ à fait quite, completely
   à ~ à l'heure see you later
   ~ de même all the same
   ~ le monde everybody
   ~ de suite immediately

une trace mark, print
traditionnel traditional, typical
un train train
une tranche slice
tranquille quiet
tranquillement quietly, peacefully
un transistor transistor radio
transporter to transport
le travail work
le travail supplémentaire overtime
travailler to work
les travaux m pl road works
   ~ manuels woodwork, craft, sewing, cookery etc.
à travers across
traverser to cross
treize thirteen
trente thirty
très very
un tricot jumper
triste sad, unhappy
trois three
du troisième âge (une personne ~) elderly, (retired) person
trop too (much)
un trottoir pavement
un trou hole
trouver to find
se trouver to be situated
un T-shirt T-shirt
le tunnel tunnel
tutoyer to call someone 'tu'
typique typical

U

un uniforme uniform
unique only, single
uniquement only
une université university
une usine factory
utiliser to use

V

les vacances f pl holiday(s)
une vache cow
valable valid
valider to stamp, cancel out
une valise suitcase
une vallée valley
variable changeable
vaste broad, large
il vaut mieux it's best, it's more worthwhile
un vautour vulture
une vedette boat; film star, celebrity
la veille previous day or evening
une veillée evening activity
un vélo bicycle
un vélomoteur moped

les vendanges f pl wine harvest
un(e) vendeur (-euse) sales assistant
vendre to sell
vendredi Friday
venir to come
   ~ de + infinitive to have just done something
le vent wind
la vente sale
le ventre stomach
le verglas ice (on roads)
vérifier to check
un verre glass
vers towards, at about
vert green
véritable true
une veste jacket
les vêtements m pl clothes
la viande meat
une victime victim
une victoire victory
vide empty
un vidéo video film
la vie life
vieux (vieil, vieille) old
   mon ~ my dear fellow
vif (vive) bright
la vigne vine
un vignoble vineyard
un village village
une ville town, city
   en ~ in town
   une ~ universitaire a university town
le vin wine
   un ~ du cru local wine
le vinaigre vinegar
vingt twenty
le visage face
une visite tour, visit
   ~ guidée guided tour
visiter to visit
un visiteur visitor
vite quickly
la vitesse speed
   une ~ moyenne average speed
   à toute ~ at top speed
une vitrine shop-window
vivre to live
voici here is, here are
la voie track
voilà here is, here are
une voile sail
la voile sailing
voir to see
un voisin neighbour
une voiture car, carriage
une voix voice
volant(e) flying
un volcan volcano
voler to steal; to fly
le voleur thief
le volley volleyball
votre (vos) your
je voudrais ... I would like ...
   (from vouloir)
vouloir to want, wish

vous you
un voyage journey
voyager to travel
un voyageur traveller, passenger
vrai true
vraiment really
une vue view

W

un wagon carriage
le w.c. toilet
un week-end weekend

Y

y there
un yaourt yoghurt
les yeux m pl eyes

Z

zut alors! blast!